일본 유학생 문인들의 대정 · 소화 체험

지은이 **심원섭**(沈元燮, Shim, Won Sup)은 연세대학교 국문과와 동대학원 박사과정을 졸업하고 동경외국어대학 연구과정을 수료했다. 경기대학교 대우교수, 와세다대학 국제교양학부, 문학부 객원교수를 거쳐 현재 인하대학교 동아시아한국학사업단 연구교수로 있다. 편저『원본 이육사 전집』과 역서『사에구사 교수의 한국문학 연구』가 1986년도와 2000년도 우수학술도서로 선정된 바 있다. 저서에『한일문학의 관계론적 연구』(1998), 편저에『원본 이육사 전집』(1986), 『사진판 윤동주 자필시고 전집』(1999), 『김종한 전집』(2005) 등이, 역서에『일본근대사상사』(1994), 『사에구사 교수의 한국문학 연구』(2000), 『김사량 평전』(2000), 『조선의 혼을 찾아서』(2008) 등이 있다.

일본 유학생 문인들의 대정 · 소화 체험

2009년 9월 25일 1판 1쇄 인쇄
2009년 9월 30일 1판 1쇄 발행

지은이 _ 심원섭
펴낸이 _ 박성모
펴낸곳 _ 소명출판
등록 _ 제13-522호
주소 _ 137-878 서울시 서초구 서초동 1621-18 (란빌딩 1층)
대표전화 _ (02) 585-7840
팩시밀리 _ (02) 585-7848

somyong@korea.com | www.somyong.co.kr

값 19,000원
ISBN 978-89-5626-365-6 93810

일본 유학생 문인들의 대정 · 소화 체험

Experiences of Korean Writers and Poets Studying in Taisho – Showa Japan

심원섭

소명출판

책머리에

조금씩 내어 온 편저와 역서들을 제외하니, 연구논문집으로는 두 번째가 된다. 굉장한 태만이다.

10년 전에 낸 첫 책 역시도 한일문학 관련서였는데, 이번에도 일본 유학생 관련 글만 모은 셈이 되었다. 80년대 말의 유학 체험, 근래의 일본에서의 직장 체험 등을 관련지어 보니, 이 분야의 인생과 운명 비슷한 인연이 있었음을 느낀다. 당분간은 이 테마와 인연을 지어가게 될 것 같다.

내용을 헤아려보니, 1910년대 중후반(대정시대) 유학생인 주요한·김여제·김억·나경석, 그리고 1930년대(소화시대) 유학생이거나 동시대 체험자인 김종한과 김소운, 그리고 1930년대 후반 이광수의 친일론 및 그와 아베 미츠이에[阿部充家]와의 교류관계, 그리고 조선인이 쓴 일본어 시, 이런 순의 책이 되었다. 생각해보니 책 제목이 너무 거창하다.

김여제는, 미발굴 작품을 공개하고, 생애의 대략을 정리했으니 그에 대한 의무감에서 어느 정도 벗어난 것 같다. 첫 저서에서도 손을 댄 적이 있는 대정기 유학생들의 일본 체험 문제는 여전히 괴롭다. 대정기에 읽힌 일본측 문헌들을 부지런히 읽어가야 하는 작업이 선행되었어야 했고 또 해야 하기 때문이다. 그렇지 않아도 쓴 지 오래되어 시의성을 잃었을 이 논문의 후반부(김억 기술 부분)는 결국 일부를 수정하는 길을 택했다.

김종한은, 오오무라 마스오[大村益夫] 선생님이 주도하신 『김종한전집』(2005) 출간작업의 말석에 끼게 된 것을 계기로 흥미가 조금씩 자라왔다. 그의 시와 어법은 아주 젊고 철없고 직설적이면서도 '끼'가 넘친다. 전쟁시까지도 그렇다. 명예욕과 자아 실현욕구에 충만할 수밖에 없는 젊음의 시대, 그는 그것을 총동원시대와 함께 하다가 해방 바로 전해에 갔다. 윤동주와는 또 다른 의미에서의 비극의 주인공이라 해도 될 것이다. 그에 관해서는 계속 조사하고 쓰고 싶다. 『김종한 평전』 쯤의 모습으로 종합될 수 있는 날을 꿈꿔본다.

이광수, 인생 자체가 고전적인 문학작품인 인물. 한국문학사와 정신사가 남긴 가장 값비싸고 귀한 유품 중의 하나이되, 그에게 애정을 표할 때는 조심스러워야 하는, 주홍글씨의 주인공 같은 존재. 그 역시도 마지막까지 젊게 살다 간 이가 아닐까. 다른 이는 해도 되나, 그만은 해서는 안 되는 행동과 말을 결국 풍부하게 남기고, 한국사회의 혹독한 응보의 한가운데를 아직까지도 살고 있는 인물. 그가 한국사회 속에서 아직도 자유롭지 못하다는 말은, 그를 비판하는 모든 한국인이 자기와의 관계 속에서 자유롭지 못하다는 의미가 될 것이다. 그의 친일논리를 따진 내 글을 보니, 논리적으로는 틀린 것 같지 않은데, 뒷맛이 나쁘다. '현재의 나'가 쓴 것이 아니라, 내가 믿고 장차 수행해 가야할 높은 목소리의 '원리'가 시키는 대로 받아 쓴 탓일 것이다. 다음에 그에 대해 언급하게 될 때에는, 좀 더 낮은 목소리로 쓰고 싶다. 그러나, 역시 쉽지 않을 것이다.

아베 미츠이에[阿部充家]는, 그가 갖고 있었던 역사적・지성사적 비중에 비해 남긴 자료도 선행 연구도 너무 부족한 인물이다. 한국지식인사의 비밀을 가득 안고 있는 인물일 뿐만 아니라, 인격적 측면에서도 독특한 풍모를 갖고 있었던 인물이었음에 틀림이 없다. 이광수의 「무부츠옹의 추억」은, 아베와 한국 지식인과의 교분에 관한 기록 중에서는 아주 보기 드문 유형의 글이다. 식민지 경영자 측의 막후 '브레인'인 아베와, 피지배자측의 낭만적 '브레인'인 이광수가 절망적인 시대 속에서 나누고 있었던 은밀한 영적 교감을 나는 이 기록 속에서 읽었다. 초라한 모습으로 간 '거인' 아베의 생의 의미를 자신의 숙명과 관련지어 읽는 이광수의 마음에 나는 처연한 감동을 느꼈었다. 그 기분을 아직도 간직하고 있다. 학술 가치의 유무와는 별도로 나는 이 글 속의 이광수와 아베 관련 부분에 가장 애착이 간다.

「조선인이 쓴 일본어 시」는 한국인이 직시하기 싫은 식민지시대 정신사의 유물 중의 하나다. 그래도 한국인 스스로의 힘으로 꿋꿋하고 정직하게 보아내고 감당해내야 하는 분야임에 틀림이 없다. 학술적 형식의 글은 아니지만, 세대간 차이, 개인적 차이에 대해 할 말은 어느 정도 해놓았다고 생각하고 싶다. 기회가 오면 보다 본격적인 정리 작업을 하고 싶다.

이 책 속의 내용이 만들어지던 기간 중 적지 않은 분들의 은을 입었다. 인생과 면학 자세 그리고 와세다에서의 생활 등 모든 면에서 헤아릴 수 없는 은을 입은 오오무라 마스오[大村益夫] 선생님 내외분, 과분한 연구 프로젝트 경험, 그리고 잊을 수 없는 니이가타 체험을 제공해주신 현립니이가타대학의 하타노 세츠코[波田野節子] 선생님, 이 책의 출간 주선은 물론 공부법과 인생법을 언제나 조용히 가르쳐주고 계시는 연세대학교의 김영민 선생님, 6년간의 와세다 재임 기간 중 많은 신세를 진 국제교양학부의 호테이 토시히로[布袋敏博] 선생님, 이젠 갚을 길이 막막해진 큰 은을 베풀어 주셨던 문학부의 이성시(李成市) 선생님, 머리 숙여 감사드릴 뿐이다

● 차례 ●

제1부
1910년대 일본유학생 문인들의 의식 구조

1910년대 '여로구조'형 서사와 낭만적 서정시에 나타난 일본 유학생 문인들의 의식 구조
주요한 · 나경석의 산문과 김여제 · 김억의 서정시를 중심으로

김여제의 생애에 대하여

김여제의 미발굴 작품 「만만파파식적을 울음」 기타에 대하여
부(附) 원문 및 주석

1910년대 '여로구조'형 서사와 낭만적 서정시에 나타난 일본 유학생 문인들의 의식 구조

주요한 · 니경석의 신문과 김여제 · 김억의 시를 중심으로

1. 1910년대의 '여로구조'형 문학

한국 근대소설사에서 기념비적 작품으로 꼽히는 염상섭의 「만세전」은 '여로구조(원점 회귀형 여로구조)'형 서사구조를 채택한 작품으로 유명하다.[1] 작중 주인공으로 하여금 1910년대 조선 현실을 폭넓게 그리게끔 할 수 있었으며 식민지 지식인으로서의 정신적 각성을 가능케 한 소설적 전략이 이 서사구조였다는 의미에서 그러하다.[2] 그런데, 주인공이 동경에서 조선으로 여행('귀성')을 했다가 '묘지'인 조선을 '탈출'하여 동경으로 돌아가는 「만세전」의 플롯은, 민족해방과 근대화라는 과제를 중

1) 김윤식, 『염상섭 연구』, 서울대 출판부, 1987, 203면.

2) 여로구조라는 명칭을 공식적으로 사용한 바 없었던 채훈 · 김종균 · 윤홍로 · 신동욱 등의 연구자들도 이 면에서는 모두 동일한 입장을 취하고 있다. 채훈, 『1920년대 한국 작가 연구』, 일지사, 1978; 김종균, 「염상섭의 「만세전」－자전적 성찰의 양상」, 『한국 현대소설 작품론』, 문장사, 1981; 윤홍로, 『한국 근대소설 연구』, 일조각, 1982; 신동욱, 「염상섭론」, 『우리 시대의 작가와 모순의 미학』, 개문사, 1982 참조.

심으로 이 시기의 문화 현상을 보아온 한국인의 심정적 기대를 일부 저버리는 데가 있다. '부정적 가치의 생산자여야 할' 일본이 여행의 시·종점이 되어 있다는 점, 즉 일본에 긍정적 가치가, 조선에 부정적 가치가 부여되고 있다는 점 때문이다.

학계에는 '일본→조선→일본'으로 이어지는 여로구조형 서사가 「만세전」에서 처음 시작된 것으로 알려져 있지만, 이런 구조는 1910년대 중후반에 이미 발견되는 것으로 판단된다. 염상섭과 비슷한 시기에 일본 유학생활을 한 주요한의 「마을집」(1917)이라는 단편과 기타 산문들 속에도 상당히 유사한 서사구조와 주제가 관철되고 있기 때문이다.

이와 더불어 1910년대 일본유학생 문학에서 확인되는 또 하나의 현상이, 당시 근대 자유시 운동을 주도해 나갔던 김여제·김억 등이 창작한 낭만적 서정시의 문제다. 외견상으로만 본다면, 이들은 이른바 '개인적 서정'을 노래함은 물론,[3] 민족 문제 역시도 어렵지 않게 극복이 가능하다는 낙관적 전망을 노래하고 있다. 이런 경향들은 1910년대 일본유학생 문인들이 집단적으로 소유하고 있었던 특징을 가능성이 있다는 점에서, 검토의 가치가 있다고 본다. 본고는 이러한 문제의식 아래, 주요한의 「마을집」과 나경석의 서간문 「저급의 생존욕」, 그리고 당시 『학지광』의 시인들을 대표한다고 할 수 있는 김여제와 김억의 시를, 대정기 사상과의 관련 하에 검토하여, 그 속에 나타나 있는 당대 일본유학생 문인들의 의식 구조의 일단을 제시해 보고자 한다.

---

3) 『학지광』 수록 시들을 검토한 양왕용은 이 현상을 '퇴폐적'이라고 규정한 바 있다. 보다 실증적 태도를 취한 근래의 연구자들은 이런 현상 속에서 당대 일본 사상과 관련하여 그들 시 속에 별도의 세계관적 토대가 있음을 지적하고 있다. 양왕용, 「신체시와 근대시 사이에서의 혼돈」, 『한국 근대시 연구』, 삼영사, 1982; 심원섭, 「1910년대 일본유학생 시인들의 대정기 사상 체험」, 『한일문학의 관계론적 연구』, 국학자료원, 1999; 구인모, 「'학지광' 문학론의 미학주의」, 동국대 석사논문, 1999; 이철호, 「'한국 근대문학의 형성과 종교적 자아 담론」, 동국대 박사논문, 2006 참조.

2. 여로구조형 서사와 '사실의 지옥' 서울

1917년 『청춘(青春)』에 발표된 단편 「마을집」은 당시 명치학원(明治學園) 5학년에 재학 중이던 주요한이 한글로 쓴 최초이자 마지막 소설작품이다. 그는 당시 명치학원 내에서 학생계의 영웅으로 군림하는 한편으로 시단에서는 당당한 '일본' 신인 시인으로서 활발한 작품 활동을 벌이고 있기도 했다.[4] 이 당시 그가 갖고 있었던 자부심이나 선각자적 의식을 고려해 본다면, 이 작품은 자신이 대정기 일본에서 닦은 소양을 조국에서 펼쳐보겠다는 의도를 이면에 깔고 있었던 것으로 추측된다.

물론 이 작품은 그 주제나 형상적 측면 모두에서 그 가치를 높게 평가하기는 어렵다. 그러나, '여로구조'의 관점 면에서 본다면, 이 작품은 「만세전」 플롯의 원형으로서 작용했던 것이 아닐까 생각될 만큼, 흡사한 구조를 갖고 있다. 작품의 개요는 다음과 같다.

> 고향에서 신동소리를 들으며 성장한 창호는 수년간 일본에서 유학을 한 후 고향에 돌아온다. 그의 존재는 가족과 마을 사람들에게 '놀래임'과 '경이감'을 준다. 그는 '예민한 관찰'로 마을의 환경과 부락민들의 모습을 살핀다. 새길과 새집은 생겼으나 사람들의 삶의 방식은 전혀 바뀌지 않았다는 것을 느낀다. 이들이 사는 공간이 '죽음과 같이 잠잠하'며 '견댈 수 없는 패잔과 침체'로 가득차 있다고 느낀다. 그러던 중 그는 그의 유년기 친구로서, 하인의 딸인 혜수와의 결혼 문제 때문에 고민하는 영서와 갈등을 벌인다. 집안의 반대로 고민하는 영서에게 창호는 그것은 '새사람과 옛사람 사이에 피할 수 없는 충돌'이라고 하면서 용기를 갖고 추진하라고 적극 권고한다. 그러나 끝내 결단을 내리지 못하는 영서와 마을의 현실에 절망을 느끼고 '먼 길'을 떠나기로 결심한다. 영서

4) 당시 주요한의 명치학원 및 일본 시단에서의 활약상에 대해서는 심원섭, 「주요한의 동경유학시대」, 『한일문학의 관계론적 연구』, 국학자료원, 2000, 186~291면 참조.

에게 남기는 편지 속에서 이 난관을 돌파하고 '취생몽사'하는 감옥 생활에서 벗어나라고 하고는, 자신은 이 땅을 '저주하'며 다시 '돌아올 길이 없는' 길을 떠날 것이라고 밝힌다.

이 작품에서 우선 주목되는 점은 작중 주인공이 갖고 있는 과도한 선구자의식이다. 이런 면모들은 작품 전체에서 골고루 발견된다. 주인공이 용모가 비범한 신동 출신에, 마을 사람들의 경이와 신망의 대상이 되어 있다는 점, '예민한 관찰력'으로 마을의 내외면을 평가한다든가 하는 점이 그것이다. 이 작품이 주요한의 첫 소설이라는 점, 그리고 당시 일본에서의 그의 활약상을 고려해 볼 때, 이 주인공이 주요한의 자기 이미지의 투영 결과일 가능성은 매우 높다. 이것은 주요한이 작중 주인공에게 압도적인 지적 우월성을 부여함으로써 작품 전체의 가치평가의 기준을 강압적으로 설정해두려는 소박한 소설적 전략의 일환이었다고 할 수 있다. 그런 의미에서 이 주인공은 18세 소년 주요한의 영웅주의적인 나르시시즘이 투영되어 있는 인물이라고 보아도 무방하다. 그리고 그가 이렇게 자기 자신을 높은 위치에 놓을 수 있는 근거가 있었다면, 그것은 '선진국 일본'에서 대활약 중인 자신과, 낙후된 조국 현실을 우열 관계로 위치짓는 사고방식을 갖고 있었기 때문이라고 볼 수밖에 없다.

이런 소설 주인공의 설정 방식은 근대적인 것과는 거리가 멀다고 생각된다. 작중 주인공이 근대소설의 주인공—자기 모순과 분열상을 잘 알고 있으며, 개인과 현실이 어긋난 관계를 갖고 있다는 것을 이미 잘 알고 있는 문제적 개인—이 아니라 태생부터가 우월한 '영웅'으로서 소설을 이끌고 있기 때문이다. 선구자적 자기의식을 갖고 있긴 하나 내적 분열상 역시도 풍부하게 갖고 있는 인물이 나오는, 동년 발표작인 이광수의 「무정」에 비해 본다면, 주요한의 자의식이 얼마나 미숙한 것이었는가를 잘 알 수 있다. 그런 의미에서 이 작품이 근대소설사에서 주목을 받지 못한 이유도 자연스럽게 밝혀지는 것이라 하겠다.

그러나 동시에 이 소설이 완전한 의미에서의 전근대소설 역시도 아닌 것은, 그 영웅이 현실을 지배하는 데 성공할 수 없었음을 어떤 방식으로건 이 소설이 자인하는 데 있다. 그러나 이 소설이, 주인공이 패배할 수밖에 없는 이유로 제시하고 있는 작품 내적 논리는 매우 빈약하다. 주인공의 영웅성에는 아무 문제가 없으나, 현실 자체가 갖고 있는 문제만 너무 깊다는 논리가 이 작품을 지배하고 있기 때문이다. 이런 논리가 이 소설 속에서 가장 구체적이고도 극적으로 형상화되어 있는 부분이 영서와의 갈등 부분이다. 즉, 영서는 하인의 딸인 혜수와 결혼을 하고 싶어하나 집안에서 의절을 당하고 경제적인 지원이 끊어질까봐 두려워하고 있다. 다음은 그 고민을 창호에게 털어놓은 영서와 창호가 갈등을 벌이는 장면이다.

> "새사람과 녯사람 새이에 그마한 衝突은 免할 수 업는 것일세. 나만 가트면 하겟네. 무얼 ……"
>
> "그것이야 물론 그러치만은 …… 말이 쉽지 하기야 그리 쉬울가."
>
> 영서는 더욱 기운이 업서젓다. 창호는 멧번인가 입으로 뛰어나오는 소래를 삼켰다. 그러나 잇다금 견댈 수 없시 입밧그로 뛰여나오기도 하엿다.
>
> "자네만하고야 그런 勇氣가 업단 말인가."
>
> "그것 하나 못하고 새청년이 다 무엇인고."
>
> (…중략…)
>
> 창호는 마츰내 영서를 나무래기까지 하엿다. 영서는 아모 말업시 점점 더 기운이 빠져가는 것 갈다. 마즈막에는 뜻업는 沈默이 두 사람을 가두엇다.
>
> 창호는 불쾌한 마암을 가지고 나아왓다. 영서의 눈에는 뜨거운 눈물이 가리웟다.
>
> 여러 가지 괴로움과 적적함이 창호의 마암을 잡앗다.
>
> 입으로 아모리 물리칠지라도 그냥 달녀드는 무엇이 잇다. 우리의 힘잇는대로 우리의 온몸으로 물리치지 안으면 [안]될 것이 하나 잇다.[5)]

봉건 유제가 강력한 힘을 발휘하고 있었을 당시 상황을 고려해 본다면, 영서의 갈등 내용이나 창호가 영서에게 권고하는 내용들은 '혁명적'인 것이었다고 해도 무방하다. 왜냐하면 「무정」이 도화선이 된 자유연애 문제가 논란을 불러일으키고 있었던 당시 상황에서, 영서와 창호는 '계급'을 초월한 결혼 문제를 제기하고 있기 때문이다. 이러한 간단치 않은 문제 앞에서 창호는 "나만 같으면 하겠다"고 외치면서 창호에게 단호한 결단을 내릴 것을 촉구한다. 영서와 창호는, 부정적인 가치 세계에 속하는 "옛사람"들이 아니라, 긍정적 가치를 대변하는 "새청년"의 세계에 속해 있는 사람들이라고 창호는 믿고 있기 때문이다. 물론 그 "새청년"이 의미하는 바가 구체적으로 무엇인지는 이 작품에 제시되어 있지 않다.

이러한 창호의 태도가 일종의 자기 기만 혹은 현실에 대한 무지의 소산에 가까운 것이라는 것은 충분히 파악 가능하다. 창호는 계급의 속성에 대해 천진난만한 사고방식을 갖고 있을 뿐만 아니라, 창호 자신이 영서와 같은 처지에 있었다면 쉽게 내릴 수 없을 결단을 그에게 강권하고 있기 때문이다.[6] 이 사실을 깨닫지 못하고 있는 주인공과 이 주인공을 자기 분신으로 생각하는 작가가 얼마나 소박한 자기인식 내용을 갖고 있었는가, 즉 자기 아이러니 속에 빠져 있었는가를 이 장면은 잘 보여준다고 생각된다. 결과적으로 말하자면, 이것은 이 작품의 지적 도덕적 기준으로서 기능하고 있는 동경유학생 '창호'의 선민의식이 얼마나

5) 주요한, 「마을집」, 『青春』 11호, 1917.10, 59면.

6) 창호의 이러한 발상법의 이면에는, 당시 동경 유학생들 사이에서도 격렬한 형태로 유행했던 자유연애 지상주의가 개입되어 있다. 일례를 들면 "是以로 吾人은 玆에 自由戀愛를 鼓吹코져 ᄒᆞ오니 元來, 戀愛는 理論이 아니요 情熱이며 客官이 아니요 主觀이라 由是로 貧富의 限界가 無ᄒᆞ며 貴賤의 階級이 無ᄒᆞ며 土地의 遠近이 無ᄒᆞ며 知識의 比較가 無ᄒᆞ나니 換言ᄒᆞ면 黃金의 富가 戀愛를 橫斷할수업스며 三軍의 威가 戀愛를 爭奪ᄒᆞᆯ수업스며 千里의 遠이 戀愛를 疏隔ᄒᆞᆯ수업스며 知識의 力이 戀愛를 解剖ᄒᆞᆯ수업ᄂᆞ니 此ᄂᆞᆫ 宇宙의 神秘요 人情의 機微라." 송진우, 「思想改革論」, 『學之光』 5호, 1915.5, 6면.(띄어쓰기는 인용자가 조정)

기초가 허약한 것이었는가를 잘 보여주는 예라고 생각된다.

작품의 말미 부분, 창호가 결국 떠날 것을 결심하고 영서에게 쓰는 편지 내용을 보기로 한다.

> 창호는 다시 먼 길을 떠나기로 決心하였다. 바람 몹시 불어서 생생하든 포풀라닙히 뚝뚝 떠러지던 날 그는 英瑞에게 便紙를 썻다.
>
> '英瑞兄 참 견대지 못하겟소. 참 살 수 없소. 모든 것이 콱 맥혓소. 의론할 데가 업소. 그네들이 눈에는 아모 情熱도 업소 아모 感情도 업소 다만 그저 먹고 닙기 밧게 할 것이 업는가 보오. 나는 다시 가고저 합내다. 참으로 견댈 수 업소. 그네들은 밤낫 울기만 하오. 밤낫 걱정만 하오. 밤낫 중얼거리고 잇소. 참으로 견댈 수 업소. 숨이 맥히는 듯하오. 새길이 생기고 새집이 생겻다. 하지만은 참으로 새로 된 것은 하나도 업소. 우리는 걱정도 업고 근심도 업시 그저 醉生夢死하는 생활을 버서낫는지도 모르겟소. 그러나 따른 우리의 牽獄이 생겻소…….'
>
> 한 가지 소리를 멧번식이나 썻다. 넓즉한 조희에 잔 글자로 써서 거의 한발이나.
>
> 입으로 소래만 지르면 무엇하오. 합시다. 實行합시다. 나는 형이 형의 첫 難關을 어서 밧비 突破하기를 바라오. 아모려도 좋소, 不孝소래라도 드러야 하겟소…….
>
> 그의 붓은 브들브들 떨녓다. 그는 겨오 눈물을 참앗다.
>
> '또다시 도라올는지 알 수 업소. 언제나 그내들이 참 理解를 가질는지 알 수 업소. 나는 이 땅을 詛呪하고 떠나려 하오. 나의 父母의 땅, 나의 祖先의 땅이 땅을 詛呪하려 하오. 아아 어디까지 主唱을 徹底식히시오. 나의 다만 한가지 발암은 그것이오…….'
>
> 쓰기를 맛초고 크다만 봉투에 어엇다가 다시 끄내어서 다시 보앗다. 그리하고 더 무엇을 쓰려고 붓대를 쥐엇다. 그 손이 부들부들 떨녓다(그만).[7]

'손을 부들부들 떤다'든가 '겨우 눈물을 참는다'든가 하는 방어기제를 마련해 놓고 있긴 하나, 창호가 내린 최종적 선택의 결과는 단순하다. 그는 자신이 그 처지에 있었더라면 감행하기 어려웠을 결단을, 친구인 영서에게는 비장한 어조로 권고하고 '실천'이 중요하다고 역설한 뒤, 자신의 '부모의 땅, 조선의 땅'을 저주하면서 '먼 길을' '떠나는' 것이다.

성격의 통일성 확보 문제와 관련지어 본다면 이 결말은 다분히 모순적이다. 창호는 '비범한' 능력을 지닌 유학생 영웅으로서 고향에 돌아온다. 그리고 현실이 낙후되어 있다고 판단한다. 이후 급진적 방식의 결혼 문제 때문에 고민하고 있었던 친구에게 '새사람'이 가야 할 길을 '실천'에 옮기라고 권고한다. 작가가 이 지점까지 이야기를 끌어 왔다면, 그 다음에 주인공으로 하여금 선택하게 할 길은 몇 가지가 있을 수 있을 것이다. 그 중의 하나는 이광수의 주인공들이나 이기영 등의 프로문학 계열 작품들의 주인공처럼, 현실 속에 뛰어 들어가 그 '낙후된 현실'의 원인을 한국인들에게 인식시키고 그 변혁을 위해 스스로 '뛰는' 길이다.

그러나 작가가 주인공으로 하여금 택하게 하는 길은 이와 다르다. 그는 고향과 현실을 '저주'하며 떠나는 길을 선택하게 한다. 이것은 '영웅' 주인공이 선택해야 할 결말구조로서는 모순적이다. 우선 현실을 구원해야 할 '영웅'으로 등장한 인물이 이 현실을 저주하며 떠난다는 사실 자체가 개연성을 얻기 어렵다. 혹 그럴 수 있다 치더라도, 영웅의 '고향 버리기'에 필요한 복선이 마련되어 있지 않다. 그 영웅은 고향에서 현실과 부딪혀 패배한 적이 없을 뿐만 아니라, 현실이 그 영웅에게 직접 물리적으로 압박하거나 도망가지 않을 수 없게끔 몰아댄 적 역시도 없기 때문이다. 그는 친구 문제 때문에 그렇게 절망하는 것일 뿐이다. 그러므로 이 '영웅'의 마지막 결단은, 그 비장한 감정적 포오즈에도 불구하고, 자기 아이러니 속에 빠져든 알라존으로서의 면모를 갖게 되는 것이다.

---

7) 주요한, 「마을집」, 앞의 책, 61면. (띄어쓰기는 인용자가 조정. 이하 인용문 모두 같음)

그가 떠난다고 한 새로운 공간 역시도 문제가 된다. 이 작품에서는 마치 주인공이 자학적인 유랑길이라도 떠날 것처럼 암시되어 있지만, 실제로 주인공이 향할 공간은 동경임이 확실하다. 그곳은 주요한이 이 작품을 썼던 안온한 미션스쿨 명치학원 기숙사의 공간이며, 그가 13세 때부터 6년간 소년기를 보낸 친숙한 공간이며, 일본 문단 데뷔에 성공한 일본 시인으로서, 명치학원 우등생으로서 자기 실현을 영웅적으로 전개하고 있는 곳이며, 대정기 데모크라시가 실현되고 있는 공간, 어두운 고향의 현실이 존재하지 않는 '천국'이었기 때문이다.

조국의 현실과 접했다가 그 현실을 저주하며 동경으로 돌아간다는 플롯이 당시 주요한만이 취했던 문학적 전략이었다면, 이것은 우연적이고 일회적인 문학적 사건에 지나지 않는 것이었을 수도 있다. 그러나 이와 같은 「마을집」의 구도나 행동·심리 스타일은 당시 일본 유학생들이 집단적으로 소유하고 있었던 특징의 하나였을 가능성이 있다. 물론 1920년대에 창작된 「만세전」에는 그런 요소가 매우 뚜렷하게 드러나나, 「마을집」이 창작되었던 1910년대 중후반에도 그런 사고방식을 가지고 있었던 동경유학생들의 존재를 확인해 볼 수 있다.

低級의 生存慾

—打作마당에서, C君의게—

K S 生

한 달 十餘日 동안을 京城에서, 꿈결갓치 지낼 동안에, 츠음으로 世上에 난 듯 經驗한 일이 만히 잇소.

(가) 病院에서 잇슬 때에, 매일 三十分式은 적립하야 脚色 患者가, 往來하는 것을 구경하니, 생존욕의 절대한도를 발휘한 수라장입듸다. 주물러 만든 듯한 看護婦가, 대강이를 꼣각흔들면서, 여러 患者를 引導한 後에, 「요보, 이리와, 오소」 송곳갓치 서서, 空然한 암상에 소리를 빽빽 지르니, 普通 사람의 색씨들의 本能的 排外野蠻性이라, 그들의 意識的 惡性도 안인 줄 生覺하오.

延發허난 侮辱과 先入的 侮蔑에 對하야 勘認하는 배달사람의 耐久力도 偉大하다 할난지! 생명을 추허게 執着하는 이네들을 엇지하나! 일일히 붓들고 무엇을 成就하랴고 生存에 努力하난지, 므러보고 십흡듸다.

(나) 엇던 날 저녁에 A君을 O旅館에서 相逢하니, 해음읍시 疲困한 두 얼골이 딱 맛처, 無言히 서로 凝視하기 수분 후에 「도교는 우리의 空想의 天國이요, 서울은 事實의 차이로구료!」 그 다음에 나오난 것은 한숨 뿐입디다. 그 旅館에 出入하난 사람들은 만히 도교에서 一面識이라도 잇든 터이라, 마음에 반갑고 짜듯하나, 쓸데읍는 말에 最大 尊敬待를 썩썩 붓처서 滋味도 잇섯거이와 滋味도 읍습듸다. 손이 으스러지게 握手하면서 「렛어쓰 쪄잇언」할 親舊를 나난 바라오.

(다) C君! 나난 일주일 전에 水原 상귀長安이라고 허는 이곳으로 打作보러 왓소. 우리집 田畓이 六石斗落이 된다난데, 전답은 生前에 우리 아버지도 보지 못하얏고, 나는 田畓所在地까지 와서도 何處에 잇난지 아지 못하오. 秋收하여 보니, 윳가락갓흔 베가 四十八石이 되얏소. 一洞中에 우리 舍音의 집이 第一 쑈쪽한데, 衾具가 두텁지 못하야, 翌朝에 貴族的 腹痛이 생겻소. 神農氏의 發見하신 陣根腐湯이나마 한 점 먹으랴 한즉, 三十里밧게 가지 안이하면 읍다하오. 此處의 農民들은 병드러 죽을 地境에야, 비로소 專人하야 藥 한貼 읏어온다 헙듸다. 每日, 아츰붓터 打作마당에 서서 打作을 監視하니 나의 普通代名詞는 나리요, 指示代名詞는 ○主事라. 이토록 最大敬意를 表하는 것은 已往分租하난 土地를 他人에게 移動할까하난 危險을 읍새기 爲험이요. 打作官 待接이란, 컹덩의 칙사대접이요, 작인들의 純粹한 態度를 猝地에 迎合的 表情으로 變허는 필사의 노력은, 斗量이라도 厚히 줄가, 짱마지기나 더 읏어할 마음이니, 이것을 재상타 할가? 可憐타 할가! 말끗마다 죽지 못하야 한다 하니, 前途에 뵈이는 것은 窮乏과 艱難뿐이어든, 아모 소리 아니하고, 잇난 것 만나보기에 異常하오. 「쩨ㅁ너렐 스트라익 사보테쥐」 이것이, 그들의 自衛自存하난 唯一 方法이요, 生則의 眞理언만은, 누가 「쁘나로드, 쁘나로드」허면서, 붉은 旗를 놉히 들 사람이 잇겟소?! 世上일을 冊床에서 한번 웃고, 짱에

서 기리울 쁜이로구려―(…以下 略…)[8]

―밑줄 및 ( ) 표기, 분연(分聯)은 인용자

윗글은 동경에서 유학하고 있었던 나혜석의 오빠 나경석이 『학지광(學之光)』의 편집자였던 소월 최승구에게 보낸 서간문의 초문(抄文) 전문이다.[9] 이 글은 비록 서간 형태를 취하고 있기는 하나, 일시 귀국한 일본유학생이 느낀 현실감각과 자신의 정체성에 관한 의문들이 고백되어 있다는 점에서, 또 일본으로의 귀환이 생략되어 있기는 하나 여로구조형 서사의 원형을 내포하고 있다는 점에서 귀중한 자료라고 생각된다.

이 글 속에서 나경석은 세 가지 에피소드를 소개한다. 일본인 간호부의 교만한 태도에 굴종하는 조선인들의 모습, 여관에서 만난 지인들에게서 받은 근거없는 경의(敬意), 타작 감독관으로 내려간 수원에서 목도해야 했던 소작인들의 생계고와 그에 대한 연민감이 그것이다.

이 에피소드들은 모두 조선의 무기력하고 낙후된 현실에 대한 화자의 연민과 낙담을 표현하고 있는 공통성을 갖고 있다. 이 현실 속에서 화자는, 자신들이 갖고 있는 선구적 지식이 무용지물이라는 것, 또한 무력한 방관자로서 존재할 수밖에 없다는 것을 고백하고 있다. 이러한 자기 무력성의 고백 내용을 잘 요약해 놓은 명제가, 바로 에피소드 (나) 속에 나온 "도교는 우리의 空想의 天國이요, 서울은 事實의 차이로구료!"인 것으로 판단된다.

이 말은 여러 가지로 음미할 데가 많은 명제다. 다시 정리해 보면 다음과 같다.

도쿄 = 천국 = 공상

서울 = (지옥) = 사실

8) KS生, 「低級의 生存慾」, 『學之光』 4호, 1915.2, 34~35면.

9) KS생이 나경석이라는 근거는 김윤식, 앞의 책, 45면 참조.

이 명제는, 서울은 장차 귀국하여 살아가야 할 실제 현실의 세계이자 자신들의 원풍경(原風景)의 세계이나 그 낙후적 면모를 직시하기 싫은 공간, 도쿄는 현실에 직면할 필요와 현실적인 책임이 유보된 공간으로서 살기에는 편하나, 시한부적 삶인 동시에 현실성 역시도 결여되어 있어서 '공상'으로 인식되는 공간, 이렇게 인식하고 있었던 것이라 해석해도 좋을 것이다. 이 중에서 특히 주목되는 것은, 서울로 대표되는 식민지 조선에 관한 그들의 발상법이다. 그들은 자신들이 감당하기에는 식민지 현실의 벽이 너무 높다는 인식과 함께 그것을 기피하고 싶다는 심정을 솔직하게 고백하고 있다.

이러한 현상들은, 이 명제의 발화자들이, 근대전환기의 애국계몽주의나 1910년대에 존재했던 신채호의 식민지체제 부정론, 1920년대의 개량주의 노선과도 선명하게 대조되는 사고방식 내지 삶의 스타일을 갖고 있었다는 것을 알려준다. 말하자면, 일본에서 목도한 근대화의 물결과 대정기 자유주의의 세례에 익숙해진 상태에서 그것을 기준으로 세계를 바라보게 된 새로운 유형의 지식인들의 모습, 그들이 조선에 돌아 왔을 때에는 '공상의 천국' 일본과는 현격하게 다른 현실, 달리 말하면 변화한 것이 없는 자신들의 본래 모습 앞에서, 그것의 직시나 변혁에 뛰어들 용기를 내지 못하는 새로운 청년 세대의 모습을 보여주고 있는 것으로 보인다.

그렇다면 이들은 자신의 정체성과 존재 의의를 어디에서 확인해야 했던 것일까. '선구적'으로 보였던 일본도, 봉건유제와 식민지적 무력증 속에서 부패되어 가는 것으로 보였던 조선도 선택하기 어려웠던 그들이 조선의 현실을 자신의 당면 과제로 선택하기 위해서는 시간이 더 필요했던 것으로 보인다. 1차세계대전의 종료와 더불어 촉발된 3・1민족해방운동과 상해 임정의 성립, 그리고 뒤를 잇는 마르크스주의의 물결이 다가올 때까지가 그것이다. 그러므로 이 시기를 맞기 이전의 그들은 탈출구가 없는 현실 속에서 부유하는 현해탄적 존재에 가까웠다고 보아도 좋을 것이다. 그들은 당시의 절망적인 심경을 위와 같은 명제로 솔직하게 고백했던 것이 아닐까 생각된다.

이렇게 보면, 주요한의 「마을집」이 보여준 모순적인 결말구조의 속 의미가 보다 분명하게 파악되는 것이 아닐까 생각된다. 「마을집」의 주인공인 일본유학생은, 작가 주요한이 애써 영웅적인 외관을 부여해 놓긴 했지만, 실은 대정기 자유주의와 문화주의 속에서 성장하면서 '유연'하면서도 한편으로는 유약해진 새로운 유학생 세대로서의 특징을 농후하게 갖고 있다. 그러한 그들은 고향 현실, 즉 유학생인 자신의 속에 잠재되어 있었던 조선인으로서의 본래 모습을 직면했을 때, 그것을 직시하고 인정하려는 방향 대신, 그것을 부정하고 비난함으로써 일본 유학생으로서의 우월한 자기 이미지를 보존하려는 방향, 이것을 선택한 것으로 보인다. 조선의 현실을 부정하는 동시에 자신 역시도 부정한 이들이 한시적으로나마 자신에 대한 '공상'적 이미지를 보호할 수 있는 공간으로서 선택한 것이 '공상의 천국' 일본이었던 것으로 생각된다. 물론 이 '공상의 천국' 일본은, 그들이 대거 상해행을 택하는 1919년 초라는 시점이 되면 '현실'이 가미된 새로운 공간으로 인식되기에 이르는 것이지만…….

3. '공상의 천국' 동경과 관념론적 낙관론의 문제

동경이 '공상의 천국'이라는 말 중 '천국'이라는 것은, 동경이 유학생들이 '숨을 쉬기에 편한 곳'이라는 일상적 실감을 고백한 결과로 볼 수 있을 것이다. 이 말 속에는 부모의 노동과 학교라는 제도의 울타리 속에서 보호를 받고 있는 유학생 계급의 독특한 자의식이 반영되어 있을 것이다. 그러나 이러한 일반적인 요인 말고도, 당시 일본에는 '천국'이라고 실감될 만한 객관적 요인들이 더 있었다. 대정기 자유주의와 문화주의의 물결, 경제적 호황 아래 풍요의 이미지를 더해가던 도시적 시민생활의 세계가 그것이다. 이러한 대정기하의 동경은 무단 통치 아래 부복(俯伏)하고 있었던 1910년대의 식민지 조선, 즉 '현실의 지옥'과 비교해 볼 때, '천국'으로 실감되었을 가능성이 매우 높다고 생각된다.

그러나 그 '천국'에서의 삶은 유학생들에게는 귀국이라는 시한부적 삶으로 예정되어 있는 것이기도 하다. 그들의 내면에서 소거해버리기 어려운 심리적 아킬레스건인 선각자적 명분주의나 소명의식을 고려해 본다고 할 때는 더욱 그러하다. 그리고 2·8선언이나 동경대지진의 결과가 보여주는 바와 같이, 그들의 '천국'적 삶은 「만세전」의 주인공처럼, 일본인 사회의 그늘 속에서 숨죽이고 살아가고 있을 때에만 보장될 수 있는 것이기도 하다. 그렇기 때문에 동경은 유학생들의 '완전한 천국'이 아니라, 그 속에 뿌리내리는 것이 불가능한 '가상의 천국' 공간이라고 느껴졌던 것이며, 그래서 그들은 '천국'을 '공상' 차원에 존재하는 것이라고 표현했던 것이 아닐까 생각된다.

이상과 같은 관점에서 『학지광』을 발표매체로 삼고 있었던 당시 유학생 시인들의 작품들을 보면, 이상의 '공상의 천국' 인식과 관련된 내용들이 잘 나타나 있는 것으로 판단된다. 김여제의 「잘때」와 「한끗」의 일부를 먼저 보기로 한다.

> 우리들은 가즉히 한품에 안겻도다.
> 엇더한 길음(稱譽)에도 들뜨지도 안이하며
> 엇더한 꼬임에도 숨차지도 안이하여,
> 오직 한 사랑에 찻도다.
> 다 한 融和에 녹앗도다.
> —아모 나타나는 意識도 업스며,

아울너 分割이니, 支配니 하는 아모 귀찬은 觀念도 몰으도다.
—우리들은 참, 거즛, 미움, 고움의 世上말에 다, 초월하엿도다.

—「잘 때」 부분[10]

나의눈은 만흔때에 恐怖驚異의 눈물에 차며,
나의입은 참友情을 말하여 맥히며
나의感覺은 만흔隔離를 보고으즈즉 써는도다.
아아 우리들은 다한아들이 안이엿든가!
—우리들에게는 참사랑의씨가 쑤리여 잇지 안이하엿든가!

—「한끗」 3연[11]

위 작품에는 시인이 현실을 바라보는 분명한 대립적 구도가 나타나 있다. 시인이 현실에서 목격하는 '분할'이나 '지배', '공포 경이', '격리' 등의 현상이 한 축을, '한 사랑', '한 융화', '한 아들', '참사랑의 씨' 등이 또 한 축을 구성하고 있는 것이 그것이다. 이로 볼 때, 이 작품의 구조는, 전자가 현실에서 목도되는 부정적 현상, 후자는 그 부정적 현실을 극복 혹은 치유할 수 있는 사상적 대안으로서 제시되고 있는 대립적 구도를 갖고 있다고 보아도 될 것이다.

물론 여기에서 가장 핵심적인 부분은 그가 현실을 치유하는 방책으로서 제시하고 있는 내용이다. 그것은 전형적인 관념론적 발상의 산물이라 해도 무방하다고 생각된다. 현실 문제의 치유 방책이 개인의 '정신적 각성' 속에 있다고 믿고 있는 점, 그리고 그러한 깨달음을 가능케 하는 능력인 '참사랑의 씨'가 인류 속에 이미 내재되어 있다는 점 등이 그 근거다. 더 나아가 김여제는 「잘때」에서 보는 바와 같이, 현실에서 벌어지는 분할과 지배 등의 갈등을 초극했으며 참·거즛, 미움·고움

10) 『學之光』 6호, 1915.7, 81~82면.
11) 위의 책, 80~81면.

등으로 대표되는 이분법적 의식, 그리고 의식의 존재 자체까지도 초월하였다고 선언하고 있다.

위 '초월' 선언 내용은 문맥 그대로 수용해 들일 수 없음은 당연하다. 화자가, '차별성'이나 이분법을 전제로 하여 대상을 파악하게 되어 있는 인간의 언어구조, 인식구조의 속성을 초월하였음은 물론, 의식까지도 존재하지 않는다고 선언하고 있기 때문이다. 이것은 사실상 본인이 '깨달음을 얻은 자'가 되었다는 선언과도 같다. 그런 의미에서 이런 사고법은 현실이나 자신의 상태를 객관적으로 진단하기 어려운 청년기에 갖기 쉬운, 일종의 '개인적 우화'의 소산이라 보는 것이 타당할 것이다.[12]

이상과 같은 사고법은 대정기를 지배한 특정한 사상들과 관련이 있음이 분명하다. "인격의 성장과 발전을 지상의 가치"로 삼으며 개별 인간의 삶의 궁극적 목표가 "신의 입장에 접근하는 일"이라고 본 아베 지로의 '인격주의',[13] "사회 변혁의 해법은 물리적인 폭력이 아니라 동정적 사랑과 인격의 교화에 있다", "루소가 예시한 천부인권의 자유는 역사적인 투쟁에 의해 성취된다기보다 각자가 인간 마음의 무한한 가치를 발견함으로써 온전히 실현된다", "인간의 진정한 위업은 정치가 아닌 문학, 정치가가 아닌 시인에 의해 구현될 수밖에 없다", "보편적인 진리가 신으로부터 유래할 뿐만 아니라 개인의 자아에 선험적으로 내재해 있"다는 에머슨 류의 기독교적 관념론,[14] "우주의 대정신과 접신

12) 개인적 우화란 청년기에 소지하기 쉬운 심리적 특성으로, 자기 나르시시즘이 공상적 차원으로 확대된 상태를 뜻한다. 이옥형 외, 『교육심리학』, 집문당, 2000, 90면 참조.

13) 대정기의 주요 사상 중의 하나는 『산타로의 일기』(1914), 『인격주의』(1923)의 저자 아베 지로가 주창한 '인격주의'다. 그것의 기본 골조는, 인격이란 ①사물과 구별되는 독자적 의미를 갖고 있으며, ②의식적 경험의 근원에 존재하면서 그것을 통일하는 자아이며, ③불가분한 생명인 개체이며, ④선험적 특징을 갖고 있다는 것으로 요약 가능하다. 위를 포함한 아베 지로 및 대정기 사상 관련 사항은 미나미 히로시, 정대성 역, 『다이쇼 문화 1905－1927』, 제이엔씨, 2007, 420~422면 참조.

14) 기타무라 토고쿠에 의해 수용된 이 논의는 장덕수에 의해 세론되는 양상을 보인다.

하는 무한 체험을 뜻하는" "순수경험"론을 주장한 니시다 기타로,[15] "인간에게만 부여된 생명의 원리인 창조적 자발성"론을 주장한 베르그송의 "창조적 진화론" 등이[16] 그것이다. 이러한 사상들은 장덕수가 말한 바 "全的 사람의 實現" 내지 "內的人의 自覺" 논리,[17] 개인뿐만 아니라 민족 문제의 해결의 첩경 역시도 "망각" 상태에 놓여 있었던 "자아의 존재"를 회복하는 데 있다고 주장한 최승구의 논리로까지 나아간다.[18]

"'나' 속에 선천적으로 잠재해 있는 무한한 능력의 '참나', 신성(神聖)적 존재, 그것의 발견과 실현에 삶의 궁극적 의의와 민족 문제의 해결책이 있다"로 요약 가능한 이 사상 유형은, 다소간의 표현 차이는 있어도 현대의 고등종교 문화가 공유하고 있는 사유법과 일치하는 데가 많다고 보아도 좋을 것이다. 물론 역사적 연원이 매우 깊은 이 문화의 현실적 실효성 문제는 이 자리에서 가볍게 다룰 수 있는 문제는 아니다. 그러나 위의 대정기 사상에 한해서만 본다면, 문제점으로 다음과 같은 지적이 가능하다고 본다. 사상적 목표만 제시되어 있고 실천, 즉 수행론과 수행과정이 제시되어 있지 않다는 점이 그것이다. 대정기 사상의 조선식 요약 종합판이라고 해도 될 만한 최승구의 발언 내용을 인용한다.

> 우리가 우리된 後에, 肉과, 感情과, 良心과, 本能을 統一하야 權威를 뜰치며, 生活의 途로 나아갈 것이다.[19]

인용문은 각각 北村透谷, 「最後の勝利者は誰ぞ」, 「心の死活を論ず」, 「內部生命論」. 각 글의 출전은 이철호, 「한국 근대문학의 형성과 종교적 자아담론」, 동국대 박사논문, 2006, 21면 참조.

15) 이철호, 앞의 책, 55면.

16) 삼원섭, 「1910년대 일본 유학생 시인들의 대정기 사상 체험」, 앞의 책, 94~95면 참조.

17) 장덕수, 「意志의 躍動」, 『學之光』 5호, 1915.5, 각각 40, 41면.

18) 최승구, 「너를 革命하라」, 앞의 책, 15~16면.

19) 최승구, 앞의 글, 16면.

"우리가 우리"가 된다는 것은 우리 안의 "참자기"를 찾아내어 그것과 하나가 된다는 것인데, 이는 실은 개체가 "각자(覺者)"가 된다는 뜻이다. 이것이 집단 차원으로 옮겨가면 민족 구성원 전체가 각자가 되며, 이 이후부터는 "권위를 떨치며" 앞으로 나아가기만 하면 된다는 논리다. 개인의 각성과 집단의 각성, 그리고 자동적으로 보장된 미래. 이렇게 공식화된 이 사상의 이면에는 조선 민족의 집단적 각성을 통한 국민국가 혹은 열강에로의 발전을 기대하는 논리 역시도 내포되어 있을 것이다.

그러나 여기에는 결정적인 문제점이 있다. 이 논리들의 기본 전제인 개인적 각성의 과정 문제, 즉 개인이 '어떻게 각성'을 해갈 것인가, 하는 문제가 그것이다. 자신의 안에 신적인 존재가 선재(先在)해 있다는 논리는, 그것이 객관적 사실이라 할지라도, 아직은 '지식' 차원의 명제에 불과하다. 그 내용을 몸으로 체득·실현하기 위해서는 지난(至難)한 수행 과정이 필요하다는 사실을, 어떤 수행 문화든지 상식적으로 제시하고 있는 바다. 그러므로 비범한 인간이 돈오(頓悟)를 얻는 외에는, 범인들에게는 위와 같은 사상의 결실은 영원한 미래의 과제로 유보될 수밖에 없다. 만약 당시 유학생 문인들이 이 험난한 수행의 길을 알고 있었다면, 그들은 자신들이 제시한 낙관론들을 영원한 미래에로 유보해 두고 있었던 상태라고 말할 수 있다. 그것이 아니고, 김여제의 시에 나타난 바와 같이, 자신들이 돈오를 얻었다고 생각하고 있었다면, 그것이 대착각의 세계에 지나지 않았다고 할 수 있음은 물론이다.

본질적인 내포하고 있는 대정기 사상, 그것을 조선적인 상황으로 재해석하여 간직하고 있었던 유학생들의 이 사상은, 근대 일본의 역사 과정 속에서는, 대정기의 종말과 더불어 마르크주의에 그 사상적 패권을 넘겨주었다는 사실을 재기억할 필요가 있다. 무엇보다도 이와 같은 과정은 김여제 자신의 인생이 입증하는 바이다. 정신적 자각을 통한 자아의 실현과 세계평화론을 노래했던 김여제 자신이, 얼마 후인 3·1민족해방 운동 과정 속에서 스스로 그 사상을 포기하고 물리적인 대일 투쟁

에 뛰어든 인생 경력을 보여주기 때문이다.[20]

김여제의 위와 같은 관념론적 낙관론은, 그의 기독교적 소양과도 인연이 매우 좋다. 그러나 이 대정기 사상 자체는 '수행'이 소거되어 있다는 본질적인 결함을 갖고 있었다. 그리고 그것은, 식민지 경영과 수탈이라는 물적 기반 위에서만 존재할 수 있었던 일본 제국, 그 안에 한시적으로 존재했던 '평화시대' 대정기의 철학이었다. 그들 유학생들 자신에게 있어서도, 이러한 평화시대의 관념론으로 조선의 밝은 미래를 그려보면서, 제국주의적 현실에 대한 인식과 자신들의 소명감을 잠시나마 유보해둘 수 있다는 것, 그것은 그렇게 불편한 선택만은 아니었을 것이다. 이렇게 한시적으로나마 조선의 현실 혹은 자기 자신의 본 모습에 대한 직시와 고뇌를 유보하며 사는 것이 가능했던 삶, 이것을 가능케 했던 것이 대정기 유학생에게 있어서의 도쿄적 삶, 즉 '공상의 천국'이었지 않은가 생각되는 것이다.

김억의 경우는 김여제에 비해 볼 때, 수행론의 내용이 보다 구체화된 논리를 제시했다는 점에서 특징적이다.

> 설름, 슬픔, 괴롭음, 치움 피할곳업나니 너 어데 가랴느냐? 나를 바리고.
> 너의 平安을 주기엔 내가 지은 너의 집이,
> 가쟝 죳고 가쟝 즐겁고 가쟝 아름답고 가쟝 깃브고 가쟝 安樂일지니,
> 이를 바리고 너웨 가랴느냐?
> (…중략…)
> 『아니요! 나는 셔름의 門과 눈물의 門을 지내, 가야겟셔요 나의 오기를 기다리고 잇는 the shore far-beyond에 가랴나이다』.

20) 김여제는 1919년 주요한의 뒤를 이어 상해로 망명한다. 이후 그는 전투적인 항일의식을 고취하는 내용의 군가를 『상해독립신문』에 '유암'이라는 필명으로 연속 발표한 바 있다. 심원섭, 「金輿濟の生涯について」, 『早稲田大學 語研フォーラム』 19호, 2003.9, 참조.

(…중략…)

오너라! 웨 가랴느냐? 웨냐?

『웨냐고? 나는 나의 몸과 靈(body and soul)을 깨긋하게 아니하면 아니되겟기 에요. 나는 가야겟셔요, 나를 기다리고 잇는 the shore far-beyond에요. 나는 가랍니다.』

(…중략…)

내의집업는 적은새!
나도 너 떨아가리!
내의 온갓 것을 누구게 맛기랴
새야 나도 너 딸아 가리!
나의 적은 새! 나의 적은 새!

―「나의 적은 새야」 부분[21]

이 작품의 사상적 구도 역시 뚜렷하다. '고통을 면할 수 없는 이 세상'을 떠나 어디로 가느냐는 화자의 질문에, 새는 '영과 육의 정화'를 위해, '서름'과 '눈물'의 문을 지나 '저 먼 바닷가'로 간다고 한다. 결국 이 작품의 테마는 '영육의 정화'를 위해 괴로운 '이세상'을 떠나 피안으로 가기를 동경하는 내용인 것으로 파악된다.

일단 이 작품은, 정주할 집으로 상징되는 이상적 가치가 현실 속에 존재하지 않다는 점, 그 이상적 가치가 미지의 공간 속에 동경의 대상으로서 존재한다는 낭만주의적 발상법의 공식을 그대로 담고 있다.[22] 그 외에 이 작품은 현실 문제의 치유법을 '영육의 정화'에 두고 있다는 점에서 김여제의 발상법 및 앞서 살핀 대정기 관념론의 기본형을 유지하고 있다.

---

21) 金億, 「나의 적은 새야」, 『學之光』 5호, 1915.5, 57면.
22) 지명렬, 「낭만주의와 동경의 문제」, 『문예사조』(김용직 외편), 문학과지성사, 1977, 54~55면 참조.

김여제의 시와 위의 김억 시가 '영육의 정화론'과 '영적 자각'을 목표로 한 지점을 노래하고 있는 작품이었다면, 김억의 「요구와 회한」(1916)과 「프란스시단」(1918)은, 그러한 '영육의 정화' 과정을 보다 구체적으로 제시하고 있다는 점에서 특징적이다. 두 자료 모두 프랑스 상징주의와 데카단스를 소개하고 있는데, 「요구와 회한」부터 인용하기로 한다.

> 엇드랴고 찻즈랴고 왼終日 허덕이다가, 엇듬의 길이나, 찻즘의길은 아니보이고, 더 한거름 멀어갈때의 心情은—말하자면—美를求하다가 엇지못하야의 醜, 眞을 찻다가 찻지못하야의 僞, 善을 구하다가 엇지못하야의 惡,—이들을 맛보게 되며, 또는 거긔에 憧憬하게 된다. (…중략…) 그러기에 瞬間瞬間의 生活은 悔恨이며, 悲愁며 恐怖며, 暗悶이며, 追求적 追懷적 쓴 心情을 맛보는 不安이리라. 포울 베루렌느의 心情이며 샤레 쏘우드레일의 心情이 이것에 밧하지 아니하는바—베루렌느의 뉘웃츰 어린아희 갓튼 懺悔의 압흔참눈물이며 쏘우드레일의 人工的 享樂을 무리로 하게 된 것도 할슈업는—求하여 求하여 말지아니하는要求에—善과 眞神과를 찻다가 못 찻아의 悲哀를 맛보는 心情에 밧하지 아니하며, 瞬間瞬間의 압흔 뉘웃츰에, 熱烈한 憧憬에, 찌르는듯한 悲痛에, 모든 것을 니저바릴듯한 思惱에, 消極的의 安慰을 엇기위해 그날그날을 無理로 慰勞하며, **善과 眞神을 보려하는 참心情의 紀錄**을 우리에게 보여준 것이 아니고 무엇이리오.[23] (강조는 인용자)

김억에 의하면 그들 프랑스 상징주의자들의 고통은, 이상적 가치를 희구하나 그것을 획득하지 못하고 추(醜)와 위(僞)와 악에 빠지는 자, 그리고 그것을 자각하고 참회하는 자의 지속적인 고통이다. 그러나 이 고통은 어디까지나 "善과 眞神을 보려하는 참 심정"의 운동 결과이다.

그가 기술한 베를레에느와 보들레에르의 고뇌에 대한 기록은, 실은

23) 億生, 「要求와 悔恨」, 『學之光』 10호, 1916.9. 43~44면.

모든 인간의 일상적 삶의 과정 속에서, 특히 '수행자 문화'라고 불리는 문화에서는 더욱더 선명하게 나타나는 자기 갈등의 세계라 보아도 좋을 것이다. 수행의 정점이 고도의 영적 자각을 얻는 데에 있는 것이라면, 이 상징주의자들의 경우 그것을 어떻게 열매맺어 갔느냐 하는 점도 당연히 관심의 대상이 될 수 있을 것이다. 김억의 「프란스시단」은 이 점에서 조금 더 구체적이다.

엇더한 것이 「데카단스」인가? 에르네스투 루난은 「손가락을 빠는 어린아희」다 하고 아나톨 푸란스는 「예민한 병자」라고도 한 신경과민의 희생자며 배덕심 가득한 酒徒인 「데카단스」. 좀더 조흔말을 쓰면 「심쏠리스트」는 敬意를 表할만한 英國流의 神秘的 무엇이 잇스며, 영국류의 만흔 필리스틴과 같이 人生을 곳게 引導하랴는 熱誠이 잇다 (…중략…) 그들(데카단스)는 사람과 物件과 함께 살아가는 陰愁에 죽을슈도 살슈도 없는 또는 도망하랴도 도망할슈없는 悲愁를 가슴에 가졌다.

그러나 그들은 支那식의 隱士的 心情과는 달으다. 高遠한 理想, 現實의 名利가 한갓 쓸쓸하야 幻影에 지내지 안앗다. 그들은 너무도 倦怠하엿다. 찰나찰나의 자기를 한갓 속이랴고 모든 人工을 더하엿다. 酒色에 憂를 니즈랴고 한다. 그러나 씰 때의 悲痛, 歡樂이면서도 沈痛인 秋葉凋落의 悲壯美에 가슴을 압히지안코는 못견딜일 心情, 즉 疲勞, 頹廢이엿다. 非道德的 人物이엿다. 그들은 이 현실세계의 생활에 거데기어려우리만큼, 약한 사람이엿다. 위인이 안이고 약하고 힘도 없는 범인이엇다. 그들은 늘 하느님을 무서워하며, 죄악을 뉘우쳤다. 道義라는 障壁을 넘어 非凡의 경계에 이르렀다. 爛醉, 음락, 虛僞, 그들은 몽유병자가 황홀상태에서 모든 것을 하는 것과 갓치, 열정에 따라 행동을했다. 그러나 爛醉, 음락, 虛僞의 심정을 긍정할슈잇스리만큼 그들의 맘은 偉强하지 못하얏다. 뉘웃출 그때의 심정은 닥가놓은 거울과 갓치 맑앗다. 악덕의 티끌조차 업섯다. 그들의 영은 陶醉에 빗나는 것이 안이고 그 각성의 때에 하나님을 보앗다. 씌는 맘! 그들의 산 靈이다. 그들의 心海에는 善과 愛, 美와 醜,

하느님과 惡魔, 셜음과 즐겁음, 現實과 理想, 無限과 有限, 否定과 肯定— 이것들이 가득하엿다. 音響, 色彩, 芳香, 이들은 그들의 靈을 無限界로 잇쓸어 가는 象徵이안이고, 그들 自身의 靈이며, 쌀아셔 無限이엿다. 善의 對照로의 惡, 惡의 對照로의 善도 안인 絶對者를 그들은 끈치안코 求하엿다.[24] (강조는 인용자)

김억이 이 글 속에서 상징주의적 수행법이 "지나식의 은사적 심정"과 다르다는 자(自)문화 컴플렉스를 폭로해 가면서도 강조하려 한 것은, 상징주의 시인들의 '수행' 과정이 보여준 독특한 도덕적 일탈의 세계와 그로 인한 자기 갈등의 세계다. 이 속에는 물론 김억 자신의 청년기적 고뇌 역시도 투영되어 있을 것이다. 어쨌든 이 글 속에서 주목되는 점은, 그 "열정"에 몸을 맡기는 일탈적 삶의 과정이 하나의 '수행'과정이라는 점, 그리고 그것이 뚜렷한 영적 목표를 지향하고 있다는 점이다. 이 글 속에 그 수행의 결실이 완전하게 드러나 있지는 않지만 그 편린들은 확인할 수 있다. 일탈적 삶을 참회할 때, 그 "각성의 때에 하나님을 보앗다". '깨어 있는 정신, 살아 있는 "령"'을 대했다는 대목이 그것이다.

문제는 이러한 "각성"이 수행 과정 전체 속에서 어느 정도의 수준에 이른 것인가 하는 점이다. 위에 제시된 '참회의 각성'은, 그것이 혹 완전한 각성을 지향하는 것이었다 하더라도, 그 과정 중에서 무수히 되풀이되어야 할 일시적 단계 중의 하나라고 보는 것이 옳지 않을까. 그리고 선과 악을 초월하는 절대자가 되기를 지향한다는 마지막 행의 내용 역시도, 먼 미래에 성취 가능할지 어떨지 알 수 없는 유보적 세계다. 역사가 알려주고 있듯이 상징주의 시인들이 "각(覺)"을 이룬 현자들이었다는 증거는 아무데도 남아 있지 않다. 위의 발언을 남긴 김억의 경우에도

---

24) 김억, 「프란스詩壇」, 『泰西文藝新報』 10호, 1918.12.7.

그것은 마찬가지다. 이런 의미에서, 수행 논리가 일부 포함된 김억의 논리 역시도, 실천 과정이 실질적으로는 소거된 것과 진배없는, 박래품적 지식 차원에 머무는 것이었다고 보는 것이 옳을 것으로 생각된다.

동시대 세계사를 지배하고 있는 거대 담론을, 구체적인 실천 과정을 검토하고 실행에 옮기는 과정이 부재한 가운데, 그 사상적 도식을 자신의 이념적 정체성으로 성급하게 확정하려 하는 심리적 패턴, 그리고 그 과정 속에서 자신에게 선각자적인 이미지를 부과하고 싶은 심리, 이것이 청년기의 유학생 심리에서 흔하게 볼 수 있는 특징이라면, 위의 김억은 물론 김여제 · 최소월, 그리고 주요한에게서도 유사한 현상을 목도할 수 있는 것이 아닐까. 이것은 그들 개인의 문제였음은 물론 대정기를 지배한 관념론적 사상 전체가 이 그 기반에 지니고 있었던 본질적인 결함이었을 가능성도 높다고 본다.

실천과 훈련(수행)이 소거된 사상, 세계사적 관습과 유행으로서 존재하기는 하나, 본인의 몸으로 검증 과정을 거친 적이 없는 관념론적인 원칙론을 갖고 개인과 조선과 세계를 낙관적으로 보고 있었던 것, 그것이 당시 유학생들이 살고 있었던 "공상의 천국"의 또 다른 국면이라고 보는 관점이 이제 성립 가능하지 않을까. 이렇게 보면 그들이 조선이라는 현실에 임했을 때 드러냈던 "사실의 지옥"이라는 반응도 또 다른 관점에서 이해가 가능하다. 앞서 살핀 바와 같이, 귀향한 유학생들이 드러냈던 무력감과 절망감, 그리고 일본으로의 도피 욕구는, 자신의 본모습을 직시하기를 기피하는 청년기 유학생들의 특수한 심리의 산물이었음과 동시에, 그들이 지닌 새로운 사상이 대정기 일본이라는 "공상의 천국"에서만 통용될 수 있는 '공상 차원의 진리'였음을 드러내는 증거가 되는 것으로도 생각되는 것이다.

4. 맺음말

1910년대 일본 유학생 문인의 일원인 주요한의 단편 「마을집」과 나경석의 산문은, 염상섭의 「만세전」과 같은 여로구조형 서사가 1910년대에 이미 존재했었다는 사실을 보여준다. 그들 일본 유학생 문인들은 조선에 귀향했다가 무력감과 절망감을 맛보고는 일본으로 도피하는 유형의 청년상을 보여준다. 이러한 반응 속에는, 그들이 지닌 식민지 조선인으로서의 본래 모습을 부정하고 싶은 심리적 기제도 작용하고 있는 것으로 판단된다. 한시적 체재지인 유학지 일본으로 이렇게 도피하는 그들은, 조선이 "(사실의) 지옥", 일본이 "공상의 천국"이라고 명명한다.

반면 "공상의 천국", 일본에 거주하고 있었던 김여제나 김억의 작품에서는, '참자기의 발견' 혹은 자신 속에 내재하는 '신적 자아'의 자각과 발현이라는 주제가 공통적으로 제시된다. 이러한 테마들은 대정기 일본을 지배한 에머슨의 기독교적 관념론, 베르그송의 창조적 진화론, 아베 지로의 인격주의, 백화파 사상, 그리고 장덕수, 최승구 등의 유학생 일반에서도 공통적으로 발견되는 요소들이다. 일본 유학생들은, 이러한 사상을, 개인은 물론 민족 문제의 해결까지도 담보해줄 수 있는 사상적 지주로서 수용하고 있었다. 이들의 시 속에서 애국계몽기와는 또 다른 의미에서의 낙관적인 전망을 볼 수 있는 것은 그 때문이다.

그러나 이들의 사상은 결정적인 문제점을 갖고 있다. 지난한 개인 수행을 통해서도 그 달성을 기대하기가 어려운 "참 자기의 자각"이라는 명제를, 그들은 '지식'으로서만 받아들인 상태에서 담론 생산활동을 적극적으로 행하고 있었던 것이다. 이렇게 그들은 박래적 지식 차원에서 받아들인 사상을 기반으로, 본인 개인과 조선과 세계에 낙관적인 전망을 투사하고 있었다. 이것이 바로 유학생들이 일본에 대해 갖고 있었던 "공상의 천국"이라는 이미지의 실체 중의 하나였다고 본다. 그리고 그

"공상"적 차원의 낙관론을 무기로 식민지 조선의 실체를 대할 때 파생될 수밖에 없었던 것이, 무력감과 절망감, 그리고 도피의 대상으로 표현한 "사실의 지옥" 이미지, 식민지 조선이었던 것이다.

김여제의 생애에 대하여*

1. '최초의 자유시'인 김여제

와세다대학 재학기와 상해임정시대에 주목할 만한 시작품들을 발표한 바 있는 유암 김여제(金輿濟)는, '신시의 첫 작가'라는 주요한의 극찬을 받은 이래로, 최소월·현상윤·김억 등과 함께 초창기 한국 근대시사에서 빠질 수 없는 존재로 인식되어 왔다. 그에 관한 그간의 연구 성과를 모아보면 다음과 같다.

첫째로는 그를 '새로운 형식의 자유시'를 쓴 '신시의 첫 작가'라고 본 주요한의 평가(1924)를 들 수 있다. 이 견해는 그의 평가의 대상인 「만만파파식적」이 오래 동안 미발굴 상태로 남아 있었음에도 불구하고 후대의 연구에 강력한 영향을 미쳐 온 것으로 판단된다.[1)]

두 번째로는 강희근(1979)·김학동(1981)·김형철(1985)·조창환(1986)의

---

* 원문은 일본어. 졸역.

1) 朱耀翰, 「노래를 지으시려는 이에게」 (1), 『朝鮮文壇』 1호, 1924.10, 48~49면.

연구를 들 수 있다. 이들은 주요한의 견해를 이어받아, 김여제의 3편의 시가 갖고 있는 근대자유시적인 특성을 기술하는 데 주력하는 특징을 보여주고 있다. 그 결과가 '개아의 서정성의 확보' '형식적인 면에서의 파격의 변화' '시적 수준의 높음' '근대 자유시 이행에의 선구적 역할 수행' 등으로서 이 견해들은 현재까지 교과서적인 견해로 통용되고 있는 것으로 판단된다.[2)]

세 번째로는 김윤식(1984, 1986)의 연구와 정우택(1994)의 연구, 오오무라 마스오[大村益夫](2001)·호테이 토시히로[布袋敏博](2002)·심원섭(2003)의 연구를 들 수 있다. 김윤식의 연구들은 출생으로부터 미국생활 시기까지에 이르는 김여제의 전기적 사항을 요약적 형태로나마 최초로 제시했을 뿐만 아니라, '김여(金輿)'라는 필명으로『독립신문』에 수록된 시가들의 존재를 처음으로 시사에 제시했다.[3)] 정우택의 논문에는 김여제의 생애 전체에 대한 전기 조사 내용이 포함되어 있어 주목되며,[4)] 오오무라 마스오는 와세다대학 시대의 김여제의 학적사항을 분명하게 제시했다.[5)] 호테이 토시히로는 이광수·현상윤·전영택·김여제 등의 미발굴작품이 다수 수록된『학지광』8호와 11호의 서지사항을 학계에 보고했다. 심원섭은 이 중 김여제의 미발굴작 두 편의 존재를 확인하고 이

---

2) 강희근,「『學之光』에 나타난 시인들의 모습과 시의 모습에 대하여」,『배달말』4호, 1979, 87~110면; 金澤東,『韓國開化期詩歌硏究』, 시문학사, 1981, 172~174면; 김형철,「『學之光』의 문학사적 위상」,『대구어문논총』, 1985, 105~134면 참조; 조창환,「『學之光』의 시문학사적 의의」,『아주대학교 논문집』8집, 1986.2, 126면.

3) 金允植,「준비론사상과 근대시가」,『韓國近代文學思想史』, 한길사, 1984, 92~93면; ______,『李光洙와 그의 시대』2, 한길사, 1986, 476~477면·652~653면 참조.

4) 정우택,「流暗 金輿濟의 생애와 시 연구」,『泮橋語文硏究』5집, 1994, 203~207면 참조. 이 논문에 소개된 생애 관련 사실은, 김여제 장례준비위원회에서 작성한 '약력'을 중심으로 작성한 것으로 되어 있다. 필자의 조사내용 속에 빠져 있던 내용도 있어서 적지 않은 참조가 되었으나, 도일·도미 관련 사실 등과 관련하여 부정확한 데가 있고, 김여제의 생애를 구체적으로 기술하는 데 필요한 상해시대 및 만년에 쓴 시작품·『독립신문』·회고담·수필들에 대한 조사가『기러기』에 수록된 시 작품 외에는 없는 문제점들이 있다.

5) 大村益夫,「早稲田出身の朝鮮人文學者たち」,『語研フォーラム』14號, 2001.3, 7면.

를 한국학계에 소개했다.[6] 엄밀한 의미에서 본다면, 김여제의 생애에 관한 전기적 연구는 이 단계에 와서 본격화된 것으로 볼 수 있다고 판단된다.

네 번째로는 그간 '자유시(自由詩)로의 이행과정(移行過程)'이라는 측면에서 주로 언급되어 온 김여제의 『학지광』 수록 시들을 사상적 관점에서 보고자 한 연구들을 들 수 있다. 그의 시 속에, 대정기라는 환경과 관련하여 당대 유학생들이 갖고 있었던 독자적인 사상・문학적 관습과 체계가 있었다는 점을 제시한 졸고(1998)와 구인모의 논문(1999)이 그것이다.[7]

이상의 연구사를 보면, 김여제에 관한 연구는 세 번째 연구들을 제외하고는 대부분이 그의 동경유학시대의 작품 3편(「잘 때」, 「한끝」, 「山女」)에 대한 평가에 집중되어 있음이 발견된다. 그리고 작품의 발굴 및 조사, 전기적 생애에 대한 기초 연구가 김여제 연구가 시작된 지 60여 년만에야 시작되고 있다는 것을 확인할 수 있다. 본고가 서 있는 지점은 바로 이곳이다. 아직도 많은 추가 조사가 필요하다고 판단되긴 하지만, 본고에서는 김윤식・정우택・오오무라 마스오에 의해 제시된 생애 관련 기록들과 필자가 그간 수집한 내용을 토대로 하여 첫째, 김여제의 생애와 문학 전체를 조감할 수 있는 문학적 초상화를 연보와 함께 제시하려 하였다. 두 번째, 『독립신문』에 수록된 여타 작품, 이 이후에 그가 쓴 수필 및 기타 장르의 글들, 만년에 쓴 시작품들을 비롯하여 현재까지 소개된 바 없는 그의 작품들의 존재를 밝히고 그 내용의 특성을 제시하려 하였다.

---

6) 布袋敏博, 「'學之光小考－新發見の第8號と11號を中心に」, 『大谷森繁博士古稀記念朝鮮文學論叢』, 白帝社, 2002.3, 233~237면; 심원섭, 「流暗 金輿濟의 '만만파파식적'과 '世界의 처음'」, 『文學思想』, 2003.7, 221~233면.

7) 심원섭, 「1910年代 일본유학생 시인들의 大正期 사상체험」, 『愛山學報』, 1998.9; 具仁謨, 「'學之光'의 미학주의」, 동국대 석사논문, 1992 참조.

2. 정주(定州)에서 신문관(新文館)까지

출생년도인 1895년부터 일본 유학 시작년도(1913)까지에 이르는 그의 생애를 보면 일종의 '전형성'이라고 할 만한 요소가 존재함을 확인할 수 있다. 우선 이 시기의 전기적 사실들 중 중요하다고 생각되는 부분들을 소개하면 다음과 같다.

1895년(1세) : 5월 29일 평안북도 郭山郡 南面 安義里에서 농사로 생계를 이어가던 몰락양반 金鼎潤과 尹氏 사이에서 2남 2녀의 장남으로 출생[8)]

1902년(8세) : 집안의 承重權 계승 문제로 인해 부친이 평안북도 태천 관아에서 곤욕을 치름. 이 즈음부터 14세까지 고향의 의숙에서 한문을 배움.

1908년(14세) : 定州의 오산중학교 2년 입학. 단발을 함. 南岡 李承薰의 신변에서 심부름을 함.

1910년(16세) : 春園 李光洙 오산학교 교사로 부임.

1911년(17세) : 오산중학교 졸업. (최우등 졸업)[9)]

1912년(18세) : 南江과 春園의 알선으로 六堂에게 소개되어 신문관에서 기숙하며 일하게 됨. 주시경 · 김두봉 등과 한국 최초의 조선어사전 편찬사업에 참여하여 조수로 일함.[10)] 京城商業學校에 진학한 후 조선광문회 · 중앙기독청년회 · 경성일보연구회 등 학회 및 청년회 활동에 적극 참여하였다.[11)]

1913년(19세) : 아동잡지 『붉은져고리』의 편집인으로 일함(발행인 최남선). '朝鮮光文會'의 업무도 봄. 일본 유학길에 올라 동경정칙영어학교에 1년 다님.[12)]

---

8) 早稻田大學 高等豫科 學籍簿(大正 4년 7월) 및 정우택의 앞의 논문 203면 참조.
9) 정우택, 앞의 논문, 204면.
10) 조선어편찬사업 관계 기록은 김윤식, 『이광수와 그의 시대』 2, 한길사, 1986, 470면.
11) 약력, 정우택, 앞의 논문, 204면.

두말할 필요도 없지만 그가 태어난 평안북도 곽산군(정주)와 오산학교 일대는 일찍이 러일전의 현장이었음은 물론, 조만식 · 안창호 · 이승훈 · 이광수 · 김억 · 김소월 · 김도태 · 서춘 · 백인제 · 함석헌 · 주기철 · 한경직 등이 태어났거나 졸업했거나 인생의 중요시기를 경유해 간 곳이다.[13] 김여제는 몰락양반이었던 부친 밑에서 유년기를 거치면서, 한학 수학을 통해 조선인으로서 갖춰야 할 전통적인 아이덴티티를 습득하는 과정을 거쳤다. 다음 기록은 그의 미래에 펼쳐질 인생 내역과도 관련하여 이 시기의 김여제가 간직하기 시작했던 성취동기의 일단을 잘 보여주는 예가 아닌가 생각된다.

> 내가 7,8세 되었을 때 일이었다. 우리 집에 조상싸움으로 소송사건이 일어났다. (…중략…) 나의 曾祖父가 돌아간 뒤에는 나의 아버지가 祖上의 제사를 받들 자격이 있는 것이었다. 나의 증조부의 庶子들은 이 承重權을 넘기기를 거부했다. 그리고 그 承重權에는 承重沓이라고 하는 토지가 적지 않게 붙어 있었다. (…중략…) 어떤 겨울날 밤, 시꺼먼 벙거지를 쓴 순경 두 놈이 우리 집에 와 나의 할아버지를 고랑틀을 채워 끌고 갔다. 그 이튿날 나의 아버지가 할아버지 대신 체포되어 平安北道 태천 고을 감옥에 붙들려 가 수많은 笞刑을 당하고 여러 날 동안 감옥에 갇히어 있었다. (…중략…) 듣건대 그때 태천郡守는 역시 부패한 貪官汚吏로서 많은 뇌물을 먹고 나의 아버지에게 온갖 악형을 더한 것이라 한다.
>
> 나는 이때 어머니에게서 부정과 불의에 대한 항의를 배웠다. 내가 자라서 일본을 배척하고 일본을 대항하여 외국에 망명하고 일본을 대항하다가 감옥살이까지 한 것은 이 부정과 불의에 대한 반항심이 있기 때문이었다.[14]

66세의 대학교수라는 입장에서 씌어진 글이라는 점을 감안한다 하더

---

12) 위의 글, 204면.

13) 五山學校 출신 저명인사들의 확인은 金基錫, 『南江 李昇薰』(현대교육출판공사, 1964) 참조.

14) 김여제, 「어머니를 그리는 마음」, 『새벽』, 1960.6, 230~231면.

라도[15] 이 글 속에는 김여제가 가족사의 고통이라는 실감적 체험을 통해서 갖게 되었던 현실관이 어느 정도 드러나 있는 것이 아닌가 생각된다. 그가 '가장 어린 나이에' '상투 틀고 망건에 갓을 쓰고' 당시 한국 최고의 중등교육기관이자 신교육기관이었던 오산학교에 입학을 감행한 점,[16] 그리고 양반의 후손인 그가 봉건체제와의 결별을 의미하는 단발을 감행하게 된 것도 이러한 가정사의 연장선상에서 보면 자연스럽게 이해된다.

오산학교에 입학한 이후 펼쳐지는 김여제의 인생은 또래의 한국 소년이 겪을 수 있는 체험으로서는 최고 수준에 달했던 것이 아니었는가 생각된다. 가장 '나이 어린 학생'이었던 그는 서북지역의 대표적 민족지도자 중의 하나였던 남강 이승훈을 곁에서 모시게 되고 이후 그로부터 많은 자극과 감화를 받게 된다.[17] 그리고 2년 후에 부임한 이광수로부터도 지도를 받게 된다. 이후 오산학교를 우등으로 졸업하고 남강의 소개로 서울 경성상업고등학교에서 유학생활을 하는 한편,[18] 그는 최남선에게 소개되어 '1910년대 한국의 아카데미아'인 '조선광문회'와 '신문관'에서[19] 조수역으로 일하게 된다.

그가 비록 18,9세에 조수역으로 일했다고는 하나,[20] 최남선이 주재한 『붉은 저고리』의 편집인 역할, 그 완성을 30년대로 미루게 되긴 하나 '조선광문회'의 대사업인 조선어사전편찬 작업 등에 종사한 것은 그의 인생 전체에서 차지하는 의미가 매우 크다고 할 것이다. 이 작업들은

15) 이 글을 발표할 당시의 김여제는 66세의 인하공대 교수였다. 또 부임할 당시부터 그의 '독립운동' 경력이 『새벽』 등의 잡지나 『인하학보』에 수록된 수필 등을 통해 어느 정도는 알려져 있는 상태였다. 이 문제에 관한 기록은 본고의 제4장 연보 참조.

16) 김여제, 앞의 글, 231면.

17) 김여제가 南岡으로부터 개인적으로 받은 감화는 매우 깊었던 것 같다. 김여제는 그를 평생의 스승으로 생각하고 있었으며, '정직·희망·애국정신·돈에 대한 주의' 등 그의 가르침의 내용을 소상히 적은 시 및, 그에 대한 흠모의 정을 간곡하게 표현한 추모문을 발표한 적도 있다. 관련 사항은 김여제, 「나의 스승 南岡 李昇薰 先生」, 『仁荷學報』, 1963.11 참조.

18) 경성상업학교 재학 사실은 미확인. 정우택, 앞의 논문, 204면에서 인용.

19) 김윤식, 『이광수와 그의 시대』 2, 한길사, 1986, 471면.

20) 『붉은 저고리』의 경우 원고는 주로 최남선이 쓰고 김여제가 뒷일을 했다고 전한다.

우선 한국 지성사 전체에서 볼 때에도 당시로서는 최선진적인 문화 사업에 해당하는 것이었다는 의미가 있다. 이것은 김여제가 이러한 선진적인 문화집단에 소속됨으로써 자신의 인생의 질을 비약시키는 계기를 맞고 있었다는 것을 의미하는 것이라 보아도 좋을 것이다.

그 외에 김여제가 '문필'의 세계에 처음으로 발을 들여놓는 계기가 이 지점에서 비롯되었다는 사실 역시도 중요하다. 그의 생애 속에서 가장 인상적인 것으로 기억되고 있는 부분인, 동경유학시대 중의 시작 생활, 상해 임정(臨政)에서의 시인 · 언론인 · 번역자로서의 활약에 필요한 기초 수업이 사실상 이 시기에 진행되고 있었기 때문이다. 이후의 그의 인생 전체의 향방을 결정짓는 계기가 이 시기에 성숙되고 있었음이 잘 확인된다고 생각된다.

3. 와세다대학[早稻田大學] 시대

김여제가 도일 후 와세다대학을 졸업하게 되는 4,5년간의 시기는, 그가 한국 근대시사의 첫 페이지에 오르는 결정적 계기가 된 시대에 해당한다. 이 시기의 그는 한국 최초의 자유시 작자라는 공인을 받고 있는 주요한으로부터 소위 '신시의 첫 작자'라는 평가를 받을 정도로 엄청난 문학사적 업적을 남기게 되기 때문이다. 그의 도일 시기는 아직 정확하지 않으나, 그 문제까지 포함하여 이 시기의 약력을 간략히 소개하면 다음과 같다.

1913년(19세) : 일본 유학길에 올라 東京正則英語學校에 1년 다님.[21] (춘

21) 김여제의 도일 시기가 1913년인지 1914년인지 정확하지 않다. 김여제는 생전에 남긴 기록 속에서 동경정칙영어학교 입학 사실은 밝힌 바가 없다. 한편 정우택의 기록

원과 육당의 학비 후원을 받음)[22]

1914년(20세) : 4월에 早稻田第3高等豫科(1년반 과정) 입학.[23]

1915년(21세) : 5월에 流暗이라는 필명으로 『학지광』 5호에 시 「山女」를, 7월에는 동지 6호에 시 「잘 때」, 「한끝」을 발표함. 9월에 와세다대학 문학과 영문학과 입학

1916년(22세) : 『學之光』 8호에 「世界의 처음」 발표.

1917년(23세) : 1월 동지 11호에 「萬萬波波息笛을 울음」 발표. 우등 진급.[24] 11월에는 위의 이유로 崔斗善·李光洙·玄相允과 함께 조선총독부로부터 상을 받음.[25]

1918년(24세) : 7월 영문학과 우등 졸업. 귀국 후 황해도 載寧에 있는 기독교계 학교인 明信學校에서 일본어와 영어를 가르침.

이 시기의 그의 삶을 엿볼 수 있는 사항들은 위에서 보는 바와 같이 학업성적이 우수하여 우등진급을 했다든가 총독부로부터 상을 받았다든가 하는 모범생적인 면모들뿐이다. 이 이외에 그는 글이라고는 단 5편의 시 작품을 『학지광』 지상에 발표했을 뿐인데, 바로 이 작품들이 그를 '한국 최초의 신시 시인' 운운하는 자리에 올려놓는다. 이 중, 작품 「잘 때」의 일부를 통해 이 시기 김여제가 갖고 있었으리라 추측되는 내면 세계의 일단을 살펴보기로 한다.

속에는 다음과 같은 내용이 기재되어 있다. "1913年 일본유학길에 올라 日本東京正則英語學校를 1년 동안 다니고……"와 "1915.3.8 京城商業 재학중 성적이 비상 출중함으로 六堂 崔南善 선생의 장학 추천에 의하여 仁村 金性洙 재단 장학생으로 일본 早稻田大學에 입학"했다는 기술 내용이 그것이다(정우택, 앞의 논문, 204면). 그가 1914년에 早稻田高等豫科에 입학한 것은 早大의 학적부상의 기록이므로 틀림이 없다. 그러므로 정우택의 이 기록 내용에는 아무래도 연대상의 오류 내지 다른 오류가 있을 가능성이 있다고 생각된다.

22) 김여제, 「나의 스승 南岡 李昇薰先生」, 『仁荷學報』, 1963.11.

23) 이하 입학 및 졸업 사실은 「高等豫科學籍簿」(대정 4년 7월) 및 大村益夫, 「早稻田出身の朝鮮人文學者たち」(『語研フォーラム』 14호, 2001.3) 7면 참조.

24) 『學之光』 13호, 1917.7, 84면.

25) 위의 책 14호, 1917.11, 76면.

작은 별이 저, 저 검은 帳幕 사이로 하나, 하나 반짝인다.
또 다시 우리들은 智慧를 얻었다.
높은 코소리가 가끔씩 고요한 暗黑을 흔들 망정,
또 다시 우리들은 가득히 한 품에 안겼도다
어떠한 名譽에도 들뜨지 않으며
　어떠한 誘惑에도 숨차지 않으며
오직 한 사랑에 찼도다.
다 한 融和에 녹았도다.
―아무 나타나는 意識도 없으며,
　아울러 分割이니, 支配니 하는 아무 귀찮은 觀念도 모르도다.
―우리들은 참, 거짓, 미움, 고움 등 世上 말을 다, 超越하였도다.[26)]

순진하고 낙관적인 청년기적 발상이 잘 드러나 있는 작품이라 할 수 있지 않을까. 잠든 동료들의 모습 속에서 시상을 얻은 듯한 이 작품 속에서, 화자는 자신의 내면과 대인관계 속에 존재하는 모든 갈등과 대립을 넘어서서 '절대 평화와 안식의 차원'에 이르렀다고 선언하고 있다. 모든 생명체가 잠든 심야라는 공간 속에서 '절대 평등과 합일'의 황홀경을 만끽해 보는 청년기적 발랄함과 싱싱함이 느껴진다. 물론 성급한 선언임에는 틀림이 없겠지만, 이 정신이 갖고 있는 건강성과 그 이상주의적인 지향은, 상처입는 일 없이 그대로 현실 세계 속에서 실현되어야 하는 것이 이상일 것이다.

그러나 이러한 몽상을 마음껏 펼칠 수 있는, 다감하고도 순진한 청년기적 정서란, 당대의 물적 현실을 지배하고 있었던 제국주의적 질서 속에서는 얼마나 이상주의적이고 나약한 것이었던가. 그가 조선에 있었더라도 이러한 꿈을 꿀 수 있었을지는 의심스럽다. 그런 의미에서 보면,

26) 『學之光』 6호, 1915.7.23, 273~274면 참조.

김여제의 이 꿈은 그가 놓여 있었던 특수한 문화적 상황, 즉 자유주의와 이상주의의 조류가 흐르고 있었던 대정기라는 역사적 공간과[27] '학문의 독립' 및 '개성의 존중'을 만끽할 수 있었던 명문사학 와세다대학이라는 공간,[28] 그리고 '지사적인 호언장담이 아닌 질서있는 평범함'과 '온아한 신사주의'를[29] 추구해 가던 당시 유학생 세대들의 새로운 삶의 스타일, 즉 '공상의 천국(天國)' 속에서만[30] 존재할 수 있었던 한시적인 몽상에 가까운 것이 아니었을까. 그것이 몽상이었다는 증거는 모든 '지상적 존재의 무상성(無常性)' 및 이상과 현실의 차이에 대한 인식에 기반한 아이러니와 그 비애를 노래한 「만만파파식적을 울음」에서도 그 일단을 엿볼 수 있으나, 귀국 이후 상해임시정부시대로 이어지는 그의 파란만장한 삶 속에서는 그것이 더욱 극명하게 나타난다.

4. 상해시대

7월에 와세다대학을 졸업한 김여제는 이 해에 미션스쿨 명신학교(明信學校)에 부임하여 교사 일을 시작하게 된다. 그러나 다음 해 일게 된

---

27) 심원섭, 앞의 논문, 99~121면 참조.

28) '학문의 독립' '개성의 존중' 등 와세다대학의 학풍과 관련된 소개는 金允植, 앞의 책, 484면 참조.

29) 編輯人, 「留學生의 成績을 드러 父兄의게 告하노라」, 『學之光』 10호, 1916.9, 292면 참조.

30) 당시 유학생들의 고향 방문기 중에는, 자신들이 식민지 현실에서 유리된 채 '空想의 天國' 속에서 지내고 있음을 의식하고 있다고 고백하는 내용이 있다. KS생, 「低級의 生存感」(『學之光』 4호, 34면)이 그 대표적인 예다. 이를 포함해서 당시 유학생들 중 상당수가 갖고 있었던 것으로 판단되는 이 '공상의 천국' 의식에 관한 언급은 심원섭, 「1910년대 여로구조형 서사와 낭만적 서정시에 나타난 일본유학생 문인들의 대한·일의식에 대하여」(『한림일본학연구』 6집, 2001.12) 참조.

3 · 1민족해방운동의 불길이 명신학교에도 옮겨붙자, 그의 청년기 인생에서는 가장 평온하고 '행복'한 시대였다고 할 수 있는 와세다대학 시대는 완전히 막을 내리게 된다. 다음은 귀국 후부터 상해망명, 그리고 2년에 걸친 상해시대를 마감하고 10년에 걸친 이국생활을 다시 시작하게 되기까지에 이르는 그의 생애의 과정을 연보화한 내용이다. 미공개 작품들이 포함되어 있으므로 비교적 자세한 사항까지 소개했다.

1918년(24세) : 귀국 후 황해도 재령에 있는 기독교계 학교인 명신학교에서 일본어와 영어를 가르침.[31)]

1919년(25세) : 3월 29일부터 벌어진 명신학교의 만세 시위와 관련하여 서울로 피신. 張德秀의 형 張德俊의 재정적 도움을 얻어 탈출을 시도함. 定州 경유, 압록강을 건너 安東의 영국인 Shaw의 도움을 얻어 5월에 상해에 도착함. 2월에 와 있던 오산학교 은사 이광수의 소개로 임정 인사에게 소개되어 독립신문사에서 일하게 됨. 7월 2일 외무부 선전 담당으로 임명됨.[32)] 7월 5일 외무부 參事로 임명됨. 7월 17일 사료조사 편찬부 위원에 임명됨(총재는 安昌浩, 작업은 이광수, 김병조, 金斗奉과 같이 함). 8월 26일 『獨立』 2호에 시 「獨立日」(필명 海日)[33)], 8월 29일 『獨立』 3호에 시 「아아 戊戌 八月二十九日」(필명 海日), 「오오 나라의 한아버지들」(필명 海)를 발표함. 9월 23일 한일관계사료집 4권을 편찬하여 국제연맹에 제출작업을 함. 이즈음 獨立新聞 객원기자로

31) 이하 국내 탈출 및 상해 도착 경위, 상해에서의 활동과 관련된 사항은 김여제, 「獨立新聞 時節」(『新東亞』, 1967.7) 165~167면 참조.

32) 이하 김여제의 임정 내에서의 임무 및 임명에 관한 각 사항들은 위 김여제의 위의 글 및 오시림 역, 『독립운동비화총서 5－임시정부 5권 독립운동연감』(한국협동출판공사, 1983) 35~45면 참조.

33) 김여제는 수필 「獨立新聞 時節」속에서 자신이 「독립신문」에 총 20여 편에 이르는 시를 발표한 적이 있으며, 이 연보에 제시한 8편의 작품이 자신의 작품이라고 제목 및 필명을 분명히 밝힌 바 있다. 『독립신문』 지면에 그가 발표했다는 나머지 작품들을 찾는 것이 앞으로 남은 과제라 하겠다. 이하 獨立新聞 수록 시작품명 및 작자에 관한 기록의 근거는 김여제, 앞의 글, 같은 면 참조.

일함. 10월 28일 『獨立新聞』 23호에 시 「秋夕」(海日) 발표.

1920년(26세) : 1월 1일 『獨立新聞』 34호에 시 「아아 내 나라」(海日) 발표. 2월 4일 국무원 비서장 임시대리, 국무원 비서로 임명됨. 2월 17일 『獨立新聞』 47호에 시 「獨立軍歌」(작자명 없음) 발표. 총 6절 중 3절만 김여제가 씀. 2월 14일 朱耀翰 등과 홍사단 입단.[34] 3월 1일 『獨立新聞』 49호에 시 「3月一日」(필명 金輿) 발표.[35] 3월 16일 『獨立新聞』 54호에 시 「오오 自由!」(金輿) 발표. 4월 3일 『獨立新聞』 지상에 번역 · 연재해온 내다니얼 페퍼의 「韓國獨立運動의 眞相」을 출간함.[36] 5월 11일 『獨立新聞』 75호에 시 「鄕愁」(金輿) 발표. 8월 4일 국무원 비서직 사임.

1921년(27세) : 8월 미국 샌프랜시스코 도착. 고학생활 시작됨.

그의 일본 유학시대는 대정기 자유주의 하의 와세다대학에서 영문학을 공부한다는 풍요의 시대, 청년기를 만끽하는 생활이었다고도 할 수 있을 것이다. 그러나 위와 같은 3 · 1민족해방운동 시기와 상해시대의 행적을 보면, 그는 식민지의 지성이 결국 직면해야 할 조선적 현실 세계로 돌아와 있음을 확인해 볼 수 있지 않나 생각된다. 그러므로 이 시기의 그가 현실을 보는 눈이 달라져 있음을 확인하는 것은 어렵지 않다.

모든 福樂
모든 繁榮
모든 生活의 本源
아아 내 나라
그대밖에 또 있으리
아아 내 나라

---

34) 주요한, 『安島山全書』 下편(三中堂, 1963) 「日記」 중 647~650면.

35) 당시 필명이 '海日' '金輿'였다는 사실은 김여제의 「獨立新聞 時節」(『新東亞』, 1967.7), 165면에 나타난다.

36) 『獨立新聞』 61호(1920.4.30) 4면 하단 광고 참조.

한 없는 苦痛
患難
오오 비록 죽음이 있다한들
아아 내 나라
다 무엇이리
아아 내 나라
그대만 있으면

—「아아 내나라」 1,2연

彈丸이 빗발같이 퍼붓더라도
槍과 칼이 네 앞길을 가로막아도
大韓의 勇壯한 獨立軍士야
나아가고 나아가고 다시 나가라
最後의 네 피방울 떨어지는날
最後의네 살점이 떨어지는 날
네 그리던 祖上 나라 다시 살리라
네 그리던 自由魂이 다시 피리라.

—「獨立軍歌」 3절

위의 작품에서는 인간 사이의 절대평등이나 합일을 느끼며 황홀경에 잠기는 몽상적 자세는 찾아볼 수 없다. 그가 「잘때」에서 부정한 바 있는 '분할(分割)이니 지배(支配)니 하는 귀찮은 관념(觀念)' '참 · 거짓 · 미움 · 고움' 등의 세계가 이곳에서는 주저없이 제시된다. 한 마디로 말하면, 이 세계는 피아를 분명한 이분법적 태도로 나누는 정신세계다. 즉 식민지 조선은 선의 세계이며, 제국주의 일본은 악의 세계다. 이 두 공간 사이에는 집단적으로 행해지는 가해와 피해라는 사실이 실존한다. 가해자가 집단적 폭력을 통해 자신의 본질을 드러낸 이상, 피해자인 조선의 민중이 할 일은 하나뿐이다. 피를 통해, 즉 투쟁과 희생을 통해 주권을 회복하는 일뿐이다. 비단 그뿐만이 아니었을 것이지만, 이 시기의 김여제를 지배하고 있었던 사고방식은 이런 것이 아니었을까.

와세다 시절에 그가 이상주의적인 일본인들과 함께 꿈꾸었던 몽상의 세계는 사실은 그것 자체로 소중한 정신세계일 것이다. 이것을 추구하는 정신이 사회의 일각에 존재했던 것이 대정기시대였다면, 김여제의 이러한 변신은 그대로 대정기 자유주의와 이상주의의 허구성이 드러난 것이었음은 물론, 그 정신에 의존하면서 이상적 세계를 꿈꾸고 있었던 한 식민지 지성이 이제 독자적인 길을 가야한다는 것을 의미하는 것이었을 수 있을 것이다.

그러나 이와 같이 투쟁의 필연성을 외치는 김여제의 목소리는 오래 지속되기는 어려웠다. 『독립신문』과 임시정부의 적극적 활동 자체가 오래 지속되기 어려웠던 당시의 객관적 정세와 더불어, 민족해방 운동 노선과 관련된 또 다른 삶의 길이 그를 기다리고 있었기 때문이다. 그것이 바로 도산과의 만남, 흥사단 입단이라는 길이다.

도산(島山)의 민족해방운동 노선은 흔히 '준비론', 혹은 '실력양성론'이라는 이름으로 불린다. 이 노선은 물론 궁극적으로는 식민지 조선의 해방과 근대화를 목표로 하고 있지만, 그것의 출발점을 개개인의 윤리적 개혁에 두고 있다는 점에서 무장투쟁론이나 사회주의적인 운동노선과는 그 기본적 성격이 다르다.37) 다양한 민족해방운동 노선이 혼재하고 있었던 상해의 사상적 조류 속에서 김여제가 이 노선을 선택한 것은, 그가 도산 및 이광수와 관계가 깊은 미션스쿨 오산학교 출신이며 귀국 후에 부임한 학교 역시도 미션스쿨이었다는 점, 또한 그가 대정기의 관념론적인 이상주의의 세례를 받았다는 것을 감안해 볼 때 자연스러운 일이었으리라고 생각된다.

---

37) 金允植, 앞의 책, 664~674면 참조.

도산의 노선에 합류했던 인사들이 이 지점에서 선택한 다음의 인생행로에는 공통성이 있다. 즉각적인 독립은 불가능하니 각 개인은 충분한 실력을 쌓아가면서 민족해방과 근대화에 기여해가자는 점진적인 운동 노선이 그것이었다. 그리하여 도산의 수제자이자 문제아이기도 했던 이광수는 스승의 만류에도 불구하고 일찌감치 귀국하여 수양동우회 운동을 펼치며 파란한 국내인생을 시작하고, 2인자쯤 된다고 할 수 있는 주요한은 중국에서 화학을 전공하는 학업의 길에 올랐다가 1925년 귀국길에 오른다. 김여제가 선택한 길은 10년에 걸친 미국유학에의 길이었다.

5. 상해시대 이후

1921년(27세) : 8월 미국 샌프랜시스코 도착. 이후 5년간의 고학생활 시작.[38] 캘리포니아대학 연구과(Graduate School)에서 교육학·심리학전공

1925년(31세) : 1월 로스앤젤레스에서 島山安昌浩 최후의 방미 중 열린 흥사단대회에 참가함.[39] NorthWestern大學에서 석사학위 받음. 10월 『東光』 6호에 수필 「北美에서의 苦學5年間」을 발표함. 컬럼비아대학 대학원에서 교육학 전공, 이후 독일 베를린대학에서 교육학 연구.[40] 이 무렵 南岡에게서 오산학교 교장을 맡아달라는 부탁을 받음.

1930년(36세) : 8월 독일에서 소련을 거쳐 귀국. 五山學校 교장 취임.

1931년(37세) : 자유주의자·배일주의자 명목으로 면직됨. 이후 생활고에 시달리며 協成實業學校·세브란스醫專·연희전문·보성전문·경

38) 이하 석사학위를 받기까지의 고학 생활의 상세한 내역은 컬럼비아大學流晴[暗], 「北美에 苦學 5年間」(『東光』 6호, 1926.10) 42~50면 참조.

39) 주요한, 『安島山全書』(三中堂, 1963), 사진화보 참조.

40) 「教授 프로필」(『仁荷學報』 11호, 1960.2.29), 4면.

성보육학교・중앙중학교교원, 조선일보기자를 거침. 모친 별세함.

1937년(43세) : 6월 수양동우회 사건에 연루되어 75일간 종로경찰서에 수감됨.[41]

1943년(49세) : 11월 관동군사령부 명으로 新京(長春), 대만, 필리핀을 거쳐 南洋행.

1944년(50세) : 3월 항해선 격침. 구조된 후 인도네시아에서 장기 체류함.

1945년(51세) : 미군 LST로 귀국.[42]

1947년(53세) : 渡美. 컬럼비아대학 대학원에서 교육학 전공.[43] 미국무성 '美國의 소리' 방송국에서 편집관 겸 번역관으로 복무.

1955년(61세) : 3월 귀국한 후 김여제영어연구소(大成빌딩 영어지도반) 소장으로 일함. 『새벽』에 수필 「美國市民의 韓國觀」 발표.

1957년(63세) : 『새벽』 3~8號에 「교육강좌」(1~5) 발표.

1959년(65세) : 4월 仁荷工科大學 교수 부임. 교양과에서 영어 담당. 10월 『仁荷學報』에 시 「내가 철모를 그 時節에」 발표.

1960년(66세) : 『새벽』 3월호부터 7월호까지 「韓國獨立運動의 眞相」연재. 『새벽』 6월호에 수필 「어머니를 그리는 마음」 發表. 『새벽』 12월호에 수필 「校門을 獨占하는 것」 發表.

1963년(69세) : 11월 1일 『인하학보』에 수필 「나의 스승 南江 李昇薰 先生」 발표.

1964년(70세) : 6월 『기러기』 2호에 「내가 實踐하는 團友生活」 발표.[44]

1965년(71세) : 8월 23일 『인하학보』에 시 「바다야 말 물어보자」 발표. 9월 『인하학보』에 시 「廣野의 소리」 발표. 9월 『기러기』 14호에 시 「바다야 말 물어보자」 발표

1966년(72세) : 4월 『기러기』 21호에 시 「사랑의 世界는 참 아름답다」 발표.

---

41) 미확인 사실. 정우택, 앞의 논문, 206면에서 인용.

42) 이 시기 김여제는 생사의 기로를 넘나들었다. 이상의 南洋行 사실 및 기타 사항은 김여제, 「어머니를 그리는 마음」(『새벽』, 1960.6), 232~233면 참조.

43) 「교수 프로필」. 위의 책 4면 참조.

44) 이하 『기러기』에 수록된 시작품들의 수록 사실은 정우택, 앞의 논문, 206면에서 인용함.

1967년(73세) : 7월 『新東亞』에 수필 「獨立新聞 時節」 발표. 8월 16일 『인하대학신문』에 시 「다 어디로 갔을까」 발표. 12월 『기러기』 41호에 시 「네가 大丈夫로다」 발표.

1968년(74세) : 6월 인하공과대학 교학처장 임명. 『인하대학신문』에 시 「네가 大丈夫로다」 발표. 10월 독일 괴테연구소에 연구차 출국했다가 급서. 11월 영락교회에서 영결식 거행됨.

영문학을 전공한 그가 전공을 바꿔, 교육학과 심리학, 특히 교육학을 반복적으로 선택한 것은 역시 그의 오산학교 시대의 스승 이승훈이나 상해시대의 스승 도산의 노선의 영향이 지대했음을 의미하는 것이라고 할 수 있을 것이다. 이 긴 고학의 시간 후에 그가 선택한 국내에서의 고단한 삶이 교육자로서의 삶이었다는 점 역시도 그러하다. 그가 수양동우회 사건과 연루되어 옥고를 치르게 된 것, 해방 후에도 지속적으로 흥사단과 관련을 맺으며 지내게 된 점 역시도 그러하다.

그러나 위에서 확인되었다시피 상해시대 이후에 펼쳐진 그의 삶은 문인으로서의 삶과는 상당한 거리가 있는 것이기도 했다. 물론 그는 만년에 십여 편의 시작품을 발표한 바 있긴 하지만, 그것은 당시까지의 한국문학의 흐름이나 수준과는 거의 무관하다고 할 수 있을 정도의 것이었다. 예를 한 편 보기로 한다.

기울어진 나라가
바로 서고
멍든 民族이
일어나려면
속이는 말을 하지 말라
거짓말을 하지 말라
그리고

진실하게 살라

정직하게 살라

사람들아

曠野에서 외치는

이 소리를

듣느냐 못 듣느냐

—「曠野의 소리」 1~3연

이 단순하고도 계몽적인 목소리는, 그 나름의 효용성은 인정해 줄 수 있다 하더라도, '제도적 의미'로서의 근대 문학으로부터는 완전히 떨어져나간 영역에서 씌어진 것임을 알 수 있다. 이렇게 보면 상해 시대 이후의 김여제는 이른바 '문학'과는 거의 손을 끊은 길을 걷고 있었다고 할 수 있다. 그런 의미에서 상해시대 이후의 김여제는 문학연구의 대상이 되기는 어려운 삶의 궤적을 보여주었다고 할 수 있겠다.

그러나 위의 작품을 포함한 만년의 작품들 속에서 일관되게 확인해 볼 수 있는 것들이 있다. 그것은 그가 모셨던 스승들인 오산학교의 남강과 상해시대부터 모시게 된 안도산의 가르침의 내용, 그것이 의미하는 한국 근대정신사의 한 흐름, 즉 개인의 윤리의 개혁을 우선으로 한 민족운동 노선이 그것이다. 그 지속적인 열정을 이 시기 그의 작품 속에서 느낄 수 있는 것이다.

청년기의 삶을 문학으로부터 시작하여 한국 근대문학의 초석을 제공하고, 민족운동 노선에 뛰어든 다음에는 문학으로부터 멀어져 간 김여제의 이러한 삶의 궤적은 실은 그에게만 국한된 예였다고는 하기 어렵다고 생각된다. 문학활동을 정력적으로 전개하면서도 내내 자신의 문학이 계몽문학이라는 점과 문학여기설을 주장했던 이광수, 그리고 유학을 끝내고 귀국하고나서 부터는 과거와 달리 시조와 민요부흥운동을 전개하면서 사실상 '근대 문학'으로부터는 멀어져 간 주요한, 초기시대와 달리 주요한처럼 민요시 운동으로 빠져 들어간 김억 등의 경우가 그의 주변에 있기 때문이다.

이들이 초창기 한국 근대문학의 형성에 중요한 역할을 담당했다가, 3·1민속해방운동시대를 경계로 하여 그 근대문학으로부터 멀어져간 점은 어떤 의미에서는 한국 근대문학사가 갖고 있는 비밀 하나를 웅변하고 있는 것일지도 모르겠다. 이들은 한국문학사에, 근대문학이 갖고 있는 속성, 즉 '문학만으로 살아가는 삶' 내지 '문학의 전문성'의 토대를 사실상 제공한 선구자들이었음에도 불구하고, 청년기를 지낸 뒤부터는 그것에 대해 소극적인 태도를 유지하거나 혹은 그것을 포기하는 삶의 궤적을 보여주기 때문이다.

이들은 자신들이 한때 열심히 추구했던 '서구적 의미의 근대문학'이란 인생 전체에 걸쳐서 지속적으로 추구할 만한 가치가 없다고 판단했던 것이 아닐까. 즉 인생에는, 그러한 의미의 문학보다 더 중요한 것이 있다고 생각했던 것이 아닐까. 이렇게 본다면, 이들은 아이러닉하게도 한국 근대문학 초창기의 중요한 명제인, 단재 신채호의 '근대문학 부정론'을, 일정 시기의 통과제의를 거친 다음, 자신의 몸으로 직접 실천한 예가 된다고 할 수도 있을 것이다. 그리고 어떤 의미에서는 그들의 삶은 정치성과 공리성을 추구하는 전통이 강한 한국 근현대문학사 전체의 성격을 암시하는 초기적 특징을 제시했다고 할 수 있을지도 모르겠다. 이러한 문제는 보다 거시적 판단을 필요로 하는 주제이겠으므로 더 이상의 언급은 피하고 싶다. 다만 김여제가, 한국문학사가 갖고 있는 이러한 특징 하나를 자신의 몸으로 비교적 선명한 형태로 제시하는 유형의 삶을 제시했다는 점을 결론으로 제시하면서 마감을 대신하기로 한다.

6. 결론

김여제는 1910년대 한국문학사에 이른바 '근대문학'의 초석을 제공한 시인의 하나로 평가되어 왔다. '개인적 서정성의 표현' '근대자유시 형식의 제공' 등등의 기존 평가는 그의 이러한 역할을 입증하는 표어적인 명제들이라 할 수 있겠다. 그러나 그의 생애와 문학 전체를 통시적으로 검토해 본 결과, 아이러닉하게도 그의 인생은 자신의 '과거 공적'을 스스로 부정하는 길, 즉 문학의 길을 사실상 버리고 식민지 한국의 근대화라는 목표를 위해 매진하는 다른 방면에로 매진하는 길로 갔던 것이었음을 확인할 수 있었다.

이것이 김여제의 생애만의 특징이 아니라, 근대문학 형성기에 중요한 역할을 수행했던 다른 많은 수의 문인들의 삶이 갖고 있는 공통적인 특징일 수도 있다는 점을 고려해 볼 때, 김여제의 삶의 궤적은 초창기 한국문학사는 물론, 한국문학사 전체가 갖고 있는 개성 내지 특질을 보여주는 하나의 예가 될 수도 있지 않겠는가 생각된다. 물론 김여제에 관한 연구는, 그 개인 연구 방면에서도 아직도 많은 노력이 필요함을 보여주고 있다. 1910년대 일제에 의해 압수된 채 일본 땅 어딘가에서 숨쉬고 있을 『학지광』 7호와 9호의 발굴 문제, 상해시대에 발표했다는 다른 작품들의 발굴 문제, 그의 인생 후반기에 발표한 작품들의 발굴 및 정리 문제가 그것이다. 이러한 과제들이 김여제 연구와 관련하여 남아 있음을 제시하면서 본고를 마치기로 한다.

김여제의 미발굴 작품 「만만파파식적을 울음」 기타에 대하여

부(附) 원문 및 주석

1. 전설 속의 작품 「만만파파식적을 울음」

유암(流暗) 김여제(金輿濟)의 「만만파파식적(萬萬波波息笛)」이라면, 1924년 주요한의 격찬[1] 이래 한국 근대시사에서는 일종의 '전설적인 작품'으로 자리해 온 작품이라고 해도 과언이 아닐 것으로 생각된다. 소위 '한국 근대자유시의 선구자'라는 시사적 평가를 받아 온 주요한 자신이 이 작품을 예로 들면서 김여제를 '신시의 첫 작가'라고 평가한 점, 그리고 1980년 전후부터 축적되기 시작한 김여제 연구사에서, 이 작품에 대한 '상상적 기대 차원의 격찬'이 계속되어 온 점, 이 작품이 '만만파파

1) "우리가 오늘 닐캇는 新詩는 멀리 日本 東京에서 그 요람을 발견하였습니다. (…중략…) 필자의 아는 한에서는 當時(1917年傾) 東京留學生 機關雜誌 『學之光』에 創作詩를 發表한 류암 金輿濟 君이 新詩의 첫 作家라고 봅니다. 그의 作品 중에 「萬萬波波息笛」 가튼 것은 아직도 筆者의 머리에 깁히 印象이 남아 잇는 作입니다. (…중략…) 지금 引用할 수 없음이 遺憾이나 그때 본 印象으로 말하면 그 內容(情調, 思想, 感情)이 새로운 形式에 이르러서도 古來의 格을 破한 自由詩이엇습니다."(朱耀翰, 「노래를 지으시려는 이에게(1)」, 『朝鮮文壇』 1호, 1924.10, 48~49면)

식적'을 불어 왜적을 퇴치했다는 삼국유사의 기록 내용과 관련이 있을 것이며 따라서 이 작품은 항일적인 성향도 강하게 갖고 있을 것이라는 추측이 성행해 온 점 등이 그 대체적인 원인이었다고 할 수 있을 것이다.[2] 「만만파파식적」이 이렇게 문학사의 신비의 대상으로까지 격상되어 온 이면에는, 이 작품이 수록되어 있으리라고 추측되어 온 해당 『학지광』 결호들의 발견이 영원히 불가능할지도 모른다는 '집단적 예감' 역시도 한몫을 거들어 왔다고 해도 될 것이다.

주요한의 문제 제기 이후 80년이 지난 오늘, 김여제의 이 「만만파파식적(원제는 「萬萬波波息笛을 울음」)」과 또 하나의 미발굴 작품 「世界의 처음」의 전문을 우리 시사에 처음으로 소개할 수 있게 된 것을 의미깊게 생각한다. 이하에서는 이 두 작품이 수록되어 있는 『학지광』 8호 및 11호와 관련된 약간의 서지적 문제와 작품의 전모를 소개하고, 이 작품들이 갖고 있는 사상・형상적 특징들과 그 문학사적 의미를 간략하게 검토해 보기로 한다.

---

2) 「만만파파식적」에 대한 추측 내용들이 포함되어 있는 성과물들을 비롯하여, 김여제 관련 연구성과들을 시기 순으로 제시하면 다음과 같다. 강희근, 「『학지광』에 나타난 시인과 시에 대하여」, 『배달말』 4호, 1979, 87~110면; 김학동, 『한국 개화기 시가 연구』, 시문학사, 1981, 172~174면; 김윤식, 「준비론사상과 근대시가」, 『한국 근대문학 사상사』, 한길사, 1984, 92~93면; ______, 『이광수와 그의 시대』 2, 한길사, 1986, 476~477면 및 652~653면; 김형철, 「『학지광』의 문학사적 위상」, 『대구어문논총』, 1985, 105~134면; 조창환, 「「학지광」의 시문학사적 의의」, 『아주대학교 논문집』 8집, 1986.2, 126면; 김성윤, 「한국 근대 자유시 형성기 연구－1910년대 최승구, 김여제, 현상윤의 시를 중심으로」, 연세대 박사논문, 1999.3; 정우택, 「유암 김여제의 생애와 시 연구」, 『반교어문연구』 5집, 1994, 203~207면; 大村益夫, 「早稲田出身の朝鮮人文學者たち」, 『語研フォーラム』 14號, 2001.3, 7면; 구인모, 「'학지광'의 미학주의」, 동국대 석사논문, 2002; 심원섭, 「1910년대 일본 유학생 시인들의 대정기 사상 체험」, 『애산학보』, 1998.9; ______, 「1910년대 여로구조형 서사와 낭만적 서정시에 나타난 일본유학생 문인들의 대 한일의식」, 『한림일본학연구』, 2002.9; ______, 「金輿濟の生涯について」, 『語研フォーラム』 19號, 2003.9.

2.『학지광』 8호와 「세계의 처음」

김여제의 시 「세계(世界)의 처음」과 「만만파파식적(萬萬波波息笛)을 울음」은, 2002년 와세다대학의 오오무라 마스오[大村益夫] 교수 연구팀의 일원인 호테이 토시히로[布袋敏博] 교수에 의해 미국 워싱턴 의회도서관에서 발굴된 『학지광』 8호와 11호에 각각 수록되어 있다.[3] 우선 8호의 서지사항부터 보기로 한다.

7호 및 9호와 함께 발매금지 처분을 받은 바 있는 『학지광』 8호는[4] 현재 정확한 발행 연월일 추정이 어렵다. 발굴된 동지의 출판사항 난이 낙장 상태이기 때문이다. 뿐만 아니라 6호(1915.7.23)에 이어 간행되었던 7호 및 9호 역시도 현재 미발굴 상태이기 때문에 발행 연월일에 대한 대략적인 추정 역시도 쉽지 않은 형편이다. 다만 10호가 1916년 9월 4일에 간행되었다는 점, 그리고 동지 8호에 수록되어 있는 「사회단평(社會短評)」이라는 기사의 집필 일자가 1916년 2월 1일로 되어 있는 점을 고려해 볼 때,[5] 『학지광』 8호는 1916년 3월부터 7,8월 사이에 출간되었을 가능성이 높지 않나 판단된다.[6]

---

3) 이 작품들의 발견은, 졸고 「김여제의 생애에 대하여」의 일역문 초고를 와세다대학의 오오무라 마스오 교수께 검토받던 과정에서 극적으로 이뤄졌다. 이 작품들의 발견은 상기 와세다대학의 오오무라 마스오[大村益夫]·호테이 토시히로[布袋敏博] 교수 두 분의 협조 및 자료 제공으로 가능했음을 명기해 둔다. 김여제와 이광수, 전영택 등의 새 작품들이 수록되어 있는 『학지광』 8호 및 11호의 발굴 경위 및 내용서지에 관한 소개는 호테이 토시히로, 「'學之光'小考」(『大谷森繁博士古稀記念 朝鮮文學論叢』, 白帝社, 2002)를 참조할 것.

4) 발매금지 사실은 「編輯所에서」(『學之光』 10호, 1916.9), 59면 참조.

5) 이 단편 건에 대한 기록은 호테이 토시히로, 앞의 논문, 232면 참조.

6) 이미 호테이 토시히로 교수의 앞 논문에 소개된 바 있지만, 국내 연구자들을 위해 『학지광』 8호의 목차를 다시 소개한다. 괄호 안의 장르명칭도 위 논문의 내용을 그대로 따랐다. 외배, 「어린벗의게」(시); 李光洙, 「살아라」(논설); 尹顯振, 「녜이마에針한개」(논설); 邊鳳現, 「强者의努力」(논설); 玄相允, 「朝鮮人의三大缺點」(논설); 金鐵洙, 「我觀의留學生」(논설); 盧俊泳, 「農村財産家의反省을求함」(논설); 李丙燾, 「우리의북그러움」(논

「세계의 처음」은 동지 8호의 29면과 30면에 걸쳐 수록되어 있는데, 오식으로 판단되는 부분까지 포함하여 전문을 원문 그대로 소개하면 다음과 같다.

世界의처음

流 暗

砲彈이 난다。
鎗釰이 번득인다。
　뭇헤、
　바다에、
　하늘에。
드을집 새며느리、
바람에、
하늘빗에 놀내일째。
갓불은 生命이、
노래예、
謎의나라에 困하여잘째。

肉이 난다。
血이 뛴다。
　뭇헤、

설); 田榮澤, 「科學과宗教」(논설); 미상, 「宗教의眞髓와必要」(논설); 盧翼根, 「朝鮮現下의經濟上恐慌과青年의自覺」; 미상, 「人中人」(위인전); 미상, 「朝鮮人之朝鮮詩」(한시); 流暗, 「世界의처음」(시); 미상, 「설노래」(시); 夢々譯, 「小說「狼」(싸이체쯔)」(소설); 거울, 「小說「크리스맛슷밤」(소설); 흰옷, 「龍洞(農村問題研究에關한實例)」(조사보고); 一記者, 「社會短評」(단평); 미상, 「小話一束」(소화); 미상, 「編輯所에서」(편집후기); 미상 「學友會記事及內外消息」(소식, 기사).

바다에、

하늘에。

異國의 香풀이、

魔酒에、

歡樂에 줌쥐일때。

더고온 性의 誘惑이、

忘却에、

朦朧에 새宮殿을 지을때。

咀呪의 싸!

無智의 무리!

어듸 어듸 눈물의 무덤이 남앗는가!

어듸 어듸를、

져、져 數萬의魂은 헤매는가!

아々 쏘다시 烽火가 올낫도다。

쏘다시 긋소리가 들니도다。

뭇헤、

바다에、

하늘에。

그러나、

머지안아、우리들의눈이다빗나、

우리들이 다가즉히 머물너서、

다各々「나」다려、가만히、

「내가 무엇을 함니가」무를이다。

그때 그때야말로 참뉘으침이、

우리들의 가슴을 쓰즐이다.

아니、아니 벌서、벌서、
져、져 하늘가에 젹은별이 반득이오、
아니、아니 벌서、벌서、
져、져 짜읏헤 붉은煙氣가 올으오
아々 얼마나 우리들이 오래 그대의、
얼골을 그렷든가!
아々 멀아나 오래 우리들이、
새 洗禮를 바랏든가!
　오직이뿐! 오직이뿐!
神의사랑。全人의 사랑。

잦은 구두점의 사용, 동일 어휘나 특정구의 집요한 반복 등이 눈에 띈다. 그리고 시적 진술의 원리가 병렬적인 구성원리를 중심으로 하고 있기 때문에 전체적인 시적 유기성의 형성에 무리가 가고 있는 것이 아닌가 생각되는 면도 있다. 그 외에는 이 작품의 화자가 이른바 독립적인 개성을 지닌 '근대적 개인'으로서의 특성을 지니고 있는 것이 아니라, 집단적 화자로서의 성격을 공유하고 있는 점 등도 확인된다. 이런 의미에서 보자면, 이 작품은 역시 1910년대 최남선·이광수로부터 비롯하여 최소월·현상윤 등 '학지광 시인' 일반에서 볼 수 있는 특징들을 공유하고 있음은 틀림이 없는 것으로 보인다. 그런 의미에서 이 작품은 1910년대 중후반의 시들이 갖고 있는 '근대시에로의 이행기'적 특징들을 상당수 보여주는 작품이라고 할 수 있을 듯하다.

그러나 당시 시단의 일반적 수준을 감안하고 본다면, 이 작품에서 '일보 전진'했다고 할 만한 요소들이 산견되는 것 또한 사실이라고 생각된다. 즉, 연의 서두에 주어와 서술부를 제시한 후 부사절을 후반부에 배치하는 도치적 통사구조의 채용, 짧은 명사형이나 부사구로 한 행을 대신하는 대담한 행 구성방법, 연의 통일성을 이러한 방식으로 확보해

가는 시도가 그것이다. 이런 의미에서라면, 당시 김여제가 갖고 있었던 시적 기량은 역시 만만치 않았던 것이라고 할 수 있는 것이 아닐까.

한편으로 당시 일본 유학생 시인들의 사상적 성향의 일부를 엿볼 수 있는 기초자료라는 면에서 본다면, 이 작품은 또 다른 의미를 지니고 있는 것으로 판단된다. 김여제는, 소월 최승구의 「벨지엄의 勇士」(『學之光』 4호, 1915.2)가 그랬던 것처럼 당시 진행되고 있었던 1차 세계대전에서 소재를 취했던 것으로 판단된다. 그러나 최소월의 작품이 약소국 병사의 죽음을 통하여 식민지 지성들에게 민족주의적 의분을 직접적으로 환기하려 했던 의도를 갖고 있었던 것이라고 할 수 있다면, 김여제가 1차 대전에 접근하는 시각은 이와는 상당히 다른 것이 아닌가 판단된다. 그의 시 속에 당대 식민지 조선의 상황을 암시하는 요소가 포함되어 있지 않다고는 할 수 없겠지만, 그는 이 문제를 보다 거시적인 차원으로 확대시켜 보는 방식을 취하고 있는 것으로 보이기 때문이다.

그는 1연에서 전쟁과 시골 처녀 및 갓난아기를 대조시킴으로써 전쟁의 참상을 극적으로 강조하려는 의도를 제시한 다음, 2연에서는 전쟁의 참상과 인간 세계의 윤리적 타락을 제시하고 있다. 그리고 3연에서는 이 현실이 '수만(數萬)의 저주와 무지의 혼들이 헤매이는' 종말론적 현실이라고 제시하고 있다.

김여제가 이를 통해 드러낸 바는 인간 세계의 윤리적 타락과 세계대전 사이에 필연적인 인과관계가 있다는 사고방식이 아닐까 생각된다. 인간의 역사 세계에서 발생하는 사건들과 개개인의 윤리적 선악의 세계가 인과관계로 직결되어 있다는 사고방식, 이것은 세계전쟁의 원인이 국가 독점자본간의 필연적인 모순에 있다는 식으로 보는 유물사관적 시각과는 사뭇 다른 것이다. 물적 세계와 인간 개개인의 윤리적 정신세계가 물적인 매개과정 없이 직접적인 인과관계로 직결되어 있다는 이러한 사고방식은, 거칠게 말한다면, 인류가 고대부터 지녀온 매우 오래된 종교적인 사고방식과 그 맥이 닿아 있음은 물론, 당시 대정기 지성계에 유행한 낙관적인 관념론과 이상주의(理想主義)에도 그 맥이 닿아 있는 것으로 볼 수 있다.[7] 4연을 보면 김여제의 이러한 사고방식의 요점이 매우 선명한 형태로 제시되어 있음을 확인해 볼 수 있다. 그는 '종말론적 상황'을 극복하는 대안으로, 기독교의 수행과정에서 중요한 방편으로 인정되고 있는 '참 뉘우침'과 '새 세례(洗禮)'를 통해 '신(神)의 사랑'에 도달하자고 하고 있는 것이다.

전형적인 복음주의적 기독교의 사유방식과 맞닿아 있다고도 할 수 있는, 김여제의 이러한 사상적 구도는 기왕의 연구 성과 속에서 전혀 거론된 바가 없었을 뿐만 아니라, 김여제의 「만만파파식적을 울음」이 갖고 있는 주제나 김여제의 이후의 인생과정을 설명하는 데 있어서도 유효한 단서로 사용할 수 있는 것이 아닌가 생각된다. 그는 상해임시정부에서의 망명생활 시 흥사단에 가입하여 도산의 측근으로 일하다가 도미하여 10년에 걸쳐 교육학을 전공한 바 있다. 그리고 귀국 후에는 오산학교 교장을 거쳐 수양동우회 활동 등을 펼치다가 옥고도 치른 바가 있다.[8] '실력양성론' '준비론 사상'으로도 불리는 도산의 민족해방운동론 · 근대화론의 출발점이 '개인의 윤리적 개혁'에 있다고 할 수 있다면, 김여제가 도산 사상의 실천자로서의 인생 노선을 선택하게 된 데에는 역시 그가 일찍부터 갖고 있었던 것으로 추측되는 이러한 기독교적 기반이 크게 작용했던 것으로 보이는 것이다.[9] 이 작품에 요약적으로 제시되어 있는

7) 대정기 사상과 김여제의 작품과의 관련성에 대한 자세한 검토는 앞의 졸고, 「1910년대 일본유학생 시인들과 대정기 사상체험」 참조. 이 시기 일본의 문학사상과 김여제 및 『학지광』 시인들과의 관계는 구인모의 앞의 논문 「'학지광'의 미학주의」 참조.

8) 이를 포함하여 이 시기 김여제의 생애에 관한 보다 상세한 기록은 정우택의 앞 논문 및 앞의 졸고 「김여제의 생애에 대하여」 참조.

9) 그가 인생 후반기를 영락교회 교인으로서 보낸 것은 틀림이 없다. 그러나 그는 자신이 언제 기독교 신앙을 수용하게 되었는지에 대해서는 자전적 기록물 속에서도 밝힌 적이 없다. 김여제, 「어머니를 그리는 마음」(『새벽』, 1960.6) 참조. 영락교회 교인 건은 앞의 졸고 「김여제의 생애에 대하여」 참조. 성장기의 학력을 고려해 본다면 그는 오산학교 재학시절 내지 와세다대학 시절, 혹은 늦게 시기를 잡아도 1918년 미션스쿨 명신학교에서 교편을 잡았던 시절까지는 기독교에 입교했을 가능성이 있지 않나 생각된다.

기독교적 세계관의 문제는 「만만파파식적의 울음」의 주제에 접근하는 데 있어서도 중요한 단서가 될 수 있는 것이 아닌가 생각된다.

3. 『학지광』 11호와 「만만파파식적을 울음」

「萬萬波波息笛을 울음」은, 학계 일각에서 일제에 의해 압수되었을 것으로 추정해 온 『학지광』 11호의 36면에서 37면에 걸쳐 수록되어 있다. 이 『학지광』 11호의 출간 연월일 역시도 명확히 밝히기가 어렵다. 출판사항이 기록되어 있어야 할 마지막 부분이 앞의 8호와 마찬가지로 유실된 상태이기 때문이다. 그러나 『학지광』 10호의 출간 연월일이 1916년 9월 4일이며, 동호에 수록되어 있는 노익근(盧翼根)의 「生產의 意義 及 其消長의 原動力」의 탈고 일자가 1916년 11월 6일로 되어 있는 점, 그리고 『학지광』 12호의 출간 연월일이 1917년 4월 19일인 것으로 미뤄보아, 『학지광』 11호는 대체로 1916년 말부터 1917년 3월까지의 사이에 출간되었을 것으로 보아도 무방할 듯하다.[10)]

작품 전문을, 오식으로 판단되는 부분까지 포함하여 원문 그대로 제시하면 다음과 같다.

---

10) 앞의 8호와 마찬가지 요령으로 11호의 목차를 소개하면 다음과 같다. 편집인, 「野心과人生」(논설); 盧俊泳, 「朝鮮사람生活難의原因」(논설); 李世和, 「우리의渴과基督」(논설); 吳祥根, 「創作者가되고努力者가되라」(논설); 盧翼根, 「生產의意義及其消長의原動力」(논설); 金喆壽, 「獨逸의教育及其學制」(논설); 李丙燾, 「生活과餘裕」(논설); 春園, 「爲先獸가되고然後에人이되라」(논설); 流暗, 「萬萬波波息笛을울음」(시); 田榮澤, 「秋」(시); 빗, 「青春」(시); 上同, 「뜻」(시); 朴漢欽, 「漢詩二首」(한시); 金明植, 「客中懷秋二首」(한시); 孤舟, 「閨恨」(희곡); DS生, 「페스탈로치의生涯와事業」(위인전); 編輯人, 「案上空論」(논설); 미상, 「消息」(소식); 미상, 「本紙基金報告」(보고); 미상, 「編輯後記」(편집후기).

萬萬波波息笛을 울음

流 暗

그대의 적은韻律이
萬人의 가슴을 흔들든 져날、
가즉이 그대의 발알에 없딜여
恍惚 憧憬의 눈물을 흘니든 져무리、
아아 어듸 어듸
져 數萬의 魂은 아득이는고!
어듸 어듸
다떨어진 碑銘이나마 남앗는고!
째안인 서리。
無道한 하늘。
모든 것은 다 날앗도다!
아아 萬萬波波息笛。

情靈의 이는 불、
뛰노는 물결、
矛盾 撞着 葛藤에 찬 이가슴、
아아 아듸 어듸
調和의 새샘이 솟는고!
어듸 어듸
뮤―스(Muse)의 단젓이 흘으는고!
永遠의 渴望。
萬겹의 싸인 煩熱。
丈夫의肝腸이 다녹는도다!
아아 萬萬波波息笛!

써－픈트(Serpent)의 知慧。
深林에 깁운 氣槪。
　그러나 다 무엇이리!
　限없는 沙漠이
　洶々한 大海과
　압길을 막을때、
　靈은 썰도다
　아아 어듸 어듸
　오－아시쓰(Oasis)가 풀을은고!
　어듸 어듸
　피－터(St. Peter)의 하나님이 게시인고
　白骨 한아!
　그남아 어느흙에 뭇칠는지!!
　아아 萬萬波波息笛。

때의 斧鉞。
運命의 손。
머지안아 最後의記憶까지도 다뭇칠이!
—깁히 깁히 忘却의 가온대。
그리하여 모든努力、
모든 榮光、
모든 希望은
다 空虛로 돌아 갈이!
　千古의 遺恨。
　咀呪의 싸。
　눈물가진者 그누구냐?
　아아 萬萬波波息笛。

반복구나 잦은 구독점의 사용이 역시 눈에 띄나, 앞의 「世界의 처음」과는 비교할 수 없을 정도로 작품 전체의 언어가 훨씬 정제되어 있는 느낌을 준다. 뿐만 아니라 행과 연을 이어가는 통사적 흐름 역시도 훨씬 유려하고 자연스러운 느낌이 있다. 그리고 「世界의 처음」이 결말 부분에서 갑자기 낙관적 · 의지적인 내용으로 변하는 데 비해, 이 작품은 비장감을 주조로 하는 화자의 어조와 그 내용이 지속적으로 전개되고 있다. 이것은 부정적인 의미에서 보자면 김여제가 현실을 대하는 자세가 약화된 것을 의미하는 것일 수도 있을 것이나, 긍정적으로 보자면, 김여제가 현실을 대하는 태도가 보다 현실적이고 신중해졌음을 의미하는 것일 수도 있겠다. 어쨌든 앞 작품의 반복구들과는 달리, 이 작품의 '아아 萬萬波波息笛!'이라는 후렴구가 각 연의 마무리 역할을 잘해내고 있는 것으로 느껴지는 것도 작품 전체에서 느껴지는 유기성 때문인 것으로 보인다.

이외에도 이 작품에서 돋보이는 점은 화자의 특성 문제다. 앞 작품의 화자가 '우리'였음은 물론, 상당히 적극적인 교술성을 내포하고 있었던 것에 비해 볼 때, 이 작품은 화자의 개인적 성격이 훨씬 강화되어 있는 것으로 보인다. 그리고 논리보다 영탄이라는 정서를 주무기로 주제를 전달하려 하고 있는 진술방법도 특징적이다. 이것은 시인이 훨씬 더 설득력 있는 방법—사상을 시적 형상 속에 녹여 내면화시키는 방법—으로 자신의 주제를 전달하는 데에 근접했다는 것을 의미하는 것으로 해석해도 무방할 것이다. 다른 말로 하자면 이것은, 시인의 목소리가 훨씬 개인화 되었다는 것, 즉 근대시가 갖춰야 할 부르주아적 개인, 그 목소리의 형상화에 훨씬 더 충실해졌다는 것을 의미하는 것으로 보아도 좋을 것이다. 김여제의 유학시대 작품으로서는 최후작에 해당하는 이 작품은, 이런 점으로 미뤄볼 때, 새로운 시, 즉 근대자유시형과 새로운 내용의 모색에 열심이었던 당시 주요한의 극찬을 받을 만한 작품이었다는 것이 확인되는 것으로 생각된다.

그 외에 꼭 거론하지 않으면 안 된다고 생각되는 것이 이 작품의 사상성 문제다. 『삼국유사』의 '기이(奇異) 만파식적조(萬波息笛條)'에 수록되어 있는 설화에 의하면, '만만파파식적'은 국가적 우환을 해소해주는 주력(呪力)의 근원이자 신물(神物)임을 의미한다. 그 주력의 실제 일화 속에 왜적 퇴치라는 모티브가 포함되어 있음은 물론이다. 이런 이유 때문에, 그간 학계에서는 이 작품의 주제가 항일(抗日)적인 것일 가능성이 높다는 추정을 해 온 바 있다.

위의 작품 전체를 지배하고 있는 비애의 정조나 곳곳에서 확인할 수 있는 절망감을 고려할 때, 위와 같은 추정은 일리가 있는 것이었다고 할 수 있다고 생각된다. 그러나 작품 자체가 1차적으로 표방하고 있는 문맥을 우선하는 입장에 서서 본다면, 당시의 식민지 지성이 당연히 갖고 있었을 것이라고 생각할 수 있는 항일적 요소는, 이 작품에서는 전경(前景)이 아니라 원경(遠景)에서 간접적인 형태로 존재하고 있었던 것으로 보는 것이 타당하지 않을까 생각된다. 이 문제를 보려면 역시 작품을 좀더 구체적으로 검토해야 할 필요가 있지 않나 생각된다.

1연에서 화자는 옛 '만만파파식적'의 소리를 '황홀 동경' 속에서 듣고 있었던 무리가 지금은 비명(碑銘) 하나도 찾을 길 없는 존재가 되었다고 진술하고 있다. 2연에서는 화자 개인 차원으로 초점을 옮겨, 화자는 '모순, 당착, 갈등' 속에서 '조화의 샘'과 '뮤즈의 단 젖'을 열망하나 결국 '영원의 갈망, 번열(煩熱)' 속에 자리할 수밖에 없다고 고백하고 있다. 3연에서는 '오아시스'와 '하나님의 세계'를 열망하는, 뛰어난 '지혜'나 은닉된 '기개'와 같은 인간의 고도한 능력들 역시도 무력한 것이며, 결국은 흙으로 돌아가고야 말 운명 속에 있다고 밝히고 있다. 4연에서는 이상의 내용을 요약한 결론을 내리고 있다. 인간의 모든 노력과 영광, 희망들은 시간과 '운명의 손' 앞에 무기력한 것이어서 결국 공허로 돌아갈 것이며, 이러한 공허를 본질로 갖고 있는 이 지상적 세계란 결국 '천고의 유한(遺恨)'으로 가득 찬 '저주의 땅'이라는 것이다.

이 작품은 그 결론적인 언술만 보면, 불교나 기독교 등의 종교적 세계관에서 그 전형적인 예를 볼 수 있는 '지상적 존재의 무상성(無常性)'을 표현하고 있다고 보아도 될 듯하다. 그러나 작품 전체에 충만한 갈등적 요소를 볼 때 이 작품은 이 이상의 요소를 갖고 있는 것으로 보인다. 그 갈등의 축은 다음의 세 가지 정도로 요약 가능한 것이 아닌가 생각된다. 영원한 갈등과 결핍과 고통, 그리고 절망으로 규정되는 유한한 인간 세계, '오아씨스' '피터의 하나님'으로 대변되는 영원한 이상의 세계, 그리고 유한성으로 대변되는 이러한 '운명'을 알고 있으면서도 영원에 대한 꿈을 포기할 수 없는 인간 존재, 이 세 가지 축이 그것이다. 영원에 대한 꿈을 갖고 있으면서도 그것이 실현될 수 없다는 것도 동시에 알고 있는, 그렇기 때문에 내적 고통과 갈등을 안고 있을 수밖에 없는 인간 존재, 이러한 사상적 구도는 실은 낭만적 아이러니의 전형적 예에 해당한다.[11] 이 작품 전체를 관통하고 있는 비애감의 정조 역시도 이런 관점에서 보면 잘 이해가 될 수 있는 것이 아닐까 생각된다.

종합적으로 보면, 이 작품은 낭만적 아이러니—이상과 현실의 괴리, 그리고 그 사이에 있는 인간의 비애감을 노래하는—라는 '보편적' 사상 원리를 표면적인 논리로 삼고 있는 한편으로, 그 이면에서는 당시의 식민지 지성이 갖고 있었을 법한 내적 고뇌—당시 현실에 대한 절망감과 자신에 대한 자괴감, 그러면서도 포기할 수 없는 이상에의 꿈(민족해방에의 염원이 내포된), 이 사이의 갈등—를 비감한 어조로 노래하고 있는 작품이 아닌가 생각된다. 그리고 이 작품 속에 등장하고 있는 '만만파파식적'은, 그것을 불어 '왜적'을 일시에 물리친다는 『삼국유사』식의 단순한 항일(抗日)적 주력(呪力)의 원천이 아니라, 이미 식민지 지배체제가 확립된 1910년대 중후반기의 식민지 지성이 그 '종주국'의 수도에서 느끼고 있었던 복잡한 내적 갈등을 보여주는 하나의 역사적 상징물로서 기능하고 있었던 것이라 할 수 있는 것이 아닌가 생각된다.

11) 낭만적 아이러니의 원형에 대한 언급은 헤에겔, 竹內敏男 역, 『美學 1券 上』(岩波書店, 1975) 131~132면 참조.

4. 결론

그간 우리 시사에서 미발굴 상태로 존재해왔던 김여제의 「萬萬波波息笛을 울음」의 전문과 또 다른 미발굴 작품 「世界의 처음」의 전문을 제시하고 그 주제 및 형상적 요소들을 간략히 검토해 보았다. 그 결과 이 작품들이 이른바 '근대시에로의 이행기'의 과도기적 모습을 훨씬 발전적인 형태로 보여주고 있음을 확인할 수 있었다. 그 내용 면에서도 당시의 현실과 관련된 동경 유학생 특유의 내적 고뇌가 그 나름의 방법으로 형상화되고 있음을 확인할 수 있었다.

만약 학계가 「萬萬波波息笛을 울음」 속에서 이육사나 한용운이 보여주는 휘황한 민족주의적 열정이나 이상적인 근대시적 형상을 볼 수 있기를 기대해왔다면, 이 실물은 그것을 충족시키는 데까지는 이르지 못했다고도 할 수 있을 것이다. 그러나 이 작품이, 시의 형상이나 사상이 과도기적 혼돈 속에 자리하고 있었던 1910년대 중후반이라는 시기에 발표되었다는 점, 그리고 달콤한 세계주의와 관념론적 낙관론, 이상주의가 유행하는 가운데 유학생에게는 삼엄한 감시의 눈길이 쏟아지고 있었던 대정기 일본의 수도에서 씌어진 것이라는 점 등을 고려한다면, 주요한의 평가와는 별도의 의미에서, 김여제의 이 작품들은 그 나름의 문학사적 가치를 인정받을 수 있는 요소를 내포하고 있는 것이 아닌가 생각된다. 무엇보다도 그의 작품은 지사적인 열정만으로 현실을 초극하는 것이 어렵다는 실감이 자리를 잡아가던 1910년대 후반 동경 유학생들의 대현실관과 그 내적 고뇌를 풍부하게 보여주고 있다는 점에서 그 문학사상사적 의미를 인정해 줄 수 있는 여지가 있지 않겠는가 생각이 된다.

이 시기 이후 조선으로 귀국한 김여제는 3・1민족해방운동기 속에서 개인적 박해를 겪고 상해로 망명을 한다. 그리고는 이광수와 주요한, 그리고 결정적으로는 도산과 만나서 그의 이후 인생 행로를 결정하는 중요한 계기를 맞게 된다. 그리고 작품의 경향 면에서는 격렬한 무장투쟁론을 펼치는 면모를 보여준다. 그의 작품은 이러한 김여제 문학 개인의 변천사라는 의미에서는 물론, 그와 비슷한 행로를 걸었던 주요한이나 이광수 등의 문학적 행로와도 관련하여 상당한 의미를 부여해 줄 만한 점이 있지 않나 생각된다. 이런 문제들을 포함한 활발한 논의가 앞으로 활성화되기를 기대해 본다.

〈원문 및 주석〉

世界의처음

流 暗

砲彈이 난다。
鎗釰이 번득인다。[12]
  뭇헤、
  바다에、
  하늘에。
드을집 새며느리、[13]
바람에、
하늘빗에 놀내일때。[14]
갓불은 生命이、[15]
노래예、

12) 鎗釰 : 창검(槍劍)의 일본식 한자 내지 옛 한자인 듯.
13) 드을집 : 들집, 들에 있는 집.
14) 놀내일때 ⇒ 놀랄 때.
15) 갓불은 생명 : 갓붉은(갓 낳아서 붉은) 생명, 어린 아기.

謎의나라에 困하여잘쌔。[16]

肉이 난다。[17]
血이 뛴다。
  뭇헤、
  바다에、
  하늘에。
異國의 香풀이、[18]
魔酒에、
歡樂에 꿈쒸일쌔。[19]
더고온 性의 誘惑이、[20]
忘却에、
朦朧에 새宮殿을 지을쌔。

咀呪의 짜!
無智의 무리!
어듸 어듸 눈물의 무덤이 남앗는가!
어듸 어듸를、
져、져 數萬의魂은 헤매는가!
아々 쏘다시 烽火가 올낫도다。
쏘다시 쯧소리가 들니도다。[21]

---

16) 謎의나라 : '謎'는 일본어 'なぞ'로 '신비, 수수께끼' 등을 의미. 따라서 '謎의 나라'는 '신비, 꿈의 나라' 등을 의미.
17) '난다' : '날다'의 현재형. '살(肉)이 날고 피(血)가 뛴다'는 식으로 전장의 참상을 표현한 것.
18) 香풀이 : 의미 불명.
19) 꿈쒸일쌔 ⇒ 꿈꿀 때.
20) 더고온 : 뜨거운.
21) 쯧소리 : 끝소리, 종말의 소리.

　뭇헤、
　바다에、
　하늘에。

그러나、
머지안아、우리들의눈이다빗나、[22)]
우리들이 다가즉히 머물너서、[23)]
다各々 「나」다려、가만히、[24)]
「내가 무엇을 함니가」무를이다。[25)]
그때 그때야말로 참뉘으침이、
우리들의 가슴을 쓰즐이다。[26)]
아니、아니 벌서、벌서、
져、져 하늘가에 젹은별이 반득이오、
아니、아니 벌서、벌서、
져、져 싸긋헤 붉은煙氣가 올으오
아々 얼마나 우리들이 오래 그대의、
얼골을 그렷든가!
아々 멀아나 오래 우리들이、[27)]
새洗禮를 바랏든가!
　오직이뿐! 오직이뿐!
神의사랑。 全人의 사랑。

22) 다빗나 : 다 빛나.
23) 가즉히 : 가직이, '가직하다(가깝다)'의 부사형. 머물너서 : 머물러서, 조용히 앉아.
24) 다려 : 에게.
25) 무를이다 : 물을 일이다.
26) 쓰즐이다 : 의미 불명.
27) 멀아나 : '얼마나'의 오식으로 추정됨.

萬萬波波息笛을 울음

流 暗

그대의 젹은韻律이
萬人의 가슴을 흔들든 져날、
가즉이 그대의 발알에 업듸려[28]
恍惚 憧憬의 눈물을 흘니든 져무리、[29]
아아 어듸 어듸
져 數萬의 魂은 아득이는고![30]
어듸 어듸
다떨어진 碑銘이나마 남앗는고!
때안인 서리。[31]
無道한 하늘。
모든 것은 다 날앗도다![32]
아아 萬萬波波息笛。

情靈의 이는 불、
뛰노는 물결、
矛盾 撞着 葛藤에 찬 이가슴、
아아 아듸 어듸[33]
調和의 새샘이 솟는고!
어듸 어듸

---

28) 가즉이 : 가직이, 가깝게. 발알에 : 발 아래에. 업듸려 : 엎드려.
29) 져무리 : 저 무리.
30) 아득이다 : '아득하다'를 동사로 전용해서 쓴 듯.
31) 때안인 : 때 아닌.
32) 날앗도다 : 날아가서 사라졌도다.
33) 아듸 : '어듸'의 오식이거나, 강조 표현인 듯.

뮤—쯔(Muse)의 단젓이 흘으는고!
永遠의 渴望。
萬겹의 싸인 煩熱。
丈夫의肝腸이 다녹는도다!
아아 萬萬波波息笛!

써—픈트(Serpent)의 知慧。[34]
深林에 길운 氣槪。[35]
그러나 다 무엇이리!
限없는 沙漠이
洶々한 大海과[36]
압길을 막을때、
靈은 썰도다
아아 어듸 어듸
오—아시쓰(Oasis)가 풀을은고!
어듸 어듸
피—터(St. Peter)의 하나님이 게시인고[37]
白骨 한아!
그남아 어느흙에 뭇칠는지!!
아아 萬萬波波息笛。

때의 斧鉞。[38]

---

34) 써—픈트: 뱀.
35) 길운: 기른, 갈고 닦은.
36) 大海과: '大海와'의 오식으로 판단됨.
37) 피—터: 베드로
38) 때의 부월(斧鉞) ⇒ '부월(斧鉞)'은 큰도끼와 작은 도끼. '때의 斧鉞'은 때(시간)가 인간에게 내리는 '죽음'이라는 형벌을 의미함.

運命의 손。

머지안아 最後의記憶까지도 다뭇칠이![39]

—깁히 깁히 忘却의 가온대。

그리하여 모든努力、

모든 榮光、

모든 希望은

다 空虛로 돌아 갈이![40]

千古의 遺恨。

咀呪의 짜。

눈물가진者 그누구냐?

아아 萬萬波波息笛。

39) 다뭇칠이! : 다 묻히리!

40) 돌아 갈이! : 돌아가리!

제2부
김종한과 김소운의 일본 체험

김종한의 초기 문학수업 시대에 대하여

1. 머리말

'제2의 김문집'이라는 별칭으로도 유명한 김종한(金鍾漢)은, 정지용의 추천으로 『문장(文章)』에 데뷔한 시인이자, 최재서와 함께 일제 말기 평단의 주역의 하나로 자리해 온 인물이다. 이외에 그는 김소운에 버금가는 한국문학 번역자로서로서, 전시체제 속에서는 문제적인 일어시 창작자로서 폭넓은 활약을 벌인 바 있다. 그를 빼놓고 일제 말기 문학사를 거론하는 것이 어렵다고 생각되는 이유는 이런 데에 있다.

그가 남긴 자료의 태반이 일본어 문건이라는 점과도 관련이 있겠으나, 그에 대한 한국학계의 대응은, 일부 회고담 및 임종국의 『친일문학론』(1966),[1] 그리고 '신지방주의론'과 민요시, 번역시 문제를 다룬 근래

---

* 본 논문은 2006~2008년도 일본학술진흥회 과학연구비 보조금의 지원으로 씌어졌음.

1) 李石薰, 「金鍾漢の人と作品」, 『國民文學』, 1944.11; 金文洙, 「金鍾漢のこと」, 『民主朝鮮』, 1946.4; 金達洙, 「太平洋戰爭下の朝鮮文學」, 『文學』, 1961.8; 유정, 「好漢孤獨 金鍾漢」, 『現代文學』, 1963.2; 임종국, 『친일문학론』, 평화출판사, 1966 참조.

의 연구성과 수편을 제외하면,[2] 사실상 방치상태에 가까웠다고 할 수 있다고 생각된다. 이러한 연구사적 공백을 메워온 것은 일본 측의 연구인데, 『김종한 전집』의 출간을 비롯한 오오무라 마스오[大村益夫], 후지이시 다카요[藤石貴代] 등의 연구가 그것이다.[3] 김종한 연구에 필요한 자료적 기반의 마련, '신지방주의론' 등의 문제 제기, 전기조사 면 등에서 이 성과들이 갖고 있는 연구사적 가치는 매우 크다고 생각된다.

완벽에 가까운 자료집 및 일부 선행 연구가 확보된 현재, 그에 대한 본격 연구가 더 미뤄질 이유가 없다는 것이 연구자의 생각이다. 그리고 이 작업을 위해서는, 그의 문학과 생애의 출발점이자 원형이 되는 초기 문학 수업시대의 면모를 면밀하게 재검토하는 작업이 선행되어야 한다고 생각한다. 오오무라 마스오와 후지이시 다카요의 연구를 보완하는 한편 이 연구들에서 다뤄지지 않은 부분들을 중심으로, 김종한의 초기 인생과 문학 수업 내용의 일단을, 자료 중심으로 검토해 보려는 본고의 연구 동기가 여기에 있다. 한편으로는 이 시대 그의 특징들이 후일의 그의 문학 및 생애와 어떻게 연결되어가는가 하는 점도 조심스럽게 제시해보려 하였다.

---

2) 윤대석, 「국민문학의 신지방주의론」; 사에구사 도시카쓰 외, 『한국 근대문학과 일본』, 소명출판, 2003; 김윤식, 「이중어글쓰기 공간에서의 시인 김종한」, 『시와 정신』, 2004; 정종현, 「식민지 후반기 한국문학에 나타난 동양론 연구」, 동국대 박사논문, 2005 참조. 민요시는 박경수, 「한국 근대민요시 연구」(부산대 박사논문, 1989), 번역시는 林容擇, 『金素雲,「朝鮮詩集」の世界』(中公新書, 2000); 심원섭, 「金鍾漢과 金素雲의 鄭芝溶 詩 번역에 대하여」(『한국문학논총』 41집, 2005.12) 참조.

3) 川村湊, 『醉いどれ船の青春』, 講談社, 1986; 藤石貴代・大村益夫・沈元燮・布袋敏博 편, 『金鍾漢全集』, 綠蔭書房, 2005 참조. 앞의 두 논문은 김종한의 생애와 문학의 전모를 다룬 것으로서, 전자는 김종한의 종합적 면모 제시 및 '신지방주의론'의 해석과 관련하여, 후자는 전기 자료 면에서 매우 유용하다. 川村湊는 김종한의 시에 대한 유연한 해석이 특징적이다. 大村益夫의 논문은 『朝鮮近代文學と日本』(綠蔭書房, 2003)에 수록되었다가 『윤동주와 한국문학』(소명출판, 2001)에 번역・재수록되었다. 『金鍾漢全集』은 앞으로 『전집』으로 표기한다.

2. 양자의식(養子意識) 속의 성장사(成長史)－외조부, 고바야시 잇사, 영원한 어머니

김종한은 1914년 2월 8일, 함경북도 명천(明川)군 입석동(立石洞)의 농민 가정에서 출생했다. 6세 때 백부댁에 양자로 가, 친모와 양모의 애정다툼 속에서 소란한 가정생활을 보낸다. 초등교육은 기록 부재로 확인이 불가능하며, 20세 때 경성(鏡成)고등보통학교를 졸업한 이후 22세(1935)부터는 1년여에 걸쳐 향리의 사립학교인 영성(零城)학교 교사로 일하게 된다.

문단 활동은 상당히 이른 편이다. 15세(1928) 때 최초의 시작품을 『조선일보』에 발표한 이후, 18세(1931) 때 『동광』에 번역 한시를 발표한다. 이후 21세(1934) 때부터, 도일하여 일본대학 예술과에 입학하게 된 것으로 추정되는 24세(1937)까지는 『별건곤(別乾坤)』 『동광(東光)』 『조선일보(朝鮮日報)』 『조선중앙일보(朝鮮中央日報)』 『동아일보(東亞日報)』 등의 중앙지에 약 20여 편에 달하는 민요시 및 시작품이 당선되거나 발표되거나 한다.[4] 이런 작품 활동의 이면에는 경성고보 시절의 문학 수업 내지 문학적 분위기가 그 기반으로 자리하고 있었을 가능성이 있다고 생각된다.[5]

이상이 도일 이전까지의 그의 생애와 문학 활동의 대략인데, 그가 소

---

4) 이상 생애 및 작품 사항은 「김종한 연보」, 『전집』 849~866면 참조. 그의 자기소개문 속에는 '경성고보 졸업후 西關大學 중도퇴학'이라는 기록이 있다. 「신춘문예당선자소개」(『東亞日報』, 1936.1.14). '西關大學'은 확인이 불가능한데, 김종한은 이후 이 경력을 재론한 적이 없다.

5) 김종한은 경성고보 시절 김억을 사숙하고 있었던 것으로 추측된다. 본고의 3절 참조. 한편 당시 경성고보에는 이효석이 교사로 재직 중이었다. 김종한, 「바다, 孝石, 下宿」, 『春秋』, 1942.7. 140면; 『전집』, 445면. 이외에 이용악 · 김동환 · 함형수 · 유정 등 유수 "시인들의 생산지"인 경성 및 경성고보의 문학적 분위기에 대한 글로는 유정의 「好漢孤獨 金鍾漢」이 자세하다. 유정, 「好漢孤獨 金鍾漢」, 『現代文學』, 1963.2, 188~189면; 『전집』, 809~810면.

년기부터 창작 활동을 시작했다는 점, '민요시' 방면에서 두각을 나타냈다는 점, 한시 번역 경험이 있다는 점 등을 확인할 수 있다. 한편 유소년기의 체험을 회고한 그의 글 속에는, 그의 생애의 원형적 체험으로 볼 수 있는 에피소드들이 포함되어 있어 주목된다. 그의 회고담 중 내용이 가장 길고 체계적인, 일본어 시집 『어머님의 노래(たらちねのうた)』 발문의 서두부터 인용한다.

> 대나무로 짠 커다란 삿갓을 쓰고, 프랑시스 쟘을 울리고 말 것 같은 당나귀에 걸터앉아, 1년 내내 제자의 집을 歷訪하셨다. 저 유명한 방랑시인 김삿갓의 아류셨던 것 같다. 이따금 귀향하시면, 벼락같은 불평을 남발하였다. 나의 외조부는, 지방에서는 한학자로 시인으로 알려져 있었다. 툭하면 말세로다, 말세로다 라는 말을 애용하시었다. '세상은 말세, 벚꽃만 흐드러지고' 이것은 잇사(一茶)의 一句인데, 나는 잇사에게서 혈액적인 것을 느낀다. 아마 그의 속에 내 조부의 모습이 들어있기 때문일 것이다. 호는 閑西였다. (…중략…) 우리 집도 달빛 찬란한 논(田) 동네 사이에서 낡아가고 있었다.[6] (원문은 일문)

그는 유년기 회고담을 외조부에 관한 에피소드로부터 풀어나가고 있다. 생모 쪽인지 양모 쪽인지는 알 수 없으나, 외조부에 관한 산문 기록은 이것이 유일하다.[7] 이 기록이 주목되는 것은, 초등교육의 면모가 밝혀져 있지 않은 김종한의 경우, 그의 가학(家學)과 문학 수업의 원형적 분위기를 이것이 암시해주고 있는 것으로 판단되기 때문이다.

우선 김종한은 방랑벽이 있는 시인이자, 한학자 그리고 고향에서 제자들을 양성하고 있었던 문학교사로서 외조부를 묘사하고 있다. 여기서

---

6) 김종한, 「あとがき」, 『たらちねのうた』, 人文社, 1943.7, 40면; 『전집』, 218면. 졸역. 이후 인용한 모든 일문도 졸역임을 밝혀둔다.

7) 외조부를 소재로 했을 가능성이 있는 시 작품으로서 「할아버지」와 「係圖」 두 편이 확인 가능했다. 『文章』, 1939.8, 124~126면; 『전집』, 59~61면.

우선 확인 가능한 것은, 김종한은 유년기 교육 기간 동안 외조부로부터 한학 교육을 받았거나 혹은 그런 지적 분위기에서 성장했을 가능성이 있다는 점이다. 김종한이 18세라는 나이에 『동광』에 번역 한시를 발표한 것은 이런 가학(家學)적 소양을 바탕으로 한 것이었을 가능성이 있다고 생각된다.

두 번째는 김종한이 묘사한 외조부의 이미지와 김종한 자신과의 관계다. 그가 묘사한 외조부의 모습에는 낭만적인 방랑시인으로서의 이미지, "벼락같은 불평"을 하는 가부장으로서의 이미지, 그리고 선비적인 한학자로서의 이미지가 혼재되어 있다. 특히 '벼락같은 불평을 남발한다'는 묘사는 김종한의 불만과 애착과 혼합되어 있는 유모러스한 기술로도 읽힌다.[8] 이 묘사는, 실은 선후배 문인에게 독설을 '남발'하면서 '제2의 김문집'으로 불리고 있었던 김종한의 후일의 모습을 연상하게 하는 데가 있다.

김종한은 이 외조부에게서 자신의 미래상의 일부, 즉 낭만적인 방랑시인, 재기있고 유모러스한 '독설을 남발'하는 시인으로서의 자기 이미지를 견습하고 있었던 것이 아닐까.[9] 김종한의 스승 정지용 역시도 이런 이미지를 갖고 있는 인물이었지만, 후일의 성격 형성에 중요한 역할을 한 인물을 김종한의 유소년기 속에서 찾는다고 할 경우, 그의 외조부는 무시할 수 없는 존재감을 갖고 있는 인물이라고 생각된다. 또한,

---

8) 외조부에 대한 김종한의 애착을 보여주는 작품으로 추측되는 「할아버지」의 1연을 인용한다. "벼락이시더니 할아버지의 單純한 性格은 지나가면 / 정다운 푸른 하늘이 있을 뿐이더니." 『文章』, 1939.8, 124면; 『전집』, 59면.

9) 김종한의 성격에 대한 오오무라 마스오 교수의 스케치가 있어 인용해 둔다. "김종한은 순수하고 자아가 강한 만큼, 서울에 나와서도 가는 곳마다 충돌하여 문단 동료들로부터 백안시를 당했다. 그는 조금 편협하면서도 고독함과 동시에 젊은이가 대개 그러하듯이 상당히 야심적이고 지기 싫어하는 성격이기도 했다. 선배나 동료의 작품에 대해서는 있는 그대로 비판하면서도 자기의 재능에 대해서 때로 대단한 자부심을 보이는가 하면 때로 절망의 밑바닥에 빠지기도 해서 ……" 오오무라 마스오, 「김종한에 대하여」, 『윤동주와 한국문학』, 소명출판, 2001, 257면.

유소년기의 그에게 비친 외조부의 '자랑스러운' 면모들은, 자신을 양자로 보냈던 친부, 후에 등장하는 "엄격한 이성적 인간" 양부를 대신하는 '바람직한 부성적(父性的) 모델'로서 기능했을 가능성도 있다고 본다.

외조부에 대한 김종한의 또 다른 이미지는 일본의 가인(歌人) 잇사 관련 에피소드로 제시되고 있다. 김종한이 '혈액적인 것을 느낀다'고 한 잇사, 즉 고바야시 잇사[小林一茶]라는 인물은, 김종한의 내면을 엿보는 데 있어 중요한 단초가 된다고 생각되는 인물이다.

고바야시 잇사(1763~1827)는 '잇사조[一茶調]'라는 시적 개성을 일본 시가사에 남긴 하이카이[俳諧] 시인의 한 명으로서, 김종한이 인용한 싯구는 그의 작품 중 "사회불안의 해소를 비는 심정"을 노래한 '세상 바꾸기[世直し]' 시편들 중의 하나로 평가를 받고 있는 작품이다.[10] 역문과 원문은 다음과 같다.

> 세상은 말세, 벚꽃만 흐드러지고[此やうな末世を櫻だらけ哉][11]

한 인간이 특정인에게서 '혈액적인 것을 느낀다'는 말은, 자신과 동질적인 무엇인가를 그에게서 느낀다는 의미가 아닐까. 실제로 고바야시 잇사의 생애 속에는 김종한이 연민감을 나눌 만한 요소가 풍부하게 들어 있다고 판단된다. 그의 생애를 간략하게 소개하기로 한다.

1763년 시나노[信濃] 지방의 개척농가에서 태어난 고바야시 잇사는 6세 때 친모를 잃고 계모를 맞이한다. 계모가 득남한 뒤부터 지속적인 핍박에 시달리다가, 15세 때 부친의 권유로 집을 떠나 에도로 간다. 이후 35년간 전국을 방랑하며 고독과 빈한의 문학수업기를 보낸다. 부친의 사망 이후 유산 문제를 둘러싼 계모와의 갈등을 해결하고 고향에 정착한 것이 51세 무렵. 결혼을 하고 제자를 양성하는 등 사회적 안정감

10) 青木美智男, 『一茶の時代』, 教倉書房, 1988.4, 190~209면.
11) 荻原井, 『新編一茶俳句集』, 岩波書店, 1935.2, 57면.

을 비로소 맛보게 되나, 처자가 줄이어 사망하고 자신도 재난과 병고 속에서 숨을 거두는 비극적 운명의 길을 걷게 된다.[12] 잇사의 대표작이자 그의 생애의 특징을 잘 보여주는 작품을 두 편 소개한다.

이리 와 같이 놀련. 어미없는 참새야[我と來て遊べや親のない雀]

가신 어머니, 바다를 볼 때마다 바다를 볼 때마다[亡母や海見る度に海見る度に][13]

안식처로서의 가정을 소유했던 기억이 없는 인간의 깊은 원망이 드러나 있는 구라 할 수 있지 않을까. 이런 인간의 마음을 평생 지배한 트라우마에 이름을 붙인다면 그것은 '가정 부재' 혹은 '어머니 부재'라는 용어로 대신할 수 있을 것이다. 건전한 인격으로 성장하는 데 필요한 기본적인 모성애와 가정 내의 화합적 경험이 결여된 상태에서 일생을 보내는 인간이 추구하는 가치란, 그 상실된 세계를 증폭된 형태로 보상받고자 하는 의지일 가능성이 높다. 고바야시 잇사에게 김종한이 끌린 이유는, 이어지는 다음 문장 속에 명료하게 드러나 있다고 생각된다.

우리 집은 상놈 집안이었는데, 6살이 되자 나는 백부 댁에 양자로 갔다. 본가에서 상속해 마땅한 남자가 없을 때는, 분가의 장남을 양자로 맞아들이는 것이 습관이었기 때문이다. 의사였던 양부는 엄격한 이성적 인간이었는데, 양모는 아들이 없는 중년의 부인이면서도 편집광적인 애정의 소유자였다. 그 즈음부터 생모와 양모 사이에는 나를 중심으로 애정의 쟁탈전이 전개되었다. 한쪽은 자기가 낳았으니 자기애라 한다. 한쪽은 자기가 길렀으니 신경 끄라 한다. 두 어머니를 소유한, 행복적으로 불행한 유년의 나날이었다. 결국 나는 어머니

12) 尾澤喜雄, 『小林一茶とその周辺』, 岩手大學尾澤喜雄教授退官記念事業協贊會, 1972.6.
13) 각각 青木美智男, 앞의 책, 27면; 荻原井, 앞의 책, 160면.

의 애정이라는 것을 모르고 어른이 되었다.[14] (강조는 인용자)

어머니가 일찍 사망했거나 혹은 부재한 상태에서 인간이 겪는 심리적 상처를 '어머니 부재로 인한 모성적 경험의 결핍'이라 명명할 수 있다면, 두 어머니의 애정 갈등 때문에 불우한 추억을 소유하게 되었다는 김종한의 경우는 어떤 진단을 내려야 할까. 제삼자가 보기에는 그의 문제는 '애정의 부재'가 아니라 '애정의 과잉' 문제로도 읽힐 수도 있다. 어떻든 중요한 것은 김종한의 주관적 반응일 터인데, 그는 양모가 "편집광적인 애정의 소유자"이며 본인은 "어머니의 애정이라는 것을 모르고 어른이 되었다"라고 극언하고 있다. 극단적 발언을 삼가지 않는 이 스타일은 후일 김종한의 \문단 활동에서 흔히 볼 수 있는 것이기도 하다. 어쩌면 김종한의 이 극단성은 과잉애정을 받은 응석받이 특유의 반응일 가능성도 생각해볼 수 있을 것이다. 객관적인 정향이야 어떻든 간에, 잇사의 '어머니 부재' 못지않은 일종의 심리적 트라우마를 김종한이 유년기의 문제로서 간직하고 있었음은 의심할 여지가 없다고 본다. 이러한 그의 "어머니"에 대한 집착은 이어지는 기록에서는 보다 큰 규모로 재생산된다.

어머니를 향한 애정이라는 것은 조국애와 통하는 것이라고 나는 생각한다. 후일 나는 시골 중학교를 졸업하고 도쿄로 올라왔던 것인데, 관부연락선 속에서 나는 정치적으로도 자신이 양자라는 것을 발견했다. 그러한 심리적 뒤틀림은, 조선에 징병제실시가 결정되어, 일본이 확고한 나의 조국이 된 작년 5월 8일에, 처음으로 해방되었던 것이었다. 만엽집 속에 이런 노래가 있다. 어머니를 거스르고 너와 나 누가 일을 이루랴.

한편, 동경에서의 나는 (…중략…) 몰래 혼자서 촌내 나는 조선어 시를 써놓고 즐기곤 했다. 시제는 뭐였던지 간에 모티브는 언제나 영원한 어머니에 대한

14) 김종한, 「あとがき」, 앞의 책, 40~41면; 『전집』, 218~219면.

> 향수였다.
>
> (…중략…)
>
> 전쟁이 시작되었다. 나도 이것저것 조금씩 생각하는 청년으로 바뀌어 있었다. 고향으로 돌아갔다. 오랜만에 백발이 성성한 어머니 곁에 앉아 『전쟁과 평화』를 읽어드렸다. (…중략…) **나이와 더불어 찾아온 안정감 덕분일 것이다. 어머니의 애정 면에서도 평화로울 수 있었다.**[15] (강조는 인용자)

그는 '어머니 문제'가 '조국애'라는 정치적 차원의 문제와 동질적인 것이라 규정하고는, 그 두 문제가 동시에 해결되었다는 논리를 펴고 있다. 그 '문제 해결 과정'을 정리하면 다음과 같다.

> 두 어머니 사이에서의 애정 문제(양자체험) → 나이가 들면서 해결됨
>
> 두 민족 사이에서의 정치적 양자의식 → 일본이 조국이 된 이후에 해방됨

이것이 당시 30세였던 김종한의 자기 진단이었던 셈인데, 전체적으로 이 글은 한 인간의 절실한 내면 풍경의 기록으로 보기에는 지나칠 정도로 체계적이고 단정적이다. 후자가 특히 믿기 어렵다. 선명한 '권선징악적' 결론을 내려놓고 문제로부터 서둘러 도피하고픈 욕구의 소산으로도 읽혀진다. 당시 그가 『국민문학』 편집자로서 '신지방주의론'의 선두역을 맡고 있었으며, 조선문인보국회 시부 간사로서 시국 속에 깊이 발을 들여놓고 있었음을 고려해 볼 필요도 없을 것이다. 그의 이 논리는, 아무래도 정치적인 보호막의 소산이라는 점을 고려해 넣고 읽는 것이 바람직할 것이다. 정밀한 상황적 검토가 필요한 대목이라고 생각된다.

어머니 문제, '촌내나는 조선어 시' '영원한 어머니에의 향수' 등의 부분은 상대적으로 신뢰도가 높지 않은가 생각된다. 과연 김종한의 문

---

15) 위의 책, 41~42면; 『전집』, 220~221면.

학과 생애 속에는, '어머니'라는 테마와 관련된 요소들이 다수 발견된다. 후일의 시 작품 일부를 보기로 한다.

> 아즈머님
> 지금 울고있는 저 벅국이는 작년에울든 그놈일까요
>
> 조용하신 당신은 박꽃처럼 웃으시면서
>
> 드레박을 넘처흐르는 푸른하늘만 길어올리시네
> 드레박을 넘쳐흐르는 푸른傳說만 길어올리시네
>
> —「낡은우물이잇는風景」 2,3,4연

> 이 寫眞을 보세요, 어머니 (…중략…)
> 당신은 永遠한 基地, 어머니 / 白髮이 勳章보담도 華麗하오
>
> —「航空哀歌」 2연, 6연[16)]

전자는 김종한의 대표작으로 알려져 온 작품의 하나다. 화자의 돈호(頓呼)가 작품의 미감을 지탱하는 중요 요소인데. 그 대상은 이상화된 중년 여성, 즉 화자를 포용해 들이는 정서적 친숙감과 이성적 매력을 겸비하고 있는 중년 여성의 이미지로 제시된다. 김종한의 '이상화된 여성상 혹은 어머니상'은 이런 곳에 그 일단을 드러내고 있는 것이 아닐까. 밑의 작품은 시국 문제를 주로 쓰던 시기의 일본어 작품인데, 자신의 회고담과 대응되는 느낌을 줄 정도로 '확대된 어머니상'이 제시되어 있다.

이외에도 그의 생애 속에는 여성 문제와 관련된 에피소드가 많다.[17)]

16) 순서대로 林和 편, 『現代朝鮮文學全集』, 學藝社, 1939.1, 186면; 『전집』 47면; 『文章』, 1941.4, 178~179면; 『전집』, 141~142면.

17) 한때 김종한의 직장 동료였던 정비석은 "종한은 불우한 인생 탓인지 여성에의 동경

전통 여성의 삶의 애환에 대한 연민이 형상화되어 있는 민요시들,[18] 첫사랑의 연인에 대한 공공연한 언급들, 최정희 여사에 대한 집요한 구애, 투병 중에 간호하는 여성을 범했다는 에피소드 등이 그것이다.[19] 앞서도 거론한 바 있으나, 그의 인생 속에는 "어머니 체험과 관련된 모종의 욕망의 결핍"이라는 말로 집약 가능한 심리적 트라우마 내지 이와 관련된 복합감정이 있으며, 그것이 그의 문학적 생애를 관통하는 보상적 기제로 자리하고 있을 가능성이 있다고 생각된다.

3. 사적(私的) 세계로서의 문학과 김억과의 사숙 관계

위에서도 예를 보았지만, 김종한은 '자기'를 거리낌없이 외부에 발설하는 스타일을 갖고 있다. 그가 문학을 시작하게 된 동기를 밝힌 대목도 그렇다.

> 民謠「뵈짜는색씨」
>
> 作者略歷
>
> 乙巴素
>
> 本名은 金鍾漢 二十一, 明川立石産 鏡城高普卒. 同姓同名의 友人에게 연인을 빼앗긴 까닭으로 關西로 滿洲로 노쓰탈챠의 애닮은 放浪을 하고잇다가 지금은 故鄕의 私立高에 落着하야 生의 再出發을 計劃하고잇다.[20]

이 매우 강했다"고 밝힌 바 있다고 한다. 「연보」, 『전집』, 862면.

18) 본 논문의 4장 참조.

19) 첫사랑 연인 건은 다음 3장 내용 참조. 최정희 여사 건은 김영식 편, 『작고문인 48인의 육필서한집』(민연, 1999), 368~389면 참조. 병원 에피소드는 유정, 「好漢孤獨 金鍾漢」(『現代文學』, 1963.2), 291면; 『전집』, 812면 참조.

민요시 「뵈짜는색씨」가 중앙지에 세 번째로 당선되었을 때 김종한이 쓴 것으로 추정되는 내용이다.[21] 주목되는 것은 "同姓同本의 友人에게 연인을 빼앗긴 까닭으로…… 노스탈챠의 애닯은 放浪을 하고 있다가"라는 대목이다. 실연이 청춘기의 최대의 사건인 것임은 당연하나, 22세의 교사가 중앙 일간지에 공표한 행위로서는 상당히 이색적이다. 다소의 치기와 함께, 자신의 고통을 극화시킴으로써 세인의 주목을 끌고 싶어한 듯한, 동기상의 순진성 역시도 읽혀진다. 문제는 이 에피소드가, 그가 문단에서 자리를 굳혀 가던 28세 때에도 본격적으로 반복된다는 점이다.

> 音樂倚子라는 유희가잇다. 참가하는 인원수보다 倚子의 수를 하나만 적게놋는다. 音樂에마처 의자의 圓周를 돌다가 갑자기 音樂이 중지되면 倚子에안저야한다. 의자에 안지못하고만 나머지한사람만은 餘興을해야 되는것이엇다.
>
> 열일곱살 된 少年은 흔히 나머지 한 사람이 되어 餘興을 해야할 것이다. 그때 떨리는 목소리로 부른 노래가 무엇이엇든지는 지금 기억에 남지 안핫스나 실내가 電燈불빗으로 花環처럼 밝앗든 것과 또 金禮童이란 배아트릿체가 잇섯든 것만은 잇처지질 안는다.
>
> 십년후에 그 소년은 북쪽 항구 雄基로 돌아가보앗다 두 어린애의 어머니가 된 그 女人은 침착한 얼굴로 방문해주는 것이엇다. 나도 조용한 심정으로 그 여인의 어린애를 쓰다듬어줄수가 잇섯다.
>
> **흔히 世上사람들은 사회를 위하야 문학을 試作했다는 말을 公言하나 부끄러운 告白이지만 나는 베아트리체를 憎惡할 方便으로 詩를 始作했다.**[22] (강조는 인용자)

---

20) 『朝鮮日報』, 1935.1.3; 『전집』, 13면.

21) 김종한의 시가 최초로 중앙지의 현상문예에 당선된 것은, 1934년 소곡 「임자업는 나룻배」로 『別乾坤』의 「第1回新流行小曲大懸賞」에서, 두 번째는 같은 해 동지에 역시 소곡 「빨내하는색시」로 당선된 것이었다. 「김종한연보」, 『전집』, 850면 참조.

22) 김종한, 「憎惡의 倫理」, 『每日新報』, 1941.8; 『전집』, 418면.

6년 전과는 사뭇 다른 분위기가 느껴진다. '베아트리체'에 대한 집착이, 성년이자 문인으로서의 본격적인 행로에 들어서 있었던 그에게 문학적 표현 욕구의 근본 동기로서 자리하고 있었다는 고백을 여기에서 들을 수 있다.

한국 사회 속에서 문인이 지녀온 전통적인 사회적 이미지를 고려할 때, 그리고 문단 내에서 나름의 위치를 구축해가던 김종한의 위상을 고려할 때, 이 고백은 여전히 이색적이라 해야 할 것이다. 다른 문인들은 '사회를 위하야 문학을 시작했다는 말을 공언'한다는, 어딘가 반어적인 뉘앙스마저도 풍기는 말을 그가 부언한 것으로 보아서도 그렇다. 바로 이 점이 김종한이라는 인간이 갖고 있었던 개성임과 동시에 그가 갖고 있었던 새로운 세대의식을 드러내는 증거라고 할 수 있는 것이 아닐까.

'사회'나 '역사' '민족'과 같은 거대 담론의 세계가 아니라 '개인적이고 사소한 세계'가 문학적 출발점이 되었다고 거침없이 고백하는 김종한의 모습, 이 속에서는 선배 문사들의 면모와는 다른 무언가가 있다. 자기의 현재 감정에 충실하면서도 그 '부끄러울 수도 있는 점'을 대수롭지 않게 공표하는 새로운 세대 감각을 지닌 청년의 모습이 여기에 제시되어 있다고 할 수 있을 것이다.23)

한편으로 습작기의 그에게 문학적 동기를 부여한 인물로서 김억의 존재를 빼놓을 수 없다. '베아트리체' 체험이 원초적인 표현 욕구를 유발케 한 동기였다면, 기성 문사 김억은, 창작 방법론 내지 문학관의 형성이라는 '본격 문학 수업'과 관련된 자극을 그에게 줄 수 있었던 인물

---

23) 김종한의 민족주의 부정 논리 및 일본어에 대한 친화성 등 신세대 감각과 관련해서는, 정종현, 「식민지 후반기 한국문학에 나타난 동양론 연구」(동국대 박사논문, 2005)가 본격적이다. 172~188면 참조. 다소의 이견은 있다. 가령 "청년들에게는 실감으로서의 민족주의란 있을 리 없다"(「一支의 倫理」, 『國民文學』, 1942.3)는 등 '신세대적' 극언을 김종한은 아끼지 않았지만, 이 말은 신지방주의론의 설득력을 더하기 위한 논리 혹은 일본측의 '오해' 가능성에 대한 자기방어적 논리라는 맥락과 함께 읽는 것이 바람직할 것 같다.

이기 때문이다. 우선 두 사람 간의 관계를 보여주는 최초의 기록을 소개한다.

> 新春文藝當選者 紹介 / 民謠 「望鄕曲」(當選) / 金鐘漢.
>
> □名. 乙巳素二三歲. 咸北明川立石 出生. 鏡城高普 卒業後 西關大學 中途退學. 岸曙의 知遇를 받아 詩歌修業에 다시 立志하엿다고. 즐겨 民謠를 쓰고 小曲을 읊는다. 現在는 故鄕 사립高校에 在職.[24] (□은 판독불능 : 인용자)

1936년 김종한은 '김억의 지우(知遇)를 받았다' 즉 김억에게서 재능을 인정받았다고 썼다. 이 사실은 다음 기록에서 바로 입증된다.

> 그만은 작품에서 나는 을파소 한사람을 발견하엿을뿐이외다.
>
> 이 신인에게 나의바라는바는 실로 크외다. 모도다 시가가 되랴다가 되지못한 관을 주는 시가 중에서 을파소의 작품만은 뛰여나게 의의와 가치를 가졋든 것이외다. 이리하야 을파소의 작품이 어려편이 되엿습니다. 아무리조흔상이라도 시가에서는 그 표현의 기교가 능치못하면 아모러한 의미도 가질수업는것이외다. 을파소의 想 그것과 가튼것이 얼마든지 잇섯것만은 표현으로의 기교와 용어가 그곳을 잊지못하여서 아모것도 되지못한것이만핫다는 말을하나 부기에 두고십습니다
>
> 을파소의 그것은 능하외다. 소위 기성시인으로서 이만한 표현능력을 가지지 못한 것을 볼 때에 이 신인에게 나의 기대는 압날을 괄목치 아니할 수 없습니다.
>
> 을파소의 「가기는 가오리다」 「나머지한밤」 가튼 것은 유행가외다. 이러한 것은 귀사에서 레코드회사에 이약기하야 [마스크]를 통케 하는 것이 조흘이라 합니다.[25]

---

24) 『東亞日報』, 1936.1.14; 『전집』, 31면.
25) 金岸曙, 「詩歌의 選을 끝내고」, 『三千里』, 1935.12, 200~201면; 『전집』, 22~23면.

1935년 김억이 공개한 심사 결과 중에서 김종한 부분만을 인용한 것이다. 같은 호에는 김종한의 시 「거종(巨鐘)」이 실려 있는데, 김억은 이것과 그가 '유행가'라고 평가한 투고작 다수를 뽑았던 것 같다. 김억의 평가내용은 단순하다. 기성시인보다 '표현 기교가 능하'며 "앞날을 괄목치 아니할 수 없"다는 것이다. 표현기교가 능하다는 평은 훗날 김종한을 『문장(文章)』에 추천할 때의 정지용의 발언과 동일하다.

어쨌든 이 내용을 보면, 김종한의 '지우(知遇)' 관련 소개 내용은 앞뒤가 맞는다. 1935년 김억의 '지우'를 받고 작품을 『삼천리』에 실었으며, 이듬해 1936년에는 민요 「망향곡」으로 『동아일보』 신춘문예에 당선까지 되었기 때문이다. 그러나 실제로는 김종한은 김억의 지우를 받고서 "詩歌 修業에 立志"한 것이 아니다. 결론부터 말하자면 그는 이전부터 김억의 문학세계에 관심을 갖고 있었으며 그 관심을 활자화하여 중앙지에 발표까지 한 적이 있다. 4년 전 18세 때, 즉 경성고보 재학 시절에 그가 『동광』에 발표한 번역 한시 「야노가(野老歌)－안서(岸曙)의 역시론(譯詩論)을 읽고」가 그것이다. 한시 원문은 제외하고 역문만 인용한다.

늙은아비 홀로 가난에지처
사흘가리 火田이나마 씨뿌리고김매고 가진 苦초로
秋收할곳 바이없는 이내身勢에
納稅만은 如前히－먹을것없네

보라 우리들의 피땀을 짜내어
그네들의 倉庫의 채움을－
이해도 저물어 서리바람 살쩜을어이는데
먹을것없는 빈방안에 쌀살한 바람만 掩襲하는고녀

우리들은 이리하야 헐벗은 무명옷을 부등켜쥐고

뒷東山에올라 도토리를 줏는것이옵네
江中의뜨노는 배(선)안에서
勸酒歌 一曲이 바람에 쓰처올때
피방아찌는가삼을 살못이 눌리고서
배안에기르는 김생들의 生活도
우리보다 나은것을 똑똑히 알엇네[26]

소작농의 생활고와 유한계급에 대한 계급적 증오가 주된 내용을 이루고 있다. 번역시이긴 하지만, 이런 테마는 김종한의 이후 작품에서는 나타나지 않는 세계다. 10대 후반의 김종한은 이런 세계에도 관심을 갖고 있었음을 확인해 볼 수 있다. 어쨌든 여기서 주목되는 부분은 이 작품이 "안서의 역시론을 읽고"라는 부제를 달고 있다는 점이다. 이것은 이 역시가 안서의 「역시론」을 읽고 난 뒤 그에 응대하는 형식으로 씌어진 글이라는 의도를 담고 있다고 보아 무리가 없을 것이다. 과연 김억은, 김종한의 이 역시가 발표되기 수개월 전에 「역시론」(상,하)을 같은 『동광』지에 발표한 적이 있다.

『동광』 21호와 22호에 게재된 김억의 「역시론」은, 한시 번역 예문을 다수 제시하면서 자신의 문학관과 번역관을 밝힌 글이다. 10페이지에 달하는 장문이지만 중심 논리는 단순하다. 김종한의 훗날의 문학론 내용과 연관된 부분이 많으므로 그대로 인용한다.

> 시가란 결코 번역할 것이 못됩니다. 이 점에서 나의 역시 불가능론이 그 의의와 주장을 가지게 됩니다. (…중략…) 시가의 무어라 말할수업는 묘미는 언어 그 자신의 어미와 어의와 어음과 어향을 도라보지 아니하고는 맛볼수업는 것이외다. 의미의 정확만으로 유일한 목적삼는 과학서류나 법률의 조문같은

26) 김종한, 「野老歌－岸曙의 譯詩論을 읽고」, 『東光』, 26호, 1931.10.4, 95면; 『전집』, 4면.

> 것에 사용되는 언어와, 문예품에 사용되는 언어에는 근본부터 그 성질이 다른 것을 우리는 잊을 수가 없는 일이외다. (…중략…) 의미와 어감으로의 시가를 그대로 옮겨놓지 못하는 것을 우리는 진정한 의미로의 역시라고 볼 수가 없습니다. 더구나 이곳에는 원문시의 가진바 조건 전부를, 다시 말하면 시가의 형식이니, 음조니, 어미니, 어수니 하는 것을 전적으로 옮겨놓은 것이라야 신정한 역시라로 평가할 모양이니 (…중략…) 한마디로 말하면 역시의 가치는 원시의 여하에 있는 것이 아니요, 전연히 역자의 시적 소질 여하에 있는 것이외다. (…중략…) 이미 역시란 (…중략…) 역자가 그 자신의 개성을 거쳐서 창작하는 것이 좋은 일이라 합니다.[27]

김억은 문학 언어와 산문언어와의 차이점을 설명한 뒤, '번역 불가능론'을 제시한다. '음조 어미 어수' 등 '원시가 갖고 있는 조건 전부'를 번역시 속에 옮겨놓는 것이 불가능하기 때문이다. 이어 실천적인 번역 방법론으로는 '역시 창작론'을 제시한다. 번역시는 원시와는 별도의 존재로서, 역자의 시적 개성을 거쳐 새롭게 형상화된 창작품이라는 결론이 그것이다.

현재 시점에서 보자면 김억의 논리는 문학의 자율성을 강조하는 형식주의 문학론의 한 형태라고 부를 수 있을 것이다. 18세의 문학도였던 당시의 김종한은 이 논의에서 상당한 문학적 자극을 받았음이 틀림없다고 생각된다. 그가 부랴부랴 한시를 번역해서 『동광』에 투고한 이유, 「안서의 역시론을 읽고」라는 부제를 달았던 이유는, 김억의 「역시론」에 대한 자신의 '감동'과 그 실천 예를 김억에게 직접 보이고, 또 그로부터 '지우'를 받고 싶었던 데에 있었을 것이라고 생각된다.

이상의 예를 통해서 김종한은, 『삼천리』에서 김억으로부터 '지우(智愚)'를 받기 이전부터 이미 김억의 문학론을 '공부'하고 있었으며, 또 그

---

27) 김억, 「譯詩論 上」, 『東光』 21호, 1931.5.1; 박경수 편, 『金億全集 5－文藝批評論集』, 韓國文化社, 1987, 486~488면.

로부터 인정을 받기 위해 적극적인 노력까지 했음을 확인할 수 있다. 습작기의 김종한에게 있어서 김억이라는 유명 문인은 사숙의 대상이었음이 확인된다고 생각된다.

이 시기 김종한과 김억의 밀접한 관계를 보여주는 증거는 김종한이 쓴 민요시들, 그리고 후일 김종한이 발표한 여러 시론 속에서도 그 흔적이 확인된다고 생각한다. 민요시 문제는 다음 장에서 다루고, 후자를 보기로 한다. 김종한의 시론의 요점은 선행 연구에서도 명료하게 제시된 바 있지만,[28] 예문을 추가해서 재론해 보기로 한다.

> 시인은 인생비판이나 사회비판을 가져야 할 것입니다. 그러나 순수의 예술시, 즉 서정시를 창작할 때는 그러한 관념을 노출하거나 논의해서는 안될 것입니다.[29]

> 詩에 要求할 思想性
>
> 시로 맑시즘을 연설하고 다시 그것으로 知性을 연설했다고, 제군은 그런 것을 시 자체의 進化라고 생각할 수 있는가.
>
> 우리가 시에 요구할 사상성은 본질적으로 그러한 산문으로서도 가능한 관념은 아니다. 다시 말하면 산문이 될 수없는 「그러한 관념」을 가진 부분이 시가 된다. 거기서 **시문학의 獨自性과 自律性**이 분화되는 것이다.[30] (강조는 인용자)

> 현대를 광의로 寫實主義의 시대라고 말할수있다면 그것에 결합시킬 시단은 당연히 『純粹詩』등의 超俗的인 이념이어야 할 것입니다.
>
> 그리고 明日의 西洋詩의 正統도 포오, 마라르메, 보오들레에르, 바레리이 等을 연결하는 순수한 시의 연장선상에 있다고 보아도 좋을 것입니다. (…중

---

28) 오오무라 마스오, 「김종한에 대하여」, 앞의 책, 248~249면.
29) 김종한, 「詩集 『憧憬』 讀後感」, 『海峽』, 三文社, 1938.10, 5면; 『전집』, 376면.
30) 김종한, 「나의 作詩設計圖」, 『文章』, 1939.9, 129면; 『전집』, 384면.

략…) 그러나 조선시단에서는 (…중략…) 低腦無智한 시인들이 自然主義에 데모크라시이의 沒詩觀念을 결합시켰습니다. 그때에 활약한 23인의 시인들은 演說草案 같은 시를 써놓고 떠들고 다녔습니다. (…중략…) 충실한 맑스의 제자들은 위대한 속물인 막스의 배설물을 시적 이념으로 오신하고 시의 예술성을 선전비라에까지 低落시켜버렸습니다.[31]

특히 **詩에 있어서는 內容이 形態에 內屬하는 것이므로** 言語 自體의 美를 떠나서는 **如何한 詩想도 思想도 空虛한 觀念에 不過한 것입니다.**[32] (강조는 인용자)

위의 내용 중 '초속적 이념으로서의 순수시'론 등은 발레리가 유행했던 것으로 보이는 1930년대 일본 문단의 풍조에 대한 이해와 더불어 면밀하게 검토해봐야 할 대상이므로 구체적 논의는 피한다. 그러나 그 차원까지 가지 않더라도, 위의 논리의 핵심을 파악하는 것은 어렵지 않다. "내용이 형태에 내속"한다는 형태우위론적 입장을 갖고 있는 그는, 김억처럼 "시문학의 독자성과 자율성"론을 중심에 놓고, 관념과 예술적 형상과의 관계에 대해 논하고 있다. 또 그는 김억처럼 산문과 시, 관념과 시의 본질적인 차이에 대해 논하고, 예술 밖의 차원에 존재하는 관념과 예술적 형상 속에 녹아든, 즉 '육화된 관념'과의 차이에 대해 논하고 있는 것이다. 역시 문학을 바라보는 기본적인 시각 면에서 볼 때, 김종한의 문학관은 김억의 문학관과 먼 거리에 있지 않으며, 그 문학관의 형성의 이면에는 역시 소년기의 김억 체험이 밑바탕에 크게 자리하고 있다고 할 수 있다고 본다.

이외에도 생각해 보아야 할 점은 후일 김종한의 직업적 자의식의 중요한 바탕이 된 번역가로서의 모습이다. 물론 김종한이 번역가로서 적

31) 김종한, 「詩壇改造論」, 『朝光』, 1940.3; 『전집』, 403~404면.
32) 김종한, 「詩文學의 正道」, 『文章』, 1939.10, 199면; 『전집』, 386면.

극적으로 활동하게 된 계기는 사토 하루오[佐藤春夫]와의 교류를 포함한 여러 변수를 생각해 볼 수 있다.[33] 그러나 국내에서의 문학수업기에만 국한한다면, 당시 김종한이 지켜보기 쉬웠던 국내 번역가의 모델은 김억이었을 가능성이 있다고 생각된다. 김억의 「역시론」 속에 등장하는 많은 양의 번역 예, 그리고 당시 김억이 번역문학계에서 차지하고 있었던 위치, 그런 그를 김종한이 주목하고 있었던 사실을 종합해 보면, 역시 김종한은 김억으로부터 번역가로서의 자아상도 부여받았을 가능성이 있다고 생각된다.

4. 신민요의 창작과 김사엽과의 민요논쟁

기존 연구 성과 중에는 김종한의 초기 민요시에 대한 부정적 평가가 엿보인다. 일리가 있다고 보나, 필자는 관점을 약간 달리해서 보고 싶다.[34] 1935년(22세) 조선일보 신춘문예 민요부문에 당선된 김종한의 「베짜는 각시」를 예로 제시한다.

1

봄이야 오든 마음 서러운 맘에 바듸나 울려가며 해[를 지]우네

들고짱 노코짱짱

노코짱 들고짱짱

33) 오오무라 마스오, 「김종한에 대하여」, 앞의 책, 247~248면 및 257~258면 참조.

34) 박경수는 김종한의 민요가 '순수미학과 서정성에 치중한 나머지 현실과의 대응력을 갖추지 못했으며 때문에 불행한 시사의 굴레 속에 빠져들었다'고 보았다. 박경수, 「한국 근대민요시 연구」, 부산대 박사논문, 1989, 199면.

바듸나 올려가며 해를 지우네

3
북에다 감은 실은 물려가건만. 가삼에 매친 실은 엉켜가네
들고짱 노코짱짱
노코짱 들고짱짱 가삼에 매친 실은 엉켜만가네

4
열두새 이 가는 배 다짜고 나도 한번 간 그님이야 올 줄 잇스리
들고짱 노코짱짱
노코짱 들고짱짱
한번 간 그님이야 올 줄 잇스리

5
봄이라 봄이라고 서름도 자라 바듸만 올려가며 해를 지우네
들고짱 노코짱짱
노코짱 들고짱짱
바듸만 올려가며 해를 지우네[35] (띄어쓰기는 인용자)

이 작품은 조선일보 '민요 부문'에 투고된, 말하자면 애초부터 당시의 통속 장르였던 '신민요' 장르를 목표로 씌어진 작품이라는 점을 먼저 전제로 하고 싶다. 작품 속에는, '가신 님'에 대한 한을 품고 있는 여성으로 설정된 전통 여성의 다양한 생활감정이 베짜기 작업 과정과 맞물려서 노래불려지고 있다. 바디질 작업 시의 올리고 내려놓는 손동작과 "짱"하는 바디소리 의성어를 섞어 짠 후렴귀도 참신하다. 그러나 무

35) 『朝鮮日報』, 1935.1.12; 『전집』, 13면.

엇보다도 이 작품 속에서 빛나는 것은, 베틀을 동반자로 삼고 살아가며 삶의 애환을 감내해야 했던 전통 여성들의 "바디 소리의 원한",[36] 그것을 연민의 눈으로 지켜보아 온 숨은 화자(implied narrater)의 존재다. 그 화자가 후일 '제2의 김문집'이라 불리운 문제아 김종한이라면, 믿기 어려운 데가 있다. 시적 재능이 뒷받침되어 있지 않거나 향토문화에 대한 체질적 관심 내지 전통 여성의 삶에 대해 연민적 공감을 공유해오지 않은 이라면 쓰기 어려운 작품이라고 생각된다. 훗날의 그의 평론활동의 핵심개념이었으며, 암흑기 문단의 중요 표제이기도 했던 '신지방주의론' 역시도 이러한 향토적 체험의 위에서 성장하고 있었던 개념이었을 수도 있다고 본다. 바로 이 작품의 작자가 22세 청년교사 김종한이었던 것이며, 그 재능은 조선일보 신춘문예 당선이라는 객관적 결과로 입증되고 있었던 것이다.

이 작품을 위시해서 당시의 김종한은 레코드 발매를 전제로 한 신민요(당시 명칭으로서는 '유행소곡' 내지 '민요')의 창작에 적극적으로 손을 대고 있었다.[37] 1935년 『별건곤』의 현상 모집에 '유행소곡' 「임자없는 나룻배」 「빨내하는 색시」가 연속 당선된 후 1938년까지는 현대시 습작을 계속하는 한편으로, 신민요 작품 다수를 조선일보와 동아일보 등 중앙지에 발표하게 된다. 전체적으로 보자면, 이 시기에 그의 재능이 가장 활발하게 발휘되었던 장르는 신민요 장르였다고 생각된다. 이 점을 볼 때 이 시기의 그는, 1920년대 중반 김소월을 내면서 개화를 보았으며 이후에도 한국 시사의 저변에서 생명을 이어가고 있던 김억류의 민요

36) 김종한, 「民謠를 通해 본 吉州・明川 1」, 『朝鮮日報』, 1936.8.7; 『전집』, 365면.

37) '민요' 혹은 '유행소곡'으로 불리운 김종한의 작품들이 전통 민요나 유행가요와는 성격이 다르다는 점, 그 자신이 '신민요'라는 명칭을 사용한 점, 학계에서 '신민요' 명칭이 사용되고 있는 점을 고려하여 김종한의 이 부류 작품들에 '신민요'라는 명칭을 붙여보았다. '신민요'란 유행가와 더불어 대중가요의 큰 줄기를 이루었던 노래 장르로서 연주를 전제로 개인이 작사 작곡한 장르라는 특징을 갖는다. 악곡, 사설 모두 민요계 잡가(통속민요) 및 동시대 유행가의 영향을 받아 형성되었다. 전선아, 「일제강점기 신민요 연구」, 강릉대 석사논문, 1998, 65~66면 참조.

시 운동의 영향권 아래에서 성장하고 있었던 인물일 가능성이 높다고 생각된다.[38]

신민요의 연이은 당선 및 발표로 지명도를 높여가던 김종한은 민요 이론 역시도 지상에 발표한다. 「민요를 통해 본 길주(吉州) 명천(明川)」(전3회, 『조선일보』 1936.8.7~9), 「신민요의 정신과 형태」(전4회, 『조선일보』 1937.2.6, 7, 9, 13)가 그것이다. 특히 후자는 김사엽의 즉각적인 반론의 대상이 될 정도의 자극적 요소를 갖고 있었는데,[39] 이 역시 김종한의 문학관이나 성격적 특질이 잘 드러나 있는 자료여서 고찰의 가치가 있다고 생각된다.

4회에 걸쳐 연재된 이 글은 「신민요의 예술적 계보」 「신민요와 개성」 「신민요의 템포」 「신민요의 시대성」이라는 4장으로 나눠져 있는데, 주된 논지는 첫장에 요약되어 있다.

첫장에서 그는 이렇게 단언한다.

> 民謠는 스사로 發展하는 것이 아니다 發展하는 것은 生活樣式이다. 다시 말하면 生産樣式과 交通樣式이다. 生活樣式의 發展이 새文化를 産出하고 그 文化의 一部分으로 새 문화의 民謠樣式이 出發되는 것이다.
>
> 그러므로 新民謠는 新民謠 이전의 모든 傳統的 民謠에서 出發해야할 何等의 義務도 없다. 新民謠는 土民民謠가 終焉되는 곳에서 새로 出發할 民謠形式일 것이다. (…중략…) 新民謠의 特異性은 곳 그것의 母胎되는 現代社會機構의 反映 絶對的인 그리고 必然的인 反映일 것이다.[40]

시인 유정은 김종한의 시와 행동 속에서 '간명직재(簡明直裁)'를 읽어

---

38) 김종한의 윗글에는 김소월의 민요시 「산」을 주옥같은 작품이라고 소개하며 인용하는 대목이 나온다. 『전집』, 370면 참조.

39) 김사엽, 「藝術民謠存在論－그 時代性과 土俗性에 關하야」(전4회), 『朝鮮日報』, 1937.2.20~24; 『전집』, 727~731면 참조.

40) 『전집』, 369면.

낸 바 있지만,[41] 그의 산문 역시도 그런 것이 아닐까. 짧고 단정적이며 논리의 이동이 신속한 그의 특징적인 문체를 발견할 수 있다. 무엇보다도 이 글에서 특징적인 것은, 김종한이, 당시 새로운 대중 시가 장르로 등장한 '신민요'를 고찰하는 그 관점이다. 그는 예상과 달리, 작품 내부에서 출발하는 방식, 즉 형식주의적 관점에서 신민요를 보고 있지 않다. 문학을 둘러싼 외부 환경, 즉 사회 역사적 발전 단계라는 관점에서 그 현상을 포착하고 있다. "생산양식과 교통양식"이 문화를 결정한다고 김종한은 말하는데, 이는 기실 맑스주의 문학관의 대전제, 즉 하부구조인 생산양식이 상부구조인 문화를 결정하는 주요인이 된다는 사고방식의 표현에 다름 아니다. 앞장에서는 그가 문학의 독자성과 자율성론을 옹호하는 김억류의 문학관을 갖고 있었음을 확인할 수 있었는데, 장르라는 거시적인 문학현상을 다룰 때의 김종한은, 1920년대 프로문학식 표현을 빌면, '과학적'인 관점을 채택하고 있음을 알 수 있다. 당시 김종한의 문학관 속에는 이런 사회과학적 안목 내지 유물론적 안목도 겸비되어 있었음을 알 수 있다.

이 장의 마지막에는 그의 논의의 요점이 차례대로 요약되어 있는데, 이를 원문 그대로 제시하면 다음과 같다.

> 제작과정으로 보면, A 自然發生的이든 民謠가 일정한 作詩, 作曲家에 의하야 代辯적으로 製作되게 된 것.
> 文學방면은…… 土性의 敗北. 時代性의 勝利
> 人生에 대하야 否定的 정신
> 音樂면은 歌謠曲에의 接近
> 單旋法의 獨步
> 傳播常態로는 機械藝術(레코-드, 라디오)파의 握手

41) 유정, 「好漢孤獨 金鍾漢」, 『現代文學』, 1963.2, 290면; 『전집』, 811면.

消費體系的

傳播 期間이 매우 짜른 것

都市에 流行하다가 農村에서 사라짐

노래하는 것보다 듣는것이 위주가 되어 감. 따라서 勞動民謠의 상실[42]

김종한은 당시 시단에 대두하고 있는 새로운 형태의 민요 내지 유행소곡을 재빨리 '신민요'라는 장르명 아래 묶고 그것이 새로운 사회경제체제 하에서 탄생·발전되어 갈 새로운 대중 장르 현상으로 파악하고 있었던 것으로 보인다. 이에 대해 김사엽은 김종한의 이런 관점이 한국의 전통 민요에 대한 모독이라며, 격앙된 투의 반론을 제기하였다.

> 金氏가 본 소위 新民謠란 아름답지 못한 名稱하에 구솔하야서 精神上으로나 形態上으로나 完全히 民謠와 絶緣시킨 다음에 曖昧한 時代性을 드러 그에게 依據하야서 새로히 出發할 것이라 하얏고「노래하는 것보담듯는것이 위주」가 된다하며 大膽히도 鄕土性의 敗北 勞動民謠의 喪失까지를 豫言하야 너무도 獨斷的인 創說에 讀者로 하여금 啞然치 안흘수업게 하엿다.[43]

뒤를 이어 김사엽은, 김종한이 말한 바 신민요와 같은 저속한 유행가가 아니라, '민족 고유의 이디옴'을 계승한 새로운 예술민요로 이를 계승 발전시켜 가야 할 것을 주장한다.

> 그럼으로 藝術民謠라 하야 民族의 思想과 풍상(傳統的인)과를 떠나서 민족의 문학을 이저버리고 다만 자기 一身의 一時의 興에 겨워 技巧에만 끄칠 것이 아니며 形態며 音樂的 방면도 民族 固有의 [이디옴]을 멀리 떠나서는 안될 것이다./ 이럼으로 民謠창작과 流行歌 창작과는 그 稱譽이며 形態에 잇서

42)『전집』, 369면.

43)『朝鮮日報』, 1937.2.20;『전집』, 727면.

서 根本的으로 크다마한 지정이잇다. 불행이도 이 구별을하지못한 乙巴素는 크다란 過誤를 犯하고 마럿다. (…중략…) 지금은 舊民謠와 新民謠와의 過渡期에 잇스니 將來할 藝術民謠는 在來民謠에 대한 기픈 認識을 파악하야 이 속에다 根據를 두고 出發하여야 할 것이다. 이 根本觀念을 무시하고 지금 盛行되는 流行歌의 現象을 가지고 新民謠의 그것이라고 논한 乙巴素의 觀點을 좀더 올흔 角度로 향하야 再認識치 안는다면 그의 論을 축조검토한들 徒勞에 그치고 말것이다.[44]

전체적으로 보건대, 김사엽은 당시의 '신민요'를 저속하게 보고, 대안적인 민요 문화를 제시하려 했던 것으로 보인다. 물론 이 견해는 경청의 가치가 있겠으나, 현실의 움직임을 객관적으로 살피고 그 추이를 냉철하게 예측하는 면에서는, 그는 이상론자 특유의 약점을 여기서 노출하지 않았는가 생각되는 바가 있다.

김종한의 경우는, 신민요의 '저속성'에는 부정도 긍정도 하지 않았다. 나아가 민요의 이상적인 발전방향을 제시하는 데에도 관심을 표명하지 않았다. 그 자신이 '신민요'적 작품을 발표해 오면서 문명을 얻었으니, 일부러 그럴 필요성도 없었을 것이다. 대신, 그는 현재 발생하고 있는 새로운 민요현상의 특성을 면밀히 살피면서, 그것의 발생 원인을 사회경제적인 측면에서 찾았다. 그리고 같은 관점에서 신민요 현상이 앞으로 전개되어 갈 방향성도 예측했다. 위에서 보다시피 개별 항목은 많으나, 그가 결국 신민요 현상의 추이 속에서 보아낸 것은, '통속적인 대중문화가 문화 전반을 지배하는 자본주의 사회'였던 것으로 생각된다. 그의 이 판단이 정확했음은, 후대의 역사는 물론 식민지시대의 대중가요나 신민요에 대한 연구 성과들이 보증하고 있는 바다.[45]

---

44) 『朝鮮日報』, 1937.2.24; 『전집』, 731면.

45) 신민요가 자본주의 체제에 부응하는 대중문화로서의 특징을 갖고 있다는 점은 당시의 대중가요 및 신민요 연구 성과 속에서 공통적으로 확인된다. 박용구, 『신문화 100

김종한과 김사엽이 신민요를 두고 벌인 논쟁을 보면서 다시금 김종한이라는 인간의 생의 스타일을 생각하게 된다. 김사엽이 목전의 현실을 부정하면서 이상주의적 · 지사적 스타일을 고집했다면, 김종한은 현실의 추이를 냉철하게 분석하고 그 대세에 일정하게 따르면서 미래를 예측해가는 분석가적 스타일 내지 현실주의적 스타일을 보여주었던 것이 아닌가 생각된다. 어떤 의미에서는 그의 이런 스타일 역시도, 앞장에서 본 바와 같이, 부정적인 평가를 받을지언정 '현재의 사실'을 있는 그대로 인정하고 공표하는 그의 신세대적 스타일의 연장선 위에 있다고도 볼 수 있겠다.

김종한이 『국민문학』 편집을 시작한 1942년 무렵에 대한 견해지만, 임종국은 현실의 추이를 대하는 김종한의 생의 스타일에 관해서 다음과 같은 발언을 남긴 바 있다.

> 다른 文章 출신에게는 없었던 전쟁에의 관심, 이것이 김종한의 명민한 시대감각에서 오느냐 아니면 시류에 영합할 줄 아는 능난한 처세술이냐? 이 질문은 어디까지나 그의 인간 및 작품의 본질에 관한 질문이요 따라서 이 책이 상론할 일은 아니다. 그러나 어쨌든 김종한은 「누구보다도 먼저 춘복을 입」으려던 그의 의지처럼 文章 출신 중에서 가장 일찌기 자기의 좌표를 마련한 사람이었고 또한 그 무렵의 시류에 동조한 유일인이었다는 것은 분명하게 말해도 좋을 것 같다.[46]

임종국 특유의 신중하면서도 단호한 태도를 엿볼 수 있다. 과연 임종국의 발언대로 '인간의 본질'에 관한 평가는, 혹 그 대상에 대한 연구성과가 풍부하게 축적되었다 하더라도 쉽게 내릴 수 있는 것은 아니다.

년』, 신구문화사, 1971; 이영미, 「일제시대의 대중가요」, 『노래 1』, 실천문학사, 1984; 앞의 전선아 논문 참조.

46) 임종국, 『친일문학론』, 평화출판사, 1979, 232~233면 참조.

그러나 그의 초기 문학 수업 시대의 면모에 국한시켜 볼 때, 이 시기의 김종한은 임종국이 진단한 바와 같은 '명민한 시대감각'을 연상케 하는 생의 스타일을 일부 보여주었다고 해도 크게 무리는 아닌 듯하다. 물론 이런 '명민함'이 김종한이라는 인간의 총체적 특성이라고 단정할 수 없음은 물론이다. 앞에서 보아온 바대로 그는 '상실한 어머니'라든가, 향토와 민요 장르에 대한 집착, 그리고 형식주의와 유물론이 공존하는 다중적인 문학관 등을 이 시기에 노출해 왔기 때문이다. 그의 생애와 문학에 대한 전체상이 보다 뚜렷하게 제시될 수 있을 때까지, 그의 인간과 문학에 대한 구체적 연구, 나아가 평전적인 종합적 연구가 본격화되어야 할 필요성을 실감하는 것은 물론이다.

5. 결론

김종한의 초기 문학 수업 시대 면모의 일단을, 유소년기의 성장사적 측면, 문학관의 형성과 주변 문인과의 영향 관계, 당시 그가 가장 큰 능력을 발휘했던 장르인 민요시 창작 및 민요 이론 중심으로 고찰해보았다. 각각의 검토 결과를 요약·제시하면 다음과 같다.

첫째, 그는 시인이자 한학자였던 외조부를 문학적, 인격적 모델의 하나로서 학습하고 있었을 가능성이 있다. 김종한의 한학적 소양, 낭만적 시인으로서의 면모, 유머러스한 독설을 구사하는 발화 스타일 등의 이면에서 외조부로부터의 영향을 읽을 수 있었다.

두 번째, 김종한은, 계모와의 갈등 때문에 평생을 불우하게 살았던 일본의 시인 고바야시 잇사[小林一茶]와 연민적 교감을 나누고 있었음을 확인할 수 있었다. 김종한 자신도 양자로서 '모성애의 결핍'이라는 트라우마를 안고 있었기 때문이다. 이후 그는 자신의 양자 체험을 민족적 차원으로 확대시키는데, '결핍된 모성체험'의 보상이라는 과제가 그의 생의 주요 과제로 기능하고 있었을 가능성을 제시해 보았다.

세 번째, 역사나 민족 같은 문제가 아니라 실연 때문에 문학을 시작했다고 공언한 그의 발화스타일 속에서, 그가 사적(私的)인 세계를 중시하며 거리낌 없이 자신의 감정을 표현하는 새로운 문학세대로서의 특징을 갖고 있었음을 확인해 볼 수 있었다.

네 번째, 그는 김억에게서 인정을 받고 문학을 시작한 것이 아니라, 소년기부터 그를 사숙(私淑)하고 있었으며, 후일의 그의 문학론 속에 김억의 형식주의적 문학관과 '관념의 육화'론의 흔적이 짙게 남아 있음을 확인할 수 있었다.

다섯 번째, 그가 청년기에 다수 발표한 신민요 속에서 김종한의 시적 재능 및 향토적 세계, 전통 여성의 삶에 대한 공감도의 깊이를 확인할 수 있었다. 이 체험이 그의 '신지방주의론'의 맹아가 되었을 가능성도 생각해 볼 수 있었다.

여섯 번째, 그의 신민요론 속에서, 그가 현실의 추이를 냉철하게 분석해내는 분석가적 기질과 대세에 거스르지 않는 처세 스타일을 갖고 있었음을 추측해 볼 수 있었다. 또 그는 김억류의 형식주의적 관점 이외에, 문학현상을 사회과학적 안목, 즉 유물론적 안목을 갖고 분석하는 관점 역시도 갖고 있었음을 확인할 수 있었다.

김종한의 일본 유학 체험과 '순수시'의 시론*

발레리, 브루노 타우트, 호프만스탈 체험과 관련하여

1. 김종한의 또 다른 세계

김종한은 자신의 일본 체험과 관련된 기록을 다수 남긴 문인 중의 하나다. 특히 그가 시국관련 작품을 발표하던 시기에 씌어진 「새로운 사시(史詩)의 창조」(1942) 및 일어시집 『어머니의 노래』(1943) 발문에 수록된 그의 회고담은 이 방면의 기록으로서는 단연 체계적이고 논리적인 특징을 띠고 있다. 이 속에 언급된 일본 및 서양 문인 및 작품명들은 고바야시 잇사[小林一茶], 스즈키 미에키치[鈴木三重吉]의 단편, 알퐁스 도데의 「마지막 수업」, 프랑시스 잠, 모리스 발레스, 야나기타 구니오[柳田國男], 후쿠시 코오지로[福士幸次郎], 모리 오오가이[森鷗外] 등인데, 이 항목들은 김종한의 독서력에 관한 유일한 선행 연구라 할 수 있는 오오무라 마스오 교수의 논고(1979, 2007) 속에서도 중요하게 다뤄지고 있다. 특히 김종한의 신지방주의론과 관련된 중요 인물인 모리스 발레스 등에

* 본 논문은 2006~2008년도 일본학술진흥회 과학연구비 보조금의 지원으로 씌어졌음.

관해서는 상당 정도로 구체적인 논의가 진척되어 있다.[1)]

한편, 김종한이 남긴 기록들 중에는, 위와는 성격이 또 다른 기록들이 발견된다. 그가 일본대학 예술과를 졸업하고 '부인화보사'에 근무하는 한편으로 국내문단에 평문과 시를 발표하면서 '제2의 김문집'으로 활동하던 시기(1938~1940)에 발표한 글들이 그것이다. 이 글들 속에서 그가 제시한 서양 인명은 테에느 · 포오 · 말라르메 · 보들레르 · 발레리 등의 상징주의자와, 니체 · 브루노 타우트 · 호프만스탈 · 세실 코노라이 등이다. 이 시기의 그는 자신의 문학관의 사상적, 문학적 근거로서 '순수시' '영원' '최고의 상태' '최고의 자기' 등의 용어를 사용한 바 있다.

이 시기의 김종한은, 그의 문학 활동의 표제어처럼 불리고 있는 '신지방주의론'의 세계와는 또 다른 세계를 소지하고 있었던 것으로 보인다. 구체적인 검토의 필요성이 제기됨은 물론이다. 본고에서는 이 시기 김종한의 문학 체험 중, 그의 시관 내지 문학관을, 그가 가장 많이 인용한 발레리, 그리고 브루노 타우트, 호프만스탈, 한산시에 초점을 맞춰 검토해 보기로 한다. 김종한이 쓴 모든 자료는 『김종한전집』에서 인용한다.[2)]

2. '관념의 육화론(肉化論)'과 대학시절의 독서 풍조

김종한의 국내 평단 데뷔작에 해당하는 것은 1939년 9월 『문장』에 발표된 「나의 작시 설계도」다. 그러나 김종한은 이전에도 당시 문학체험을 엿볼 수 있는 단문들을 발표한 적이 있다. 김광섭의 시집에 대한

---

1) 大村益夫, 「金鐘漢について」, 『旗田巍先生朝鮮歴史論集』下, 1979.3; 大村益夫, 「세 시인의 궤적」, 인하대 강연 원고, 2007.6.

2) 藤石貴代 · 大村益夫 · 沈元燮 · 布帶敏博 편, 『金鍾漢全集』, 綠蔭書房, 2005.

평문 「시집 『동경(憧憬)』 독후감」(1938.10), 대학시절의 수필 「졸업을 앞둔 예술의 전당」(1938.10)이 그것이다. 차례대로 본다.

> 우리에게 너무 큰 불행은 시집 『동경』 중의 대부분의 작품은 이 예술적 현실 또는 추상된 세계 이전의 지점에서 영탄하고 있다는 사실입니다. 난해하다면 그것은 「바레리-」와 같은 의미의 난해가 아니라 「요설」의 난잡성에 기인하는 난해일 것이외다. ……
>
> 시인은 인생비판이나 사회비판을 가져야 할 것입니다. 그러나 **순수의 예술시, 즉 서정시를 창작할 때는 그러한 관념을 노출하거나 논의해서는 안될 것입니다**…….
>
> 작자가 현학적인 육체화되지 못한 시론에 얽맷히워 타고난 풍부한 시정(서정정신)까지를 상실하고 있다는 곳이였습니다.[3](강조는 인용자)

위의 글에서 돋보이는 점은 그가 '서정시'를 '순수의 예술시'라는 관점에서 보고 있다는 점이다. 이것이 의미하는 바는 뒷장에서 다루기로 한다.

두 번째 요점은 이 글이, 시창작 방법론의 기본 항목, 즉 '관념의 육화론'을 해설하고 있다는 점이다. '관념의 육화론'은 당시까지는 그렇게 진부하지 않은 논의였을 가능성이 있다. 이것은 소년기 김억의 문학적 스승이었던 김억의 논리를 그대로 연장해놓은 것이기도 하다.[4]

세 번째는 발레리의 등장이다.

> **바레리-를 말할수없는 사내하고는 연애 안할테야-라고 피녀가 선언한것이 우리들의바레리-열을** 배가시킨 것도 사실이엿습니다. (…중략…)

---

3) 김종한, 「詩集 『憧憬』 讀後感」, 『海峽』, 三文社, 1938.10, 375~377면.

4) 심원섭, 「金鍾漢의 초기문학 수업 시대에 대하여」, 『한국문학논총』 46집, 2007.8, 317~325면.

지하실-거기는 [조선학생동우회]라는 간판이 부터잇습니다…… (…중략…)

우리는 이 어두컴컴한 지하실을 중심으로하고 멀리 [신곡]으로부터 [유리씨즈]까지의 명작을 연구햇스며 **테-누**의 [**예술철학**]을 독하고 **바레리**-의 [**시학서설**]을 논하얏던 것입니다.

화제는 미술로 영화로 음악으로 연극으로 미치지안는곳이없섯습니다.

때로는 **초현실파 야수파**를 발하야 예술관의 영역을 넓히기도 하고 또는 **도스토에프스키**를 끄집어내여 사색의 기피를 닥기도 하얏습니다.

그러나 지금은 12월. …… 졸업! 그것은 우리에게는 너무나 무서운 단어외다. 아무리 훌륭한 바레리-론도 취직선전에서는 하등의 효과를 못가지기 때문입니다. ……[5] (강조는 인용자)

김종한의 일본대학 재학시절의 독서력의 일단을 엿볼 수 있다. 일본 유학생들의 기록에서 흔히 볼 수 있는 세계문학전집, 도스토예프스키와 같은 러시아 작가에 대한 경도, 그리고 테에느의 『예술철학』과 발레리의 『시학서설』이 유행 중이었다는 사실, 특히 발레리가 강조되고 있다는 점 등을 확인할 수 있다.

3. '최상의 자기'를 모방하라—발레리의 시 수행론(修行論)

김종한은 일본대학 졸업 후 『부인화보(婦人畵報)』지의 기자로 일하면서 수편의 단문을 썼는데, 이 중에는 발레리를 적극 인용한 글이 하나 있다.

---

5) 김종한, 「卒業을 앞둔 藝術의 殿堂」, 『朝鮮日報』 夕刊, 1938.12.26.

그럼 어떤 것이 「진실한 새로움」일까요.

그 답으로는 역시 발레리의 탁견을 인용하는 것이 딱 들어맞을 것같습니다.

A)－독창성을 바라서는 안 된다. (…중략…) 아침에 독창적이었던 것은 (…중략…) 그것이 현저하게 참신한 것이었기 때문에 더더욱, 저녁에는 원래 새로웠던 그것이 진부해지면서, 참을 수 없는 악취를 가진 것으로 변하는 것이다.－낡은 것과 동시에 새로운 것도 경멸하라 (…중략…) 현대 시인 중에서 가장 새롭다고 기억되고 있는 발레리가 말씀하신 내용이니까, 일단 신용해도 될 것 같습니다. (…중략…)

발레리는 10년 전에, 그렇게 되어야 한다고 가르치고 있습니다. 시인이란 귀중한 보물이지요.

B)－예술가에게는, 자기 자신을 모방한다는 것을 깨닫는 것이 간요하다. 『자신의 최상의 상태』를 모델로 해야 한다.

하여튼, [당신의 최상의 상태]를 모델로 해서 당신의 핸드백, 모자, 양복지의 색을 선택해야 하는 것입니다.[6] (A, B는 인용자가 첨가. 강조는 인용자)

새 유행을 갈구하는 부인들에게 개성적인 패션을 선택하라는 내용이다. 부인용 주간지 속에 발레리가 등장하는 것이 다소 희극적이나, 한편으로는 이 속에서 당시 김종한이 갖고 있었던 발레리 이해의 요약적 형태를 엿볼 수 있다.

그가 인용한 발레리의 발언 요점은 두 가지다. 첫째, 새로움과 독창성은 한시적인 가치밖에 갖지 못한다, 두 번째 자기 자신을 모방하되, 자신의 최상의 상태를 모방하라.[7]

---

6) 김종한, 심원섭 역, 「詩人が語った「新しさ」について」, 『婦人畫報』, 1939.8. 이하 김종한이 썼거나 인용한 모든 일문도 졸역이다.

7) A의 인용 근거로 볼 수 있는 근거는 현재 미확인. B는 佐藤正彰 篇, 『世界文豪讀本ヴアレリイ篇』(第一書房, 1938.6), 222면에 그 정확한 내용이 수록되어 있다. 당시의 문학잡지나 학생들이 접할 수 있었던 요약적 지식, 혹은 강의 등을 통해서 김종한이 이를 접했을 가능성을 생각해 볼 수 있다.

일반적으로 '독창성'이란, 데뷔를 꿈꾸는 문학도들이 간직하고 있는 금과옥조의 하나다. 자신 역시도 데뷔한 지 얼마 안 되었던 김종한이 이를 부정하는 논리를 제기하고 있음이 흥미롭다. 이어 김종한은 그 '독창성'보다 높은 차원에 존재한다는 또 다른 세계를 제시한다. 외부세계 속에서 가치를 발견하려고 하지 말고, 자신의 속에서 발견하라, 단 일상 차원의 자신이 아니라 모종의 수행을 통해서 자신이 최상의 상태에 이르렀을 때, 그 차원의 자신을 모방(표현)하라는 이야기를 인용하고 있다.

일단 김종한이 중시하고 있었던 발레리의 이런 세계는, 그 사상유형적인 측면에서 본다면, 물질세계의 운동과정을 중시하는 유물론의 반대 지점, 즉 주관세계 내지 인격적 이상의 실현을 중시하는 관념론 사상에 근접해 있다고 할 수 있을 것이다.[8] 이런 점에서 1930년대 일본유학생 문인 중의 하나인 김종한의 사상적 지향점의 하나가 여기에서 확인된다고 할 수 있을 것이다.

남은 문제는 김종한이 강조한 발레리의 '최상의 상태'가 구체적으로 어떤 것이었는가 하는 것이다. 이 점은 이미 국내에 번역 소개된 다음의 업적 중에 상당히 자세하게 소개되어 있는 것으로 판단된다. 마르셀 레몽에 의해 씌어진 발레리론의 일부를 인용한다.

> "단 한 번도 제신을 닮아보고자 기도해 본 적이 없는 인간은 인간으로서의 자격이 없다" 발레리로 볼 때 정신적 인간의 고유한 목표는 자아 속에서 순수한 의식이 아닌 일체의 것과 구별되는 것이다(194면).
>
> 이같은 지적 금욕의 끝에 이르면 순수한 자아는 하나의 우주적 점으로, 개체로서의 버팀대를 상실한 하나의 이름없는 힘으로 변하고 만다. 그 사실을 뒷받침하려는 듯이 발레리는 이렇게 말한다. 정신의 인간은 "마침내 그 무엇으로도

8) 久野修·鶴見俊輔, 심원섭 역, 『日本近代思想史』, 문학과지성사, 1994, 11~32면 참조.

되지 않으려는 무한한 거부 그 자체로 집약되려고 고의적으로 노력하지 않으면 안 된다." 이리하여 자기에 대한 절대의식에 도달하기 위해서는 천성과 삶에서 떨어져 나오고 끊임없이 자신의 내면에서 그 천성과 삶을 부정하는 일이 필수적이다. 이런 각도에서 볼 때 우리는 발레리가 일체의 감정적이고 정신적인 삶(평범한 의미에서)으로부터 벗어나는 일에 무한한 주의를 기울이는 기이한 종류의 신비주의자라고 규정할 수밖에 없을 것이다.(195~196면).

따라서 중요한 것은 원초적인 것, 근원적인 것에까지 길을 트고 삶의 원천에까지 거슬러 올라가서 우리가 생각하는 것 속에 숨은 "우리 자신의 실재"에 도달하는 일이다.(202면).

"살려고 애써야 한다." 물론 그럴지도 모른다. 그러나 삶은 일단 절대적인 자기인식과 자기 통어라는 신기루에 홀려본 사람에게는 마지못한 대안에 지나지 않는다.(214면)[9] (강조는 인용자).

위의 기록으로 보건대는, 발레리의 인생의 목표 내지 삶의 과정이란 결국 "순수한 의식" 혹은 "순수한 자아" 내지 "우리 자신의 실재"의 실현에 요약되어 있다고 생각된다. 그것의 실현 과정은 일체의 불순한 것들(평범한 의미에서의 감정과 정신의 세계)을 끊임없이 배제해 가는 과정이다. 그 노력은 결국 "제신을 닮아보고자 기도"하는 과정으로 요약된다. 이 과정은 실은 '神과의 합일'(기독교)이라든가 '깨달음을 얻어 붓다가 되는 것'(선불교)과 같은 식으로 표현되는 종교적 수행과 그 논리적 골조가 거의 다를 바 없다고도 생각된다.

다음은 시에 대한 발레리의 생각을 소개한 부분이다.

말라르메와 마찬가지로 발레리도 말을 사고의 전달에 적합한 의사 교환의 도구로 — 일단 그 기능을 완수하면 소멸해버리는 도구로 — 사용하는 것이 아니라,

9) 마르셀 레몽, 金華榮 역, 『프랑스 현대시사』, 문학과지성사, 1983, 각각 202, 210, 211면.

말들을 암시력과 심리적 창조력에 따라 결합시켜 사용한다. 독자의 총체적 자아에 영향력을 행사하고 그의 내면에 자연보다 더 강력하게 비범한 활력과 감동을 촉발시키는 데 시인의 사명이 있기 때문이다. 합리적인 노래이기는커녕 삶에서 이끌어낸 것이고 항상 삶 그 자체처럼 애매한 것인 시는 여러 가지의 분위기가 압력을 행사하는 일종의 초자연을 형상화한다.

폴 발레리는 (…중략…) 철학은 "그것이 사용하는 도구에 의하여 규정되는 것이지 그것이 다루는 대상에 의하여 규정되는 것이 아니라"라고 말하기를 그는 즐겨한다. (…중략…) 시는 일체의 교육성과 무관한 것으로서 그 자체의 과육과 떼어낼 수 없는 것이며 번역되지 않는 것이다. 시는 끊임없이 이미지들과 음악의 명암 속으로 길을 개척해 나가고, 시를 활성화시켜 주는 원천과의 접촉을 단절하는 법도 없고, (…중략…) 동시에 시 전체가 철학적 반성을 유도한다.

자기 자신을 극도로 심화하고 우발적인 사고를 무시한 채 오로지 근본적인 것만을 포착하려다 보면 마침내는 개인적인 것, 특수한 것을 초월하여 보편성에 이르게 된다. 낭만적인 자아의 시가 이처럼 어떤 정신의 시로 탈바꿈하는 것에 관한 한 말라르메가 이미 그 모범을 보여준 바이다. (강조는 인용자).

이 논의 속에 드러난 요점을, 첫째 시어의 속성에 관한 것, 두 번째 궁극적인 시의 의미, 세 번째 작시 과정의 의미로 나눠보면 다음과 같이 요약 가능하지 않나 생각된다. 첫째 시어는 의사전달의 도구(산문의 언어)가 아니며, 암시력과 심리적 창조력 혹은 음악과 이미지의 통일체로 존재하는 독립적인 존재다. 두 번째 시가 궁극적으로 지향하는 것은 독자가 고차원적 삶을 동경하게끔 철학적 반성을 요구하는 "초자연" 그 자체다. 즉 일반적인 서정시(낭만적인 시)가 아닌 "어떤 정신의 시"에 도달한 시가 최종적 목표가 된다. 세 번째 작시과정이란 특수성(개별성)을 넘어서 "보편성"에 도달하려는 시적 철학적 노력의 일환이다.

김종한은 앞에서 '자신의 최상의 상태를 모방하라'는 간단한 언어로 써 그의 발레리 이해의 일단을 드러냈다. 그가 이해한 발레리가, 위에 인용한 마르셀 레몽의 이해와 얼마나 일치하는지는 확언할 수 없으나, 최소한의 유사성을 갖고 있다고는 할 수 있을 것이다.

김종한은 위의 글 이후에도 발레리의 말을 자주 인용한다. 그리고 자신이 경도하고 있었던 것으로 보이는 브루노 타우트, 호프만스탈이라는 인물의 발언도 자주 인용한다. 그런데 그가 인용한 브루노 타우트와 호프만스탈의 발언 내용들은 앞서 본 "자신의 최상의 상태를 모방하라(발레리)"와 상당한 의미적 상관성을 가진 것으로 드러난다. 이것을 보면 그가 당시 이해했던 발레리의 모습을 보다 구체적으로 알 수 있음은 물론 당시 김종한이 갖고 있었던 사상의 일관적 면모를 보다 더 구체적으로 알 수 있게 될 것으로 판단된다.

4. 자율적 시관과 '최고의 순간'이 의미하는 것

김종한의 국내 문단 데뷔평론인 「나의 作詩 設計圖」는 상당히 논쟁적인 방식으로 씌어진 글이다. 논쟁의 대상은 당대 최고의 비평가로 불린 최재서인데, 김종한은 그를 비판하면서 자신의 문학관을 제기하는 방식으로 논리를 전개해가고 있다.

詩에 要求할 思想性

대저 데모크라시-를 연설하든 시로 맑시즘을 연설하고 다시 그것으로 知性을 연설했다고, 제군은 그런 것을 시 자체의 進化라고 생각할 수 있는가.

우리가 시에 요구할 사상성은 본질적으로 그러한 산문으로서도 가능한 관념은 아니다.

그것은 사상이 너무도 生動하는 또는 旋律的인 내지는 非反省的인 운동에서만 가능한, 〈그러한 관념〉(사상)이어야 한다(바레리이).

다시 말하면 산문이 될 수없는 〈그러한 관념〉을 가진 부분이 시가 된다. 거기서 시문학의 獨自性과 自律性이 분화되는 것이다. 최재서씨의 詩에 대한 認識不足은 散文에 要求할 思想性을 詩에 요구하얏고 다시 詩의 目的性을 思想의 도구로 전락시키고 말았다. 그러한 견해에 의하면 시의 究極은 크로포트킨의 「靑年에게 주노라」라는 名文演說과 같은 것이라는 終結이 될것이아닌가.

單純美의 作詩設計

최씨는 다시 主題의 詩를 主張하야(문예연감) 그의 詩文學에 對한 無知를 暴露하고 있다. 한마디로 말하면 主題를 가진 길다란 詩를 써야 한다는 것이다.

그러나 내가 尊敬하는 건축가 부루우노.타우트博士는 確實히 최씨보담은 藝術을 理解한 사람이었다.

—東洋藝術의 特質의 하나는, 藝術觀이나 世界觀을 적은 對象 중에 宇宙的인 精神으로서 感受하는 곳이었다.

起林의 [氣象圖]1권의 世界와 [伐木丁丁] 4자가 內包하고 暗示하는 世界와, 諸君은 그어느것에서 더 큰 世界를 느끼는가.

호프만 스타아르의 광대무변한 감수성은 작시의 심리적 과정을 다음과 같이도 설명한다. **〈시인은 그의 印象을 그의 最高의 순간에서 다만 配列하면 그만이다. 그가 배열한 것에는 스사로 조화가 있으리로다.〉**

이 最高의 순간은 시간적으로 순간이기 때문에 참의 시는 항상 적은 형태를 갖추게 되는 것이다.[10] (강조는 인용자)

김종한이 비판하고 있는 최재서의 글은 1938년도 시단을 총평한 「詩

10) 김종한, 「나의 作詩 設計圖」, 『文章』, 1939.9; 『全集』, 384면.

壇」이라는 글이다. 이 속에서 최재서는 1938년 출간된 노천명의 『산호림』·임화 『현해탄』·박세영 『산제비』·윤곤강 『만가』·김광섭 『동경』·이찬 『분향』·이용악 『낡은 집』 등 12권의 시집을 대상으로 1938년 시단의 총괄을 기도하고 있다. 이 속에서 그는 주제의 빈곤, 시세계의 협소함, 청년 시인들의 불건강한 시작 경향, 시론의 빈곤 등을 지적한 바 있다.[11] 김종한은 이 최재서를 비판하는 한편 발레리와 브루노 타우트·호프만스탈 등의 견해를 인용하면서 시에 대한 자신의 理想을 설파하고 있다. 당시 제1급 비평가인 최재서의 글을 비판의 대상으로 삼은 점, 그리고 명사들의 이름을 다수 나열하는 논지 전개 방법으로 보아, 신진 비평가로서 야심적인 의도를 당시의 그가 갖고 있었음을 알 수 있다. 그가 이 글 속에서 제시하는 요점들은 다음과 같다.

첫째, 발레리의 견해에 기댄 것 : 시는 산문·사상 등 외부적 요소와 다른 '독자성'과 '자율성'을 갖고 있다. 시는 도구적 언어가 아니다. 시에 있어 사상이란 작품 속에 완전히 육화된 경우에만 인정을 받을 수 있다.

둘째, 브루노 타우트와 호프만스탈의[12] 견해에 기댄 것 : 시인에게 찾아오는 '최고의 경지'는 순간적이다. 따라서 서정시의 이상형은, 예술관이나 세계관이 압축적으로 형상화된 단형시(短形詩) 속에 있을 수밖에

11) 『昭和十四年版朝鮮文藝年鑑』, 人文社, 1940, 17~21면. 이 중에서 특히 김종한이 문제삼고 있는 임화 관련 기록을 인용하면 다음과 같다. "林和氏의 詩가 아직 粗雜함을 免치 못하면서도 우리의注目을 끄으는것은 무엇보다도 그가 커다란 내부세계를 가지고 있기 때문이다."(위의 책, 19면)

12) 브루노 타우트(1880~1938) : 독일 건축가. 1933년 일본인터내셔널건축회의 초청으로 도일. 가츠라 리큐(桂離宮)을 들러본 뒤 영원한 미의 구현체라고 찬탄하였다. 일본미를 세계에 알린 '일본미의 전도사'로 불린다. 호프만스탈(1874~1929) : 오스트리아 출신의 독일시인. 예술스타일의 면에서는 낭만주의와 인상주의를 거쳐 상징주의에 도달하였으며, 理念의 실현을 꿈꾼 시인, 영원성과 자기 내면 탐구의 시인, 존재론적 탐구의 시인 등으로 불린다. 板倉ともね 譯, 『ホフマンスタル詩集』, 思潮社, 1968; ブエルナフォルケ, 橫山滋 역, 『ホフマンスタール』, 理想社, 1971; 호프만 스탈, 조두환 역, 『지나가는 사람에게』, 혜원출판사, 1992 후기 및 해설 참조.

없다. 정지용의 「장수산(長壽山)」의 "벌목정정(伐木丁丁)"과 같은 대목이 그 예다.

위에서 본 바와 같이, 김종한이 문학의 자율성과 독자적인 미학성을 주장하고 있다는 의미에서, 그는 소위 '형식주의자'로 불릴 수 있는 소지를 갖고 있다. 그러나 그의 '형식주의'가 내용을 완전히 무시하는 종류의 형식주의와는 다른 점을 갖고 있다는 것은 주목해야 할 것이다. 그에게는 그 나름으로 중시하는 '내용'이 있기 때문이다. 이것은 김종한이 인용한 호프만스탈의 발언 중에서도 잘 나타난다. 보다 명료한 이해를 위해 호프만스탈 인용문과 앞장에서 인용한 발레리의 인용문을 나란히 배열해 본다.

> 시인은 그의 인상을 그의 최고의 순간에서 다만 배열하면 그만이다. (호프만스탈)[13]
>
> 예술가에게는, 자기 자신을 모방한다는 것을 깨닫는 것이 간요하다. 『자신의 최상의 상태』를 모델로 삼아야 한다. (발레리)

위의 두 인용문에서 공통되는 것은 "최고의 순간", "자신의 최고의 상태"라는 정신적 범주다. 이 "최고의 상태(순간)"라는 것은 체험이 동반

---

13) 인용 근거 불명. 당시 출판된 호프만스탈 서적 속에서 발견할 수 있었던 일부분을 인용한다. "혼의 진(眞)체험, 마법의 언어가 아니라면 도대체 어떤 언어가 그것을 표현해낼 수 있을까? (…중략…) 혼의 풍경이란, (…중략…) 너무도 심하게 서로 뒤얽혀 있어 빛을 상실한 상태에서, 너무나도 충만하기 때문에 질식되어버린 무수한 생명의 무리들인 거지. 생명들이 서로 뒤얽혀 덩어리져있는 이 심연을 낱낱이 비춰내서 그 생명을 해방시키고, 그것을 모아서 은하수를 출현시키는 것이 가능한 때는 어느 한 순간뿐이야. 그리고 이 순간에 완전한 시가 탄생하는 것이지. (…중략…) 그런 시가 다소나마 탄생한다는 것은 기적 같은 일이 아닐까. 얼마간의 언어가 병렬해 있다가, 두들기면 검은 돌에서 불꽃이 피듯, 거기서부터 밤하늘과 같이 무한한 혼의 풍경이 갑자기 나타난다는 것 말이지. 그것은 시간과 공간 속에서 확대된, 우리의 내부에 존재하는 모든 감각 중에서 가장 뛰어난 하나의 감각이, 그 광경을 보려고 소생하는 듯한 풍경인 거야." ホフマンスタル, 富士川英朗 역, 『ホフマンスタル文芸論集』, 山本書店, 1942.6, 100~101면.

되지 않고서는 재현이 불가능한 세계일 터이니 논리적 설명은 불가능할 것이다. 그러나, 이것이, 앞장에서 본 바와 같이, 말라르메나 발레리가 시 작업을 통해서 추구해나갔다고 하는 '일종의 깨달음의 상태' 내지 "제신을 닮고자 하는 기도"와 상관성이 있음은 틀림이 없어 보인다.

그런 의미에서 문학청년시대의 김종한이 일본대학 시절 겪은 문학체험의 핵심 중의 하나는 이 "최고의 순간(상태)"이라는 용어 속에 잘 집약되어 있는 것이 아닌가 생각된다.

한편 그가 인용한 브루노 타우트 속에서는 위와는 다소 다른 표현이 발견된다. 그것은 '최고의 순간'을 그린 시가 갖춰야 할 형태란 어떤 것인가 하는 것과 관련이 있다. 보다 쉬운 이해를 위해, 김종한이 인용한 브루노 타우트의 부분, 그리고 당시 일본에서 출판되었던 부르노 타우트의 저서 속에 수록되어 있는 유사한 구절들을 나란히 배열해 본다.

> 東洋藝術의 特質의 하나는, 藝術觀이나 世界觀을 적은 對象 중에 宇宙的인 精神으로서 感受하는 곳이었다. (김종한)[14]

> 예술은 의미다.
> 최대의 단순 속에 최대의 예술이 있다. (브루노 타우트)
> [芸術は意味である。
> 最大の單純の中に最大の芸術がある。]

> 예술의 미는 단순한 형식의 미가 아니라, 그 배후에 무한한 사상과 정신이 연결되어 있는 그곳에 있음을 느낀다. (브루노 타우트)
> [芸術の美は單なる形の美ではなく、その背後に無限の思想と精神のつながりとの存することを感じるのである。][15]

---

14) 인용근거 불명.
15) ブルーノタウト, 篠田英雄 역, 『日本美の再發見』, 岩波新書, 1939.6, 각각 목차 이면, 129면.

일관성이 있다는 것을 알 수 있다. '최대의 단순한 형태 속에 무한한 우주적인 세계를 담을 것'으로 요약이 가능하다. 이렇게 보면 김종한이 갖고 있었던 시의 이상형이 무엇이었던 것인가가 보다 구체적으로 드러나고 있다고 할 수 있는 것이 아닐까. 지금까지의 논의의 예들을 종합해보면 '짧고 단순한 형태 속에 무한히 우주적이면서도 시인 개인이 도달한 최고의 상태를 순간적으로 표현하는 것', 이것이 김종한이 제시하려 한 이상적인 시라고 할 수 있겠다.

이런 명제들은, 물론 당사자들에게 있어서는, 상당한 내적 체험이나 실천과정의 결과로 결실된 것으로 보아야 하겠지만, 이것은 젊은 문학도들에게도 또 다른 매력의 대상으로 비쳤을 수 있다고 생각된다. 이런 명제들이, 장기간의 수행이나 인격적 성숙과정을 거칠 필요없이, 단숨에 '최고의 경지'에 오를 수 있다는 환상을 문학도들에게 제공할 수 있는 여지를 갖고 있다고 판단되기 때문이다. 20대의 야심적인 문학도 김종한은 아마 이런 이유로 해서 이런 명제들에 매료되었을 것 같다. 더 나아가서는 그 자신이 상당 정도로 이 경지에 도달했다고 착각했거나 혹은 그렇게 된 것처럼 과시를 하고 싶었을 가능성이 있다고 생각된다. 그러한 착각 내지 과욕이 없었다면, 대학을 갓 졸업한 함경북도 오지 출신 문학도가 당대 최고의 평론가를 정면으로 공격하는 행위는 이해하기 어려운 것이 아닐까.

5. 순수시(純粹詩)의 이상과 현실

이 '최고'의 경지에 대한 김종한의 논의는 후속 논의들 속에서 반복되면서 점점 구체화되어가는 모습을 보여준다. 한편으로는 '순수시'라는 용어도 등장하기 시작한다.

> 감정의 표출 : 최재서의 高評에 의하면 임화의 시가 아직 조잡함을 면치 못하면서도 우리의 주목을 끄는 것은 무엇보다도 그가 커다란 「내부세계」를 가지고 있기 때문이라고 합니다.
>
> 임화에게 어떠한 내부세계가 있는지는 내가 알바가 아니고, 임화가 아니라 아인스타인의 사상이라도 사상 자체는 직접으로는 시와 관련상을 가질 수 없는 것입니다. ……
>
> 어즈버 「最高의瞬間」에의 지향과 염원을 가지지 못한 감정이란 것이 얼마나 저급한 것인가를 우리는 절실히 깨달아야 할것입니다. 그것은 「시적 법열」이나 「神에의 일치」나 「氣運生動」이나 또는 「無邪念」 「眞性」 등의 용어로 번역하야도 좋습니다.
>
> 순수시의 이론도 쉽게 말하면 寒山詩의 서문인 「凡讀我詩者, 心中須護淨」에 가미한 것에 불과할 것입니다.
>
> 고뇌 자체가 가치가 있는 것이 아닙니다. 그 고뇌를 어떻게 수리하며 예술성에까지 승화시키는가, 하는 곳에 문학의 본령이 있는 것입니다. ……
>
> **寒山道 無人道**. 시문학의 正道를 걷는 참의 시단의 신세대들이여. 高慢하라. 비로-드 의복을 입고 가슴에 해바라기꽃을 차고 진고개 골목을 거닐만큼 高慢하라.[16] (강조는 인용자)

최재서는, 형상적인 측면에서는 문제가 많은 임화의 시의 이면에서, 민족주의나 마르크스주의가 지향하는 그 나름의 '최고의 세계'를 보아냈던 것 같다. 김종한은 이 세계를 단호하게 거부하였다. 이유는 하나다. 시가 미숙하다는 것이다. 이 논리는 앞서 논의해 온 바 '사상의 육

16) 김종한, 「詩文學의 正道」, 『文章』, 1939.10, 388면.

화론'이나 발레리의 시관 속에 포함되어 있는 내용과 다를 바가 없다.

그러나 그 밑의 기술 내용을 보면, 김종한이 이런 논지를 편 이유 속에, 어딘가 그가 갖고 있는 사상적 편향성이 작용하고 있는 듯한 감을 지울 수가 없다. 그는 자신이 '최고'의 경지라고 불러온 세계를 다른 용어로 번역하면서 구체적인 이미지를 독자에게 제공하고 있는데, 시적 법열(法悅)·신(神)에의 일치, 기운생동(氣運生動)·무사념(無邪念)·진성(眞性)·寒山詩(한산시)의 구절들이 그것이다.

이런 이미지들은 기독교·선불교·유교 등의 종교적 체험의 세계 내지 관념론적 사상에서 많이 사용되어 온 것들이다. 모두 개인의 내면에 대한 정신적 참구와 수행을 통해서만 성취할 수 있는 고차원의 세계라는 공통점을 갖고 있다. 가령 그가 '순수시의 정수'를 담고 있다고 한 한산시의 서문 전체를 보면 다음과 같다.

> 凡讀我詩者, 心中須護淨 慳貪繼日廉 諂曲登時正
> 驅遺除惡業 歸依受眞性 今日得佛身 急急如律令
> (이제 내 시를 읽는 그대들이여 / 모름지기 마음속을 깨끗이 하라 / 탐욕은 날을 따라 청렴해지리 / 아첨은 때를 좇아 바르게 되리 / 휘몰아 모든 악한 업을 없애고 / 부처님께 돌아가 진성을 받자. 오늘 이 생에서 부처 몸 이루기를 / 빨리 서둘러 꾸물대지 말아라)[17]

악업을 구제하여 청정한 본래의 마음(진성)을 회복하여 부처를 이루자는 이 구는 불가의 수행론의 대중판이다. 김종한이 이러한 수행의 세계를 얼마나 체험했는가 하는 점은 의심스럽지만, 어쨌든 그는 이런 소위 관념론적 사상이 '최고의 사상'이며, 이런 것이 시화되어 있는 세계가 최고의 시라는 인식을 갖고 있었다는 것은 확실해 보인다.

---

17) 최동호 편, 『金達鎭全集』 6(寒山詩), 문학동네, 2001, 19면.

다음은 이상적인 시란 구체적으로 어떤 것인가,에 대한 김종한의 속생각이 잘 드러나 있는 글이라고 생각되는데, 그의 사상적 편향이라 할 만한 요소 역시도 잘 드러나 있다고 생각된다.

> 현대를 광의로 寫實主義의 시대라고 말할수있다면 그것에 결합시킬 시단은 당연히 『純粹詩』 등의 **超俗的인 이념이어야 할 것입니다.** / 그리고 **明日의 西洋詩의 正統도 포오, 마라르메, 보오들레에르, 바레리이 等을 연결하는 순수한 시의 연장선상에 있다고** 보아도 좋을 것입니다. / 다시 말하면 **근대시는 어느 시대에서나 超俗主義란 특이성으로 그 시대의 문화의욕에 참고해왔든** 것입니다.
>
> 그러나 조선시단에서는 『문화의욕』의 그릇된 해석으로 低腦無智한 시인들이 **自然主義에 데모크라시이의 沒詩觀念을 결합시켰**습니다. 그때에 활약한 23인의 시인들은 演說草案 같은 시를 써놓고 떠들고 다녔습니다. / 여러분도 아시다시피 데모크라시이란 미국이 背獨宣傳의 프로파간다로 정책적으로 유포시킨 輕薄無比한 사상인 것입니다. 문학정신이 되기에도 너무나 속악한 그 사상이 어떠케하면 고귀한 시적 이념이 될 수 있겠습니까.
>
> 다시 충실한 **맑스의 제자들은 위대한 속물인 막스의 배설물을 시적 이념으로 오신하고 시의 예술성을 선전비라에까지 低落시켜버렸습니다.** / 문화의욕의 그릇된 해석을 그후에도 계속되었습니다. 기림의 『기상도』는 3面記事性을 시적 이념이라고 생각했고, 김광섭의 소위 『추상된 세계』도 작품을 따져보면 이 계통에 속하는 것이 없습니다.[18] (강조는 인용자)

이 글 속에서 김종한은 바람직한 시단의 모습으로 '초속(超俗)적인 이념의 순수시'가 지배하는 시단을 제시하고 있다. 물론 이때의 '초속적인 이념'이란, 발레리식으로 말한다면, '범연한 사고를 초월한 이상적 정신의 경지'를 의미하는 것일 것이다. 그리고 김종한은 이러한 '초속적인

18) 김종한, 「詩壇改造論」, 『朝光』, 1940.3, 403~404면.

순수시'가 근대 서양시의 주축을 이뤄왔다고 주장하고 있다. 아마도 이것은 그가 일본 유학시대에 접한 요약적 지식의 소산일 가능성이 높다.

이어 그는 자연주의, '경박무비하고 속악한' 미국식 데모크라시를 비판한 후 마르크스주의와 프로문학에 대한 그의 생각도 밝히고 있다. 무엇보다도 그는 마르크스주의 자체를 '위대한 속물 마르크스가 낳은 배설물'이라고 보고 있다. 그리고 그 배설물을 '시적 이념'으로 오인하고 선전물로 전락해버린 것이 '프로시'라고 보고 있다. 김종한의 사상적 편향성이 매우 뚜렷하게 그 모습을 드러내고 있는 부분이라고 할 수 있다. 그에게는 마르크스주의는 전적인 부정의 대상이다.

문학적 형상성이 부족함에도 불구하고 프로문학이 식민지 조선사회 속에서 강력한 생명을 유지해 올 수 있었던 데에는 그에 상당하는 이유가 있었다고 보는 것이 옳을 것이다. 임화의 시 속에는 그것이 살아 움직이고 있었으며, 그런 임화에 대해 최재서는 경의를 표했을 것이다.

젊은 야심가 김종한은 이런 점을 고려할 수 없을 만큼 발레리 숭배에 빠져 있었든가 혹은 모종의 야심으로 가득 차 있었든가 했던 것이 아닐까. 당시가 마르크스주의 열풍이 가라앉은 시대였다고는 해도, 그 사상이 조선사회 속에서 의미하는 바 내지 사회적 기능에 대한 최소한의 배려 내지 경의 같은 것이 김종한에게는 현저하게 부족했던 것 같다. 아마도 그는 일본대학 재학 중 『자본론』 등을 읽어본 적은 없거나, 마르크스주의에 대한 원색적인 비판이 담긴 요약적 담론들을 접했을 가능성이 많지 않나 추측해 본다.

어쨌든 이러한 강성 일변도의 주장을 김종한이 계속할 수 있었던 이면에는 김종한 나름의 확신의 세계가 뒷받침되어 있었을 것임을 추측해 볼 수 있다. 그것이 앞에서도 확인해 온 바, '최고의 정신의 세계'였던 것 같다. 그리고 그것이 구현된 문학의 세계가 '순수시'였던 것 같다. 그렇다면 그는 30년대 말기의 식민지 조선문단이라는 공간 속에서 그것을 어떻게 구체적으로 실천해야 한다고 생각하고 있었던 것일까.

자신이 강변해 온 발레리의 순수시론을 실제 시 속에서 예를 제시하는 국면에 이르면, 김종한의 논조는 갑자기 변한다.

(김종한)

그러나 당신(발레리 : 인용자)의 시론도 작시의 실제에는 의외에도 무력하다는 것을 느끼고 있습니다. 조선말로서는 「순수」한 시는 쓸수 있어도 『순수시』는 쓸 수 없지나 않을가 절망도 해보았습니다.

芝溶의 一代는 Naked Poetry의 朝鮮式 완성이었습니다. 나는 당신의 詩論과 화가 마티쓰의 쓰타일과 독일낭만파의 정신을 지양하야, 조선말로 쓸 수 있을 Pure Poetry를 창조해보려고 합니다. 십년후에나 결실될른지요.

이것은 딴말이나 기림 임화 재서 등은 밤낮 우리들의 시에 「思想」이 없다고 하는데 어떻게 했으면 좋을가요 정직히 고백하면 내심으로서는 一二次 반성도 해보았습니다.[19] (강조는 인용자)

이 글의 각 문단은 앞의 문장들과는 다르게, 일정한 논리적 단절이 있다. 김종한이 논리적 조작보다 자신의 속내를 충동적으로 표출하고 있는 증거라고도 볼 수 있다. 발레리의 '최고의 시'론을 근거로 한국 시사의 현실을 맹렬하게 비판해 온 김종한은, 그 발레리의 순수시를 한국 시의 현실 속에서 예시를 해야 하는 대목, 그리고 역시 시인인 자신이 이를 어떻게 실천을 해야 하는가 하는 대목에 이르자, 태도가 일변한다. "작시의 실제에는 무력감"을 느낀다고 솔직하게 고백하는가 하면 곧장 지용을 '순수시의 조선판'이라고 예시를 하고, 앞에서 맹공을 가했던 '사상'의 빈곤을 자신도 느낀다는 이야기도 고백한다.

그의 기세등등한 「시단개조론(詩壇改造論)」 속에서 처음으로 드러나는 이러한 논리적 혼란은 당연한 일이다. 그가 애초에 제시한 시의 발레리적 이상형은 '종교적인 것에 가까운 윤리적 수행을 거쳐 완전한 인

19) 위의 글, 406면.

격체를 이룬 자의 시'에 가깝기 때문이다. 그것은 기왕의 시를 비판할 때에는 효과적인 무기가 될 수 있지만, 그 전거를 제시한다거나 자신의 창작시로 그것을 입증하려 할 경우에는, 오히려 자신을 베는 무기로 변하는 것이 당연하다.

그러므로 "지용의 일대가 순수시의 조선식 완성"이라는 대목, 그리고 자신도 순수시를 10년 후에 결실해 보겠다는 내용은 어딘가 미봉책적이다. 지용이 30년대 시사의 거목임에는 틀림이 없고 또한 그를 문단에 내놓아준 은사임에는 틀림이 없지만, 그가 위대한 수행자 시인이었다고 하기는 어렵기 때문이다.[20] 아마 정지용이, 김종한이 이야기하는 바의 순수시에 근접하는 부분이 있다면, 그것은 발레리식 순수시보다는 "최대의 단순 속에 최대의 예술이 있다"는 브루노 타우트적인 개념에 일부 걸치는 데가 있다고 보는 것이 나을 것이다. 이를 포함하여 김종한이 이러한 '순수'한 문학관을, 후일 그가 빠져들게 되는 시국(時局) 문학의 소용돌이 속에서 어떤 방식으로 유지 혹은 변형, 혹은 타협해 나아갔는가, 이것을 확인하는 것을 금후의 연구과제로 삼고 싶다.

6. 결론

김종한은 1940년대 '시국'의 소용돌이 속에서 '신지방주의'만 주장했던 평론가가 아니다. 그에게는 전혀 상이해 보이는 문학관을 설파하던

20) 정지용 시의 사상성에 대해 극단적으로 높은 평가를 내린 국내 평자가 없지 않다. 「백록담」이 '명징의 경지' '무욕의 철학'의 소산이라고 평가한 김우창의 「한국시와 형이상」(『궁핍한 시대의 시인』, 민음사, 1977)이 그런 논의의 발원지라고 생각된다. 이에 대한 비판은 심원섭, 「정지용론, 명징과 무욕의 이면에 있는 것」(『1930년대 한국 모더니즘 작가 연구』, 평민사, 1999), 48~55면 참조.

시기가 있었다. 일본대학을 졸업하고 잠시 일본에 체류하면서, 국내 문단에 평론을 발표하기 시작하던 시기가 그것이다. 당시 그는 발레리 · 브루노 타우트 · 호프만스탈 등 일본에서 접한 서구문학 및 예술 체험을 기반으로 조선 시단에 새바람을 불러일으켜 보겠다는 의욕적인 평론활동을 폈다.

그는 발레리 체험을 통해서는, 시의 독자성과 자율성, 그리고 '최고의 상태에 이른 자신을 모방하라'는 원리를 소개했다. 그리고 수행을 통해서 완벽한 인격의 상태에 도달한 상태에서 씌어지는 시를 이상적인 시라고 주장했다. 부르노 타우트와 호프만스탈을 원용하면서는, 시인에게 순간적으로 찾아오는 '최고의 순간'을 압축적 형태로 표현하라, 단순 속에 무한을 표현하라, 라고 주장했다. 그리고 이러한 시의 상태를 종교적 법열이나 신과의 합일, 깨달음 등의 수행문화에 비유하여 설명했다. 그리고 이 모든 이상적 시의 상태를 종합하여 '순수시'라고 명명했다.

한편 그는 한국에서 '순수시'를 실천한 모범적 예로 정지용을 들었으며, 사상을 예술적 형상성의 위에 놓는 프로시 계열의 시, 그리고 마르크스주의 자체에 강한 거부감을 드러냈다. 자신의 경우는 '순수시'에 도달하기까지 10년이 걸릴 것이라는 유보조건을 달았다.

그가 당시 시의 이상형으로 삼아야 한다고 한 내용의 골자는, '종교적 수행에 근사한 내적 수행을 거쳐 완전한 인격에 이른 자가 압축적 형식으로 우주적인 것을 표현하는 것'으로 요약 가능하다. 그러나 이 세계는, '일체의 인간적인 제조건을 초월해가는, 혹독한 내적 수행의 세계'다. 그러므로 그가 제기한 시의 이상형은, 단기간에 완성 여부를 논할 수 있는 성질의 것이 아님은 물론 김종한 자신도 그 실천을 기약할 수 없는 '이상'에 불과한 것이었다.

이러한 이상주의적인 시론을 설파했던 그는 1942년 귀국하여 『국민문학』의 공동편집자가 되어 유명한 '신지방주의론'의 설교자로 변신한다. '명상적 철학도'가 되어야 할 '발레리 숭배자'가 시국적 담론들을 꾸준히 생산해내야 하는, 당시로서는 가장 '俗'적인 세계 속으로 진입하는 것이다. 이 '김종한의 발레리'가 이 광풍의 시대 속에서 어떤 방식으로 존재하고 있었는가, 이 점에 대한 계속적 고찰을 후속 연구 과제로 삼고 싶다.

김종한과 사토 하루오*

1. 김종한과 사토 하루오

일본 유학생 출신 작가들의 일본 체험이 그들의 문학 활동 속에 깊이 개입되어 있다는 것은 두말할 필요도 없다. 1930년대 후반부터 시·평론·번역 활동 등을 전개하다가 1944년 급성 폐렴으로 타계할 때까지 '시국기' 조선문단의 기린아로 군림했던 김종한 역시도 그러했다. 그의 일본 체험을, 크게 서구문학 체험과 일본문학 체험으로 나눠본다면, 일본 문학 체험의 한 편에 사토 하루오[佐藤春夫](1892~1964)라는 인물이 있다.[1] '문제(門弟) 3,000명'이라는 일본의 '국민작가'이자 문호, 그 사토

---

* 이 논문은 2006~2008년도 일본학술진흥회 과학연구비의 지원으로 이뤄졌음.

1) 김종한 관련 초기 논문인 大村益夫, 「金鐘漢について」(『旗田巍先生朝鮮歴史論集』 下, 1979.3); 藤石貴代, 「金鐘漢論」(『九州大學 東洋史論集』 17, 1989.1) 모두 사토 하루오를 부분적으로 다루고 있다. 김종한과 고바야시 잇사 관련 체험은 심원섭, 「김종한의 초기문학 수업 시대에 대하여」(『한국문학논총』 46집, 2007.8) 참조. 발레리·브루노 타우트·호프만스탈 등 서구문학 체험과 관련된 논고는 심원섭, 「김종한의 일본유학 체험과 '순수시'의 시론」(『한국문학논총』 50집, 2008.12) 참조.

하루오를 김종한은 일본 체류 시절 단 세 번 만났다. 그러나 그와의 만남을 회고한 김종한의 「사토 하루오 선생께」(1942.4)를 보면, 김종한은 그 만남에 커다란 의미를 부여하고 있었을 뿐 아니라, 생애 내내 그 인연을 소중하게 갈무리하고 있었음을 알게 된다. 실제로 그의 문학적 생애를 보아도, 사토 하루오와의 만남이 상당한 자극원으로서 자리하고 있음을 확인할 수 있다. 본고에서는 사토 하루오와의 만남이 김종한의 문학과 생애 속에서 어떠한 모티브로 작용하고 있었는가를 검토하는 데 목표를 두고 논의를 전개하고자 한다. 김종한의 작품 및 각종 기록의 인용은 『김종한전집』으로 통일하기로 한다.2)

2. 1 · 2차 만남과 시인 데뷔

김종한이 처음으로 사토 하루오를 만난 것은 1938년 이른 봄, 그가 일본대학 예술과에서의 마지막 학기를 보내고 있었을 때였다. 당시를 김종한은 다음과 같이 쓰고 있다.

> 처음으로 제가 선생님을 만난 것은, 분명히 소화 13년 이른 봄이었다고 기억하고 있습니다. 겨울을 마감하는 눈이 내리고 있던 어느날, 선생이 살고 계신 세키구치쵸(關口町) 일대의 주택가가 서양 책에서 읽은 고성(古城) 같은 기분이 들었습니다.
>
> 그때 저는 시인이 되려고 하는 저의 재능에 절망하여, 진지하게 귀농을 생각하고 있었습니다. 미련이라고 할 수 있겠습니까. 귀농 전에 한번 신뢰 가능한

2) 藤石貴代 · 大村益夫 · 沈元燮 · 布袋敏博 편, 『金鍾漢全集』, 綠蔭書房, 2005. 이하 이 책은 『전집』으로 표기하기로 한다.

선배에게 제 작품을 보이고 싶었습니다. 그래서 6,7편의 시를 선생님께 보냈는데, "귀고를 오늘 보았습니다. 「스페인풍의 연가」 「對句」 등의 시풍도 재미있지만, 「巨鐘」 「冬眠」의 본격적 시정도 경애스럽고, 조선의 고가요선 번역도 훌륭했습니다. 요컨대 모두 재미있게 보았습니다. 방향 설정은 이대로 괜찮다고 생각합니다. 한층 더 면학에 힘써 대성하기를 기대합니다. 사토 하루오"라는 선생의 엽서를 받고, 머리가 혼란해서 3시간 동안 망연자실해 있다가는 서서히 기쁨이 몰려왔습니다. 그래서 3일간 예순일곱 군데의 다방을 원정 다니다가는 4일째 눈이 흩뿌리는 그 날, 선생 댁을 방문했던 것입니다. (…중략…)

그 날에 대해선 아무것도 기억하고 있지 않습니다. 흥분했기 때문입니다. "문학을 하려는 조선청년들을 꽤 만났는데, 의지가 박약해서 아무래도 안 되겠어"라는 말이, 그 날의 수확의 전부였으며, 또한 선물이기도 했습니다. 하숙에 돌아오니, 한꺼번에 피로가 몰려와서 이틀이나 학교를 빼먹고 이부자리에서 뒹굴거리며 시인이 될 설계를 하고 있었던 것입니다.[3)]

김종한은 졸업을 앞둔 시기 자신의 재능에 절망을 하고 귀농을 준비하고 있었다고 썼다. 본인으로서는 심각한 인생 국면을 맞이하고 있었다는 말인데, 이것은 객관적으로도 정확했다고 하기는 어려운 데가 있다. 18세 때인 1931년부터 25세 때인 1938년 봄까지의 김종한의 문단 관련 경력을 간략히 소개하면 다음과 같다.

1931년(18세) : 번역시 「野老歌－岸曙의 譯詩論을 읽고」(『東光』발표).

1933년(20세) : 경성고등보통학교 재학중 시 「격류」가 학생문단가작으로 『東光』에 게재.

1934년(21세) : 3월 「임자업는 나룻배」(『別乾坤』제1회 신유행소곡 현상당선), 4월 「빨내하는색시」 가작 당선 (『別乾坤』), 3월 시 「決算」 「巨

3) 김종한, 심원섭 역, 「佐藤春夫先生へ」, 『國民文學』, 1942.4; 『전집』 435면. 이하 모든 일문의 번역도 졸역임을 밝혀둔다.

鐘」(『中央』), 11월 시 「巨鐘」(『朝鮮日報』)

1935년(22세) : 1월 민요 「베짜는색시」 당선(『朝鮮日報』 신춘현상문예), 2월 민요 「얄루강구비구비」(朝鮮日報』), 시 「雪景」(『東亞日報』), 5월 시 「셋집」(『朝鮮中央日報』), 10월 시 「오후 세시」(『朝鮮中央日報』)

1926년(23세) : 1월 민요시 「망향곡」(『東亞日報』 신춘현상문예 당선), 8월 「민요를 통해 본 길주 명천」(『朝鮮日報』) 당시 김사엽과 민요시에 관한 논쟁을 벌임.

1937년(24세) : 2월 「신민요의 정신과 형태」, 7월 「마전타령」, 9월 「백두산타령」 「벌목가」 日本大學 입학.

1938년(25세) : 1월 민요시 「명천방아타령」(『東亞日報』신춘문예 당선), 3월 민요시 「얄루강처녀」(『朝鮮日報』유행가)

비록 민요시를 중심으로 한 경력이긴 하지만, 조선일보와 동아일보 신춘문예를 석권하고 민요 관련 평론을 중앙지에 발표하여 김사엽의 주목을 끈 바 있는 이 경력은, 그의 국내 문단에서의 위치를 어느 정도 입증해주고 있다고 할 수 있을 것이다.[4] 다만 김종한의 주관적 욕망이라는 면에서 문제가 있었다면 그가 현대시인으로서 중앙문단에서 1급 시인으로 인정받아본 적이 없다는 점, 혹은 그렇게 되려는 노력을 자신감을 갖고 해본 적이 없다는 점이었을 것이다.

아마도 김종한은 졸업을 앞둔 청년기 특유의 자기 비하적 불안감, 혹은 자기 나름의 자신감을 바탕으로 실력을 공공연하게 인정받고 싶은 야심, 그리고 기왕이면 식민지 종주국 일본의 최고 문사의 인정을 받고 금의환향하고 싶은 식민지 청년 특유의 열등감에 기반을 둔 모험적 야심, 이런 심정들을 복합적으로 공유하고 있었던 것이 아닐까.

그가 일본 작가 중에서 사토 하루오를 선택한 이유는, 이상하게도 그

4) 당시의 김종한의 활약에 관한 전체적인 내용과 그 성격에 대해서는 심원섭, 「김종한의 초기 문학 수업 시대에 대하여」(『한국문학논총』 46집, 2007.8) 참조.

가 이유를 구체적으로 밝힌 적이 없어 명확히 알 수는 없다.[5)] 그러나 과거의 그의 작풍이나 후일의 그의 문단 활동의 면모, 그리고 그 성격적 측면을 고려한다면, 어느 정도 추정은 가능하다고 본다. 이 문제는 다음 장으로 다루기로 한다.

김종한이 사토 하루오에게 보내 인정을 받았다는 작품들 중 그의 생애 속에서 확인 가능한 작품은 「거종(巨鐘)」 하나다. 다른 작품들은 후일에도 김종한이 동제목으로 발표한 적이 없는 것으로 보아, 아마 사토를 만나기 전에 그가 발표했었던 작품들의 제목이나 내용을 일부 개작해서 사토에게 보냈을 가능성도 있다고 하겠다. 3개의 동제목 텍스트 중 그가 사토를 만나기 직전에 발표했던 「거종」을 보기로 한다.

巨鐘

　—普信鍾을 읊은

크다란 靑銅의 鍾이외다
녹은 거룩한自敍傳이랄가요
聲量은 알수없사외다
우렁찬 音色이였겠지요
幽遠한 餘韻이였겠지요
巨大한 心臟이, 덧없는追憶을
고요히 反芻할뿐이외다

---

5) 김종한과 사토 하루오의 관계에 대해 최초로 언급한 오오무라 마스오 교수는 이렇게 쓴 바 있다. "김종한은 하루오의 어디에 끌린 것일까. 자기 진로의 결정을 맡길 정도의 신뢰는 어디에서 비롯된 것일까. 당시는 김소운의 『조선시집』(코오후우칸, 1943)은 물론 『젖빛 구름』조차 아직 출판되지 않은 시기였다. 하루오는 『젖빛 구름』에 서문을 기고하고 있는데, 그 이전의 시점에서 조선과 어떤 관련이 있었을까. 어느 정도의 추측은 가능하지만, 이것도 앞으로의 연구를 필요로 할 것이다."(오오무라 마스오, 「김종한에 대하여」, 『윤동주와 한국문학』, 소명출판, 2001, 248면)

—沈默은,

아름답소외다[6)]

사토 하루오는 물론 일본어로 번역된 작품을 보았을 터이다. 그러므로 이 작품만으로 당시 사토 하루오와 김종한과의 관계를 재현해내기는 어려운 일이지만, 당시 김종한의 현대시가 도달했던 시적 수준을 어느 정도 가늠해 보는 것만은 가능하지 않을까 생각된다. 짧고 단순한 시형, 다소간의 설명적 요소가 있긴 하나, 사라진 역사의 추억을 거종의 이미지를 통해서 암시하려는 시적 의도, 청년기 김종한의 순진하고 솔직한 시적 발상을 읽을 수 있다고 본다. 표현 기교가 1급이라고는 하기 어려우나, 후일 "솔직(率直)하고 명쾌(明快)하고 단순(單純)하기 때문에 절로 쉬운 말과 직재(直裁)한 센텐스와 표일(飄逸)한 스타일을 가지게 되는 것입니다. 비애를 기지(奇智)로 포장하는 기술도 좋습니다"라는 정지용의 추천사 내용을 어느 정도 연상하게 하는 시적 자질을 보여주고 있음에는 무리가 없다고 생각된다.[7)]

김종한이 사토 하루오를 두 번째 만난 것은 1년 후인 1939년이다.

> 그로부터 1년 후 저는 어느 부인잡지에서 근무하게 되었습니다. 편집장이 매우 개방적인 사람이어서, 처음부터 "김상, 우리 잡지는 모드만으로는 안 되니까, 김상의 창의를 갖고 학예란을 한번 꾸며보지 않겠어요?" 이렇게 돼서, 저는 즉각 선생을 찾아뵙고 원고를 청탁드렸던 것입니다. 잡지사 기자가 된 젊은 제자가 자신의 계획을 안고 스승의 거처에 원고를 부탁하러 갈 만큼 기쁜 날이, 세상에 어디 있겠습니까?

6) 『三千里』, 1935.12, 202면; 『전집』, 25면. 그가 사토를 만나기 직전 발표한 「巨鐘」이 이것이다. 김종한은 『조선일보』(1934.11.29), 『중앙』(1934.3)에도 동제목의 작품을 발표한 바 있는데 『三千里』 수록 작품은 이들을 개작한 것이다. 같은 작품을 계속 개작해서 발표하는 것은 김종한의 발표 스타일 중의 하나다.

7) 정지용, 「詩選後」, 『文章』, 1939.8, 205면; 『전집』, 62면.

그런데, 그날처럼 엄격한 선생의 모습은 뵌 적은 없었던 것으로 생각합니다. 중견작가 모씨조차도 선생을 방문하면 긴장한다고 고백할 정도입니다. 하물며 제가 긴장한 것을 말씀드릴 필요도 없지요. "자네는 값싼 잡지기자가 돼갖고, 그게 자네 자신의 인간적 생성(生成)이라고 착각하고 있는 건가. 그럼 그렇지. 최근의 자네는 시도 전혀 안 쓰는 꼬락지가 아닌가." 말수 적으신 선생의 특이한 풍모가, 그런 걸 암시하고 있는 듯한 느낌이 들었습니다.[8)]

김종한이 근무했다는 어느 부인잡지란 "전전기(戰前期) 4대 부인잡지"의 하나라 불리는 『부인화보(婦人畵報)』(1909~)다.[9)] 김종한은 이를 "값싼 잡지"라고 자평했지만, 구직난 시대에 한국으로의 귀농 대신 유서깊은 잡지사에 취직하게 된데다가, 자신의 창의로 지면을 운영할 권리를 맡게 된 사회 초년생의 자부심이 위의 문안에서는 드러난다. 한편 원고 청탁을 하러 사토 하루오를 찾은 김종한의 의도는 일단 성공했던 것 같다.[10)] 그러나 사회 초년생으로서의, 혹은 식민지 출신 청년으로서의 자부심이라 할 만한 것은 위의 인용에서 보건대, 사토 하루오로부터 그다지 호의적인 대접을 받지 못한 것 같다. 그것이 "값싼 잡지사 기자" "시도 전혀 안 쓰는 꼬락지"라는 김종한의 상상 내용이다.

그가 그토록 존경했다는 사토 하루오와의 만남을 기록한 글 속에서, 무슨 이야기가 구체적으로 오고 갔는지를 김종한은 전혀 쓰지 않았다. 김종한의 말 그대로 사토 하루오는 과묵으로 일관했을지도 모른다. 혹은 그것이 식민지 출신의 사회 초년생 문학도를 대하는, 3,000명의 문제

8) 김종한, 「佐藤春夫先生」, 『國民文學』, 1942.4; 『전집』, 435~436면.

9) '戰前期 4大婦人雜誌'라는 명칭은 『婦人畵報』 影印本 書誌目次(『ゆまこ書房 書誌目次 시리즈』 68, ゆまこ書房, 2004.8)의 표지 참조.

10) 『婦人畵報』가 값싼 잡지라는 말은 김종한의 자기비하적 자평일 것이다. 문학전문지가 아니면서도, 김종한이 일하던 시기인 『婦人畵報』 1939년 7월호에는 '藝術'란에 佐藤春夫의 시가, '初夏의 詩'라는 주제 아래 室生犀星・三好達治・田中冬二・丸山薫 등의 시가 실려 있다. 모두 1930년대의 1급 시인들이다. 이 난을 김종한이 꾸몄을 가능성이 있다.

(門弟)를 '관리'하고 있는 사토 하루오의 방식이었을지도 모른다. 그러나 중요한 문제는 사토 하루오가 실제로 그를 어떻게 대했건 간에, 사토 하루오가 자신을 질책하고 있는 듯한 느낌을 김종한이 받았다는 점일 것이다. 왜냐하면, 이 체험이 김종한의 인생에서 상당히 중요한 모티브로 작용했다는 사실이 그의 이후 생애 속에서 확인되기 때문이다. 다음은 김종한이 사토 하루오를 두 번째로 만났던 1939년 봄 이후의 김종한의 문단 활동 내역을 발췌한 것이다.

4월 「歸路」(『文章』 추천)
6월 「故園의 시」 「그늘」(『文章』 추천)
8월 「할아버지」 「系譜」(『文章』추천 완료) 「路傍」 「산중」(『東亞日報』) 「노령이보이는거리」 「詩人が語った「新しさ」について」(『婦人畵報』)
9월 「나의 作詩設計圖」(『文章』) 「시문학의 正道－참된 시단의 신세대에게」(『文章』)
10월 「海港」(『東亞日報』) 「雪景」(『詩建設』) 「夏期休暇」 「길」(『白紙』)
11월 「백석－모닥불 주요한－봉선화 정지용－백록담」(『모던일본 조선판』) 「현대시와 모뉴멘탈리즘」 「에피그램의 서정시적 가치」(『東亞日報』) 「길」(『文章』) 「新制作派展」(『東亞日報』)

시인으로서의 김종한의 인생 중에서 가장 행복하고도 빛나던 시기의 활동 내역이라고 할 수 있지 않을까. 그는 30년대 시단의 대부이자 그의 마음의 스승이기도 했던 정지용의 추천으로 『문장』을 통해 추천을 완료한 후, 조선문단에서 즉시 주목을 받게 된다. 한편으로는 일본에서 습득한 자신의 시관을, 평론을 통해 의욕적으로 개진한다. 민요시인이 아닌, 시인으로서 평론가로서 조선의 중앙 문단에 정식으로 자신의 이름을 알리던 시기였음이 확연하게 드러난다. 무엇보다도 이 시기의 그가 행복했었다고 할 수 있는 것은, 이 시기의 그는 아직 시국문학의 소용돌이 속에 발을 들여놓기 이전이었기 때문이다.

이것을 우연이라고 할 수 있을까. 김종한과 사토 하루오의 만남의 과정과 그의 시창작 활동의 경계선은 거의 정확하게 일치한다고 할 수 있지 않을까. 사토 하루오가 김종한에게 준 문학적 자극의 내용은 구체적으로 공개되어 있지는 않지만, 김종한은 사토 하루오를 두 번 만나고 문학도로서의 자신의 나태를 스스로 질책한 후, 그의 일생 중에서 가장 중요한 비약기를 맞이했음에 틀림이 없어 보인다. 김종한에게 있어 사토 하루오의 존재가 중요한 문학적 자극원으로서 기능했음이 이렇게 확인된다고 생각한다.

3. 사토 하루오를 선택한 이유

7・5조 내지 5・7조 리듬을 구사하는, 고풍하면서도 소년적인 서정과 회고적 혹은 현재진행적 연애 감정이 충만한 초기시집 『순정시집(殉精詩集)』(1921), 청춘기의 우울한 내면 심리와 권태감을 그려나간 자전적 소설 『전원(田園)의 우울(憂鬱)』(1919)・『도시(都市)의 우울(憂鬱)』(1923), 한시 번역집 『차진집(車塵集)』(1929) 등 1937년까지만 해도 60여 권의 작품집을 출간했던 사토 하루오의 전성기는 역시 대정기이다. 그는 아쿠다가와 류노스케와 더불어 대정기 문단의 쌍두마차라고 불렸으며, 그의 명성은 아쿠다가와도 시기했을 정도라고 한다. 반면 그는 아쿠다가와(芥川) 상 전형위원(1935~)으로서도, 모든 장르에 걸쳐 작품 활동을 한 문호적 풍모의 문인으로서, 따르는 문제(門弟) 3,000명이라는 전설과 더불어 문단내의 실력자로서도 군림하고 있었다.[11)]

이러한 사토 하루오를 김종한이 "신뢰할 수 있는 선배"로서 선택했다면, 사토 하루오가 갖고 있는 이러한 거인으로서의 면모, 그리고 문제(門弟)들을 돌봐주는 문학적 스승으로서의 이미지가 크게 작용했을 것으로 생각된다. 특히 시와 소설 · 평론 · 수필 · 번역 등 모든 장르에 걸쳐 활약한 그의 문호적 풍모는, 당시의 김종한에게 있어 문학적 모델로서 기능했을 수가 있다. 이는 국내 문단에 현대시와 민요 · 한시 번역 · 평론 등을 발표했으며, 귀국 후에도 그런 스타일의 문학적 활동을 지속했던 김종한의 문학적 면모에서도 어느 정도 추측이 가능한 것이 아닌가 생각된다. 김종한이 사토에게 현대시만 보낸 것이 아니라, “고가요 번역”작품을 보낸 이유도 이런 데에 있을 것으로 추측이 가능하다.

이상이 사토 하루오와 김종한의 관계가 갖고 있었던 일종의 객관적인 면모라면, 보다 개인적인 이유도 생각할 수 있다. 사토 하루오가 갖고 있었던 어떤 개인적 품성이나 기질에 김종한이 공감을 하고 그를 모방해 마땅한 인간적 모델로서 생각했을 가능성이 그것이다. 이성 문제가 그것이다.

사토 하루오의 순정시집 속에는 이른바 ‘플라토닉 러브’를 노래한 작품들이 다수 포함되어 있다. 7 · 5조의 고풍한 문어체로서 단순 순직한 애정의 추억이나 연모의 정 등을 노래한 작품들이 그것이다. 이중 첫사랑의 추억을 노래한 「소년의 날」과 같은 작품은 학생들 사이에 널리 암송되었다고 한다.[12] 일부를 소개한다.

> 1. 봄
> 들로 가 산에 가 해변으로 가
> 한낮의 언덕에서 꽃들을 꺾네
> 호동그란 눈동자 그대 위하여

---

11) 이상의 사토 하루오 관련 내용은 福田清人 · 岡田純也, 『佐藤春夫－人と作品』(清水書院, 1988.10), 제1편 「佐藤春夫の生涯」 참조.

12) 위의 책, 105~112면.

서글픔아 파아란 하늘보다도

2. 여름
컴컴한 숲 속을 헤매 다니다
꿈꾸는 눈동자 그대 그리워
가슴 아픈 한낮의 언덕 근처서
눈물 흘리네, 샛빨간 꽃 바라보며[13)]

대학시절 "『마지막 수업』 때문에 도오데를 사랑했"으며 "미에키치의 『흑발(黑髮)』 『천조(千鳥)』의 순정에 17세의 사내가 울기도 했"고[14)] "유시마텐진[湯島天神]의 비둘기"를 좋아했던 순진하고 낭만적 청년이었던 김종한, 일본 유학 이전에도 전통 여성의 애환의 세계를 그린 민요시를 썼으며 첫사랑의 기억을 공표하거나 첫 연인에 대한 복수가 자신의 문학창작의 동기라고 고백한 경험이 있는 그를 생각하면,[15)] 그가 당시의 청소년들처럼, 이런 작품 속에서 사토 하루오에게 교감을 보내고 있었을 가능성을 충분히 생각해 볼 수 있겠다. 그러나 이 무엇보다도 인상적으로 생각되는 것은 사토 하루오의 유명한 스캔들 문제다. 그가 소설가 다니자키 쥰이치로의 아내 치요[千代]를 자신의 아내로 '물려받은' 것이 그것이다. 그의 초기시집 『순정시집』 속에는 그녀를 향한 연모의 정을 노래한 작품이 3편 있다. 그 중 한 편을 인용한다.

짝사랑이야 아니었지만
내 얻은 건 오로지 가슴 속 아내

---

13) 『殉精詩集』 소수, 위의 『佐藤春夫全集』 1권, 71면.
14) 김종한, 「新しキ史詩の創造」, 『國民文學』, 1942.8; 『전집』, 454면.
15) 「民謠 뵈짜는 색시 作者略歷」, 『朝鮮日報』, 1935.1.3; 『전집』, 13면; 김종한, 「憎惡의 倫理」, 『每日新報』, 1941.8.7; 『전집』 418면 참조.

가슴 속 아내 가슴에 품고
잠 이루지 못하는 겨울밤이여
현실이라 하기엔 허망한 현실
꿈이라 하기엔 무서운 악몽
남의 품에 안겨 있는 내 가슴 속 아내
몸도 영혼도 떨며 지새다
홀로 잠이 드는 겨울밤이여[16)]

—어느날 그 사람에게

치요(千代)라는 여성은 남편 다니자키 쥰이치로에게 홀대를 받고 있다가 사토의 연모를 받게 된 여성이다. 사토가 다니자키에게 부인을 자신에게 넘겨달라고 요청하자 다니자키는 처음에는 동의하지만, 마음이 바뀌어 그녀와의 관계를 회복하려고 시도한다. 결국 사토는 둘의 이혼 후 그녀를 자신의 아내로 삼게 되는데, 위의 작품은 당시의 연모의 고통을 노래한 작품으로 알려져 있다.[17)] 비록 사토 하루오는 사회적 금기를 어긴 이유로 많은 사회적 비난 앞에 놓여야 했지만, 이것이 사토 하루오가 가진 강력한 인간적 개성이기도 했다. 이런 사토 하루오가 김종한에게 어떻게 비쳤을까.

다음은 김종한의 기록 중 여성 문제에 관련된 것 중 일부를 제시해 본 것이다.

①의사였던 양부는 엄격한 이성적 인간이었는데, 양모는 아들이 없는 중년의 부인이면서도 편집광적인 애정의 소유자였다. 그 즈음부터 생모와 양모 사이에는 나를 중심으로 하는 애정의 쟁탈전이 전개되었다. 한쪽은 자기가 낳았

16) 번역 텍스트는 『佐藤春夫全集』 1권(講談社, 1966), 65면.
17) 사토 하루오와 치요, 다니자키 쥰이치로의 스캔들에 관한 내용은 福田清人·岡田純也의 앞의 책, 53~56면 참조.

으니 자기 애라 한다. 한쪽은 자기가 길렀으니 상관말라 한다. 두 어머니를 소유한, 행복적으로 불행한 유년의 나날이었다. 결국 나는 어머니의 애정이라는 것을 모르고 어른이 되었다.[18]

② 同姓同名의 友人에게 戀人을 빼앗긴 까닭으로 關西로 滿洲로 너쓰탈챠의 애닯은 放浪을 하고 있다가 지금은 故鄕의 私立敎에 落着하야 生의 再出發을 計劃하고 있다.[19]

③ 음악의자라는 유희가 잇다. 참가하는 인원수보다 의자의 수를 하나만 적게 놋는다. 음악에 마처 의자의 원주를 돌다가 갑자기 음악이 중지되면 倚子에 안저야 한다. 의자에 안지 못하고만 나머지 한 사람만은 여흥을 해야 되는 것이엇다.

열일곱살 된 少年은 흔히 나머지 한 사람이 되어 餘興을 해야 할 것이다. 그때 떨리는 목소리로 부른 노래가 무엇이엇든지는 지금 기억에 남지 안핫스나 실내가 電燈 불빗으로 花環처럼 밝앗든 것과 또 金禮童이란 배아트릿체가 잇섯든 것만은 잇처지질 안는다.

십년 후에 그 소년은 북쪽 항구 雄基로 돌아가 보앗다. 두 어린애의 어머니가 된 그 女人은 침착한 얼굴로 방문해주는 것이엇다. 나도 조용한 심정으로 그 여인의 어린애를 쓰다듬어 줄 수가 잇섯다.

흔히 世上사람들은 사회를 위하야 문학을 試作했다는 말을 公言하나 부끄러운 告白이지만 나는 베아트리체를 憎惡할 方便으로 詩를 始作햇다.[20] (띄어쓰기 조정은 인용자)

①은 성인의 모든 이성 체험의 근원지로서 작용하는 어머니 체험에

---

18) 김종한, 「あとがき」, 『たらちねのうた』, 人文社, 1943.7, 40~41면; 『전집』, 218~219면.
19) 「民謠 뵈짜는 색시 作者略歷」, 『朝鮮日報』, 1935.1.3; 『전집』, 13면.
20) 김종한, 「憎惡의 倫理」, 『每日新報』, 1941.8.7; 『전집』, 418면.

관한 그의 자전담의 일절이다. ②는 청년기의 실연담, ③은 타인의 아내가 된 첫사랑의 상대에 대한 회고담이다. 이렇게 공공연하게 자신의 성장기 및 청년기 이성 문제를 공표하는 작가의 예는 우리 문학사에서 드물게 보는 것이 아닐까. 그의 직장 동료였던 정비석은 "종한은 불우한 인생 탓인지 여성에의 동경이 매우 강했다"고 밝힌 적도 있지만, 이성 관련 일화에 관한 한, 김종한의 생애 속에서는 집요한 무엇인가가 느껴진다. 그의 시 역시도 그렇다. 그의 초기 민요시들 중에는 전통 여성의 삶의 애환을 그린 작품들이 다수 있다. 그의 시 「낡은 우물이 있는 풍경」「항공애가」 등에는 이상화된 중년 여성들이, 돈호법을 구사하는 화자의 상대역으로 등장한다. 그 외에 그의 실생활에는 여성과 관련된 인상적인 에피소드가 꽤 있다. 최정희 여사에 대한 집요한 구애와 편지, 생사의 기로에 서 있던 투병기에 간호하는 여성을 범했다는 에피소드 등등이 그것이다.[21] 당시 두 아이의 어머니였던 최정희 여사에게 그가 보냈던 19편의 연서 엽서 중 1946년 6월 21일자의 일부를 인용한다.

동짓달 긴긴밤을 한허리를 둘어내여
春風이불 아래 서리서리 넣었다가
얼운님 오신날 밤이여든 구뷔구뷔 펴리라

어져 내일이야 그릴줄을 몰랏던가
이시라하면 가랴만은 제 구태여
보내고 그리는정은 나도몰라하노라[22]

---

21) 위의 여성 관련 에피소드 및 김종한의 여성 관련 심리와 관련된 내용은 심원섭, 「김종한의 초기문학수업 시대에 대하여」의 제2장 '養子意識 속의 成長史—외조부, 小林一茶, 영원한 어머니', 309~317면 참조.

22) 『전집』, 533면. 원출전은 金英植 편, 『巴人金東煥誕生100周年 作故文人四十八人의 肉筆書簡』, 민연, 2001.

그는 황진이의 시조 중 '뜨거운' 연시를 골라 엽서에 써넣었다. 물론 이런 예와, 타인의 아내에 대한 연정에 불타올랐던 사토 하루오의 예를 병치시키는 것은 다소 무리일지도 모르지만, 여성 문제에 대한 집착이 문학적 생애의 중요한 부분을 차지하고 있었다는 점에서는, 사토 하루오와 김종한에게는 공통성이 있었다고 보아도 좋을 것이다. 여성 콤플렉스라고도 할 만한 심리의 소유자였던 김종한에게는 사토 하루오의 금기적인 사랑과 그것의 성취가 매우 인상적이고 낭만적인 것으로서 각인되었을 가능성도 있다고 본다.

4. 전쟁시인 사토 하루오와 김종한의 관계

김종한이 만났던 시기의 사토 하루오는 그러나 이상과 같은 면모만 갖고 있었던 것은 아니다. 그는 소화기에 접어들며 퇴조해 가던 자신의 문학적 활로를, 모험적인 지역에서 개척해내는 면모를 보여주기 때문이다. 그것이 그의 전쟁문학자로서의 면모요 소위 일본주의자로서의 면모다.

당시의 사토 하루오의 면모에 대한 일본측 기록 일부를 인용한다.

> 실제 하루오 선생은 1938년에 내각 정보부의 계획으로 漢口공략전에, 문단에서 파견된 종군자의 일원으로서, 요시가와 에이지, 고지마 세이지로 등과 함께 상해로 건너간다. 1943년에는 일본문학보국회의 종군기자로서 보르네오, 쟈바, 싱가폴, 말레이, 자카르트타 시찰을 위해 파견되고, 또한 다음해엔 발리섬에 건너가 며칠 체재한다. 여기서부터 『전선시집』(1939) · 『대동아전쟁』(1943) · 『봉공시집』(1944) 등의 시집, 「쟈카르트타를 봉쇄하라」(1943) · 「쟈바의 벚꽃」(1944) · 「수라바야」(1945) 등의 기행문이 탄생하는 것이다.[23]

사토 하루오의 전쟁 협력 수준이 상당히 적극적인 정도였음을 알 수 있다. 그는 일본의 종군 문학자의 선두격이었던 것이다. 다음은 사토 하루오가 전쟁문학에 발을 들여놓기 전후의 사정을 비교적 소상하게 기록한 내용이다.

> 소화 초년부터 잠시 동안, 그는 문단에서는 퇴조기에 말려 있었던 형국이었다. 가정 문제로는 사회에서 파문을 당했고, 당시 통념으로는 받아들여지지 않는다는 이유로 배척당하는 등, 저널리즘의 일변한 조류에도 농락당하고 있었으며, 새로 등장하는 작가들과도 친해지지 않는 등, 여러 이유로 고로(苦勞)가 끊이지 않았다. (…중략…)
>
> 1934,5년(소화 9,10년) 전후 격렬한 역조(逆潮) 속에 있던 그는, 용솟음치는 소용돌이의 조류들을 지켜보다가, 이겨낼 수 있다고 생각한 것을 골라, 그 속에 몸을 맡겼다. 우리의 조국의 본연의 생명이라고 생각되는 것, 그 속에 그의 생명을 맡겼던 것이다. 그 중에 전쟁의 불바다 속에 휘말렸다. 1934년부터 4,5년 중반까지, 그는 『東天紅』(1938.10) · 『戰線詩集』(1939.2) · 『日本頌歌』(1942.5) · 『大東亞戰爭』(1943.2) · 『奉公詩集』(1944.3)을 냈고, 소재나 경지 면에서도 [生]에 있어서의 가장 이상적인 것을 로만틱하게 노출하는 '전쟁' 그것을 제재로 다양한 기교를 구사한 작품을 상당히 많이 남겼다.
>
> 이 중에서 『戰線詩集』은, 모리오가이의 『歌日記』와 견줄 수 있는 것이다. 예의 이상(異常)한 것을 신속히 발견하여 이상(異常)하게 느끼는 그의 시안이 선명하게 빛나고 있다. 그 중에서도 「一詩人이 從軍의 志를 말하는 賦」는 너무나도 그다운 꿈을, 너무나도 그다운 곡조로, 너무나도 그답게 노래하고 있다. 본문 중에서는 「三義里戰蹟口吟」과 「어리석은 꿈」이나 「새소리」 등, 특히 잊을 수 없다.[24]

23) 井村君江, 『評傳 佐藤春夫』, 新潮日本文學アルバム 『佐藤春夫』, 新潮社, 1997.9, 69면.
24) 島田謹二, 「解說」, 『佐藤春夫全集』 1권, 講談社, 1966.4, 635~636면.

식민지 시대의 '전쟁시'라고 하면, '전쟁 협력시' 혹은 '친일시'를 연상하게 되는 것이 한국인의 당연한 정서적 반응일 것이다. 대중국 침략전쟁인 '지나사변'에 문인조직을 결성하여 종군한 시인의 '전쟁시'를 심미적 잣대 위주로 보고 있는 위 필자의 태도나, 또한 사토 하루오의 문학 행위에서 상당한 위화감이 느껴진다. 전쟁을 대하는 사토 하루오의 자세가 어떠했는가를 알려주는 짤막한 증거가 그의 『전쟁시집』서문과 그가 인용한 아랑델의 문장 속에 어느 정도 드러나 있다고 본다.

> 포신(砲身)에 나비가 깃들듯
> 우리는 한때 전선에 있었다.
>
> 모두가 폭풍에 날아가는
> 거기에는 신경쇄약도
> 불면증도 不實女도 없다.
> 독가스 같은 더위 속에서
> 우리는 건강하고 행복했다.
> 나조차도 신(神)들 중의 하나였다.
> — 전선(戰線)에서는

> 전쟁은 결코, 그때 어느 사람들이 말했듯이, 쇄약한 탐미주의자를 위한 새로운 흥분은 아니었다. 모든 시인의 궁극 이상-[생]을 최고의 [예술]로 바꾸는 기술-은 전쟁에 의해서만 달성된다. 아랑데르 델 레-25)

신경쇄약과 불면증의 세계라면, 그것은 사토 하루오의 『전원의 우울』과 『도회의 우울』의 세계다. 그것을 불식시키는 "건강"과 "행복"이

---

25) 사토 하루오, 앞의 책, 175면.

전쟁 속에 있었다고 사토 하루오는 적고 있다. 더 나아가 사토 하루오는 전쟁은 "생을 최고의 예술로 바꾸는 기술"을 제공하는 소재라는 말을 한 아랑델의 말을 인용하고 있다. 사토 하루오의 전쟁관에 대한 필자의 연구는 태부족이지만, 적어도 그가 일상적 삶 속에서의 정서적 고통 등과 같은 요소를 일거에 지양시키는 무언가가 전쟁 속에 있다고 본 것이었다고는 이야기해도 되겠다.

이런 논리는 일단 개인 심리라는 관점에서 전쟁을 바라보는 시각이며, 한편으로는 승리가 확약되었다는 안전감 속에서 전장의 경치를 즐기는, 일종의 '마취된 윤리성'의 소산이라고도 할 수 있지 않을까. 이 논리 속에는 중일전쟁에 대한 윤리적 · 사회적 시각이 없다. 일본 독점자본의 생존과 재생산을 위한 제국주의 전쟁, 수많은 중국인과 일본인을 죽음으로 몰아넣은 살육전쟁, 이에 대한 인식이 없는 점이 매우 놀랍다. 심지어는 그의 전쟁시집 중 가장 먼저 나온 『동천홍(東天紅)』(1930.10)에는 "장개석도 쳐부수라"는 내용의 「남경공습(南京空襲)의 보(報)를 듣고」라는 작품까지 있다. 과감히 말한다면 사토 하루오의 전쟁시는, 동시대의 많은 일본문인들과 더불어, 현실과 건강한 관계를 맺고 있지 못했던 일종의 자폐적 발상에 가까운 것이 아니었겠는가 생각되는 점이 있다. 이 지점 쯤에서, 전쟁을 미화한 일본낭만파의 야스다 요주로[保田與重郎] 등과의 사상적 관련 문제를 생각해 볼 수도 있겠으나, 이는 본고의 논의 범주를 넘는 문제이므로 생략하기로 한다.

김종한이 사토 하루오를 만났던 때는 바로 이런 시기였다. 「사토 하루오 선생에게」의 세 번째 부분은 이렇게 시작된다.

> 사토 선생님,
>
> 작년 가을의 일입니다. (…중략…) 전쟁이라는 것을 처음 겪는 터라 아직 개심까지는 못하고 있었던 즈음의 저는, 두 번째 절망에 휘둘리면서 고민하고 있던 때라, 배수의 진을 치라는 말씀을 들었을 때는 구원이라도 받은 느낌이었습니

> 다. (…중략…) 그 후 사정이 있어 『조선시집』 건은 물 건너가 버렸고, 저도 시대적인 고민이 있어서 직장을 바꾸기도 했고, 또 내선문화 교류에 공헌하는 잡지를 기획했다가 실패한 적도 있습니다. 그래서 시인이 아니라 먼저 인간이 되야 하겠다, 이렇게 생각하게 되었습니다만, 이 후로 이야기는 「저」가 아니라, 「우리」란 말로 말씀드립니다. 그렇게 현재 조선에는 젊은 「우리」가 해야할 일이 많기 때문입니다.
>
> 사토 선생님
>
> 조선에서도 새로운 문학 운동이 일어날 것 같습니다. 젊은이들 사이에 그런 기운이 움직이고 있는 것 같습니다. (…중략…) 이렇게 되어서, 국민문화에 있어서의 지방문화의 모습이라 할 만한 것에 대해, 「一枝의 윤리」라는 제목으로 썼습니다. 그런 기분을 승화시켜서 몇 편의 시도 시작(試作)해 보았습니다.[26] (강조는 인용자)

이후의 사연은 그의 유명한 신지방주의론의 개요에 대한 내용이다. 이와 관련된 논의는 이미 선행 논자들에 의해서 거론된 바가 있으므로 추가 논의는 생략하고 싶다.[27] 다만 이 지점에서 알고 싶은 것은 사토 하루오의 전쟁 협력 활동 사실을 분명히 알고 있었음에 틀림이 없는 김종한이 그를 대하는 태도와 당시 그의 내심 문제다.

그는 "작년", 즉 1941년에 "전쟁이라는 것을 처음 겪는 터라 아즉 개심까지는 못하고 있었던 즈음의 저"라고 썼다. 이어서 "시대적인 고민이 있어서 직장을 바꾸기도 했고, 또 내선문화 교류에 공헌하는 잡지를 기획했다가 실패한 적도 있습니다"라고 썼다. "내선문화교류에 공헌하는 잡지를 기획했다가 실패했다"는 말에 포함되어 있는 구체적인 전말

26) 김종한, 「사토 하루오 선생께」, 『전집』, 436~437면.

27) 앞의 오오무라 마스오, 후지이시 다카요의 논문 외에 윤대석, 「국민문학의 신지방주의론」, 사에구사 도시카쓰 외, 『한국 근대문학과 일본』, 소명출판, 2003; 정종현, 「식민지 후반기 한국문학에 나타난 동양론 연구」, 동국대 박사논문, 2005; 藤石貴代, 「김종한과 국민문학」, 『사이』, 2006.11 참조.

은 알 수 없다. 혹 이것이 김종한이 일찍 감치 자발적으로 시국에 협력하려고 한 시기가 있었다는 것을 의미하는 것인지 혹은, 사토하루오와 이 글을 읽는 당국자들을 위한 '배려'인 것인지는 알 수 없다. 어쨌든 위에서 일단 직장을 바꿨다는 말은, 부인화보사에서 아카사카의 해양문화사로 직장을 바꿨다는 것을 의미하는 것일 것이다.[28)]

여기에서 "전쟁이라는 것을 처음 겪는 터라 아즉 개심까지는 못하고 있었"다는 말은, 그에게 이번 중일전쟁이 '자신의 것'으로 인식되고 있지 않았다는 의미로 보아도 무방할 것이다. 말하자면 이 발언은 그는 그때까지 '시국'을 어떻게 보아야 할 것인가, 그 속에서 어떤 인생길을 걸어야 할 것인가에 관해 진지하게 생각해보지 않았다는 이야기가 될 것이다. 이것은 대학 졸업 직후 그가 밝힌 문학 수업의 내용과 발레리의 순수시론에 근거한 순진무구한 문학관들을 보면 어느 정도 추측이 가능하다.[29)] 시국기에 유행하던 말을 빌리면 당시까지의 그는 소위 '개인주의' 혹은 '자유주의'적 문학도였다는 말로 바꿔 표현해도 될 것이다.

이 지점에서 일단 확인 가능한 사항은 김종한의 경우, 소위 그의 '친일문학' 행위가 그 나름의 내적 고민을 거쳐 어느 시기부터 형태를 갖추게 되기 시작했다는 것을 의미하는 것으로 보아도 좋을 것이다. 그의 말을 빌면 "개심" 전과 "개심" 후, 즉 "시대적 고민"을 겪은 후 "먼저 인간이 되어야 하겠다"고 결심한 시기가 있었던 것이 아닌가 하는 것이다. 그 사이에 사토 하루오의 "배수진을 치라"는 조언이 개입되어 있다. "배수진을 치라"는 말은 상당한 연구를 요하는 말이다. 이 말이 사토 하루오에게 무슨 의미를 지닌 말이었는지, 또 아무래도 전쟁을 대하는 눈이 다를 수밖에 없는 식민지 청년 김종한에게 있어서 무슨 의미를 지닌

28) "金鍾漢氏(詩人) 東京社發行인 月刊 『婦人畵報』를 編輯하던 氏는 今番 同社를 辭任하고 東京市 赤坂區에 있는 「海洋文化社」에 入社"(「文壇情報」, 『三千里』, 1941.9, 36면); 『전집』, 736면.

29) 졸고, 「김종한의 일본유학 체험과 '순수시'의 시론」, 『한국문학논총』 50집, 2008.12, 제3장 참조.

것이었는지는 보다 구체적으로 조사 연구를 해보아야 할 필요가 있는 말일 것이기 때문이다.

어쨌든 "배수진을 친다"는 말이 문자 그대로 다른 가능성들을 버리고 하나의 가능성만을 택하여 거기에서 승부를 본다는 뜻이라고 본다면, 이것은 '결연한 자세를 갖고 전쟁기에 임하라'는 것으로 해석을 해본다고 해도 큰 무리는 아닐 것이다. 그렇다면, 이 내용은 '전향'과 유사한 그 나름의 정신적 결단기가 김종한에게 있었다는 것을 입증하는 유력한 자료가 되는 것이라 보아도 좋을 것이다.[30)]

어쨌든 이런 상황 속에서 그는, 종군 문인의 리더격으로서의 길을 지속적으로 걷고 있었던 사토 하루오를 '신뢰가능한 선배'라 부르며 접근했고 그의 인정을 받고는 본격적으로 국내 시단에 데뷔했다. 이후로도 지속적으로 사제간의 관계를 유지하려 노력했다.

당시 "개심 전" 김종한의 심중에 있었던 것은 무엇이었을까. 그가 일본대학 시절 추구해 온 것이 낭만적 문학도로서의 길이었다면, 그는 그 연장선상에서 『순정시집』의 시인으로서만 그를 선택적으로 수용해들였던 것일까. 만약 이러했다면, "개심" 전의 그는 일부 위화감을 안은 채 사토를 대했다는 이야기가 성립될 수도 있을 것이다. 물론 '순진한' 그는 사토 하루오의 후광과 데뷔에 대한 욕망에 현혹된 나머지, 전쟁시인으로서의 모습을 포함한 그의 전부를 무비판적으로 수용해 들였을 가능성도 있다. 전쟁시와 '시국'을 '자연스럽고 불가피한 그 무엇'으로서 받아들이고 있었을 만큼 일본유학생 시대의 그는 시국에 둔감했거나 그 정도로 '낭만적'인 문학도였었을 가능성도 생각할 수는 있다. 그가 이런 예민한 부분과 관련된 속내를 구체적으로 밝힌 바가 없어서 유감이지만.

---

30) 김종한의 이 발언이 진실에 가깝다면, 그 경계는 1940년대 말~1941년 정도가 된다고 생각된다. 그리고 그러한 그의 정신적 변동 상황을 입증하는 유력한 문장들은, "시대의 결빙을 깨뜨리"는 "건강한 남방적 성격을 가진 시인"의 출현을 기다린다고 피력한 「詩壇時評」(『文章』, 1940.11), '신지방주의론'이 그 골조를 드러내기 시작한 「朝鮮文學의 基本姿勢」(『三千里』, 1941.1)가 되지 않겠는가 생각된다.

어쨌든 그는 "배수진을 치라"는 사토 하루오의 말에, "개심"을 하고 "시인이 아니라 먼저 인간이 돼야 하겠다"고 생각했다고 쓴다. 이 말은 아주 복잡한 발언이다. 일본적 '인간이 되'어가는 과정 속에서 겪어야 하는 심리적 고뇌를 모두 삭제한 발언이기 때문이다. 어쨌든 이 발언은 객관적으로는, 전쟁기라는 시국에 맞춰 과거의 문학을 포기하고 새로운 인간으로 거듭나겠다는 의미인 것이니, 말하자면 김종한 나름의 '전향' 선언에 해당한다고 할 수 있겠다. 그리고 나서 그는 '조건부 투항'론인 그의 신지방주의론을 그의 '스승' 사토 하루오에게 보고하는 것이다. 이 시기를 즈음하여 김종한은 본격적인 시국문학의 소용돌이 속에 뛰어들어 표류를 시작한다. 그의 '스승'에 비한다면 미미한 양이지만 전쟁시도 몇 편을 남긴다.

일본유학을 마감할 무렵부터 시작된 김종한과 사토 하루오와의 사제로서의 교분 과정은, 전체적으로 보면 어딘가 일방적인 데가 있었던 것 같다. 만남의 시간도 짧았을 뿐 아니라, 사토 하루오의 응대에 비해 김종한의 연모의 도가 일방적으로 높았던 것 같은 인상을 받기 때문이다. 누군가 스승이라고 생각되는 이를 만나면 맹목적으로 추종하는 것이 김종한의 심리적 스타일일 수 있다고 한다면,[31] 그 중의 한 '스승'이 사토 하루오였던 것일까. 사토 하루오를 대하는 그의 태도는, 그가 쓴 유일한 사토 하루오 관련 글인 이 공개적 서간 속에서도 내내 순종적이다. 그의 스승들은 "엄격한 이성적 인간"이었던 그의 양부(養父)를 대신하는 존재였던 것일까.

어쨌든 사토 하루오는 김종한의 중요한 인생 고비에서 삶의 방향을 결정하는 중요한 계기를 제공한 존재였다고 김종한은 기록하고 있다.

---

31) 김종한에게는 그를 데뷔시켜준 정지용 역시도 그런 인물이 아니었는가 생각된다. 김종한은 자신이 이상적인 차원의 시로 생각하는 '순수시'의 한국적 실천자로 정지용을 꼽았으며, 이후에도 그의 시에 대한 예찬을 계속했다. 순수시의 한국적 실천자 관련 글은 김종한, 「詩壇改造論」(『朝光』, 1940.3); 『전집』, 406면 참조.

첫 번째는 시인으로서의 국내 데뷔시에 자신감을 제공한 점, 두 번째는 시국과 관련하여 진로를 결정해야 할 때, 그에게 "배수진을 치고 나아가라", 즉 '전향'하라고 독려한 역할, 혹은 그러한 '전향'의 빌미를 제공한 역할을 한 점이 그것이다. 첫 번째 인연은 나쁘지 않았으나, 두 번째 인연을 통해서는, 김종한이 한국문학사 속에서 갖고 있는 비극적 이미지가 완성되는 계기가 만들어진 것 같다. 그 무엇보다도 사토 하루오 자신이 1930년대와 1940년대, 전쟁 속에서 낭만과 신(神)적인 희열을 구하는, 도박사와 같은 삶을 살고 있었다. 그의 '배수진'은 패전 후 전쟁 책임에 관대한 일본 역사 속에서 희석되어 갔으며, 사토 자신은 노후까지 명예를 누렸다. 그러나 그의 조언과 더불어, 혹은 그의 조언을 명분으로 삼아 시국 속에 몸을 던진 김종한의 '배수진'은, 민족주의적 자존심을 내세운 '조건부 대일 협력'이라는 형태로 진행되었음에도 불구하고, 또한 그 속에 자신의 짧은 목숨을 투입했음에도 불구하고, 해방 후 한국지성사에서는 '친일 문인'이라는 불명예로 남겨졌다. 광란의 시대 속에서 맺어졌던 한일 문인간의 불행한 사제 관계의 한 예가 김종한과 사토 하루오의 예 속에 드러나 있음을 볼 수 있다.

5. 결론

김종한과 사토 하루오(1892~1964)의 사제 관계의 전말을 기록한, 김종한의 「사토 하루오 선생께」에 의하면, 김종한과 그의 만남은 세 번 이루어졌다. 그러나 김종한 자신도 기록했듯이 사토 하루오와의 만남은 그의 생애에 커다란 영향을 미쳤던 것으로 보인다.

1938년 일본대학 재학 중 자신의 시적 재능 문제로 고민하던 김종한은 사숙 대상이던 사토 하루오에게 시작품과 고가요 번역 작품을 보내는데, '정진하면 대성공을 거두리라'는 격려를 받는다. 김종한이 '스승'으로서 사토를 선택한 이유는, 그의 문호로서의 면모나 문단에서의 위치와 더불어, 그의 여성문제와 관련된 문학적 체험이 김종한과 교감되는 바가 많았던 데에 있었던 것이 아닌가 생각된다. 그와의 두 번째만남은 1939년 졸업 후 『부인화보』기자로 일하던 당시 사토에게 원고를 청탁하러 갔던 때 이뤄졌다. 김종한은 사토로부터, '시 창작에 게으르지 않은가'라는 질책성 암시를 받았다고 기록했다. 이 만남 역시도 이후의 김종한의 문학적 행로에 큰 힘을 가한 것으로 보인다. 그는 직후 정지용의 추천으로 『문장』 출신 시인으로서, 독설가 신진 평론가로서 화려하게 데뷔하게 되는 것이다.

세 번째 만남은 1941년 그가 시국과 관련하여 자신의 진로를 두고 고민할 때 이뤄졌다. 대학시절 서구문학의 세례를 듬뿍 받고 성장한 개인주의, 자유주의적 문학관의 소유자였던 그는 당시를 전후하여 시국 문제에 어떻게 대처해야 할 것인가 고민을 거듭하다가, 사토로부터 "배수진을 치고 나아가라"는 권유를 받는다. 실제로 사토 하루오는 1938년부터 전쟁협력 문학의 리더로서 "배수진을 치"고 활동하고 있기도 했다. 김종한은 이에 '개심'했다고 밝히고는 내선융화를 실천하는 문학자로서의 길, 시국 속의 문단으로 뛰어들었다고 쓰고 있다. 김종한의 '전향'은 바로 이 시기에 본격화된 것이라고 보아도 된다고 판단된다. 이렇게 하여 자신의 문학적 진로를 결정한 김종한은 편지 형식의 평론을 통하여, 자신의 '전향 후'의 활동 내역, 즉 당시 그가 펼치고 있었던 조건부 대일협력론인 '신지방주의론'의 골자를 보고하는 것이다.

김종한과 사토 하루오의 '사제 관계'의 전말은 이상과 같다. 당시 일본낭만파의 일원이기도 했던 사토 하루오는 전쟁 속에서 이상을 희구하는, 전쟁미화론자의 길을 가고 있었다. 김종한은 그 정도까지는 아니었던 듯하지만, 그런 사토에 대해서 뚜렷한 거부감을 드러낸 적은 없다.

그와 사토와의 두 번의 만남과는 달리, 세 번째 만남은 김종한의 문학적 역정을 암흑기 문단의 한 가운데 속으로 몰아넣는 계기가 된 것이었다. 이 시국의 소용돌이 속에서 김종한이 쳤던 "배수진"의 구체적인 양상들과 그 속에 담겨진 김종한 나름의 복합적인 심리양상, 특히 당시 전쟁문학을 선도해 간 일본낭만파의 관계 등의 문제를 후속 연구 과제로서 진행해가고 싶다.

김종한과 김소운의 정지용 시 번역에 대하여

『설백집』과 『조선시집』을 중심으로

1. 서론

근래의 분석적 연구 성과들에 의해 그 빛이 상당 정도 희석된 감은 있으나,[1] 한국 근대시선집들을 일본에서 연속적으로 출판한 이래,[2] 일본 문화

1) 일본인 연구자에 의한 연구로서, 김소운의 번역작업 전반에 대한 가장 최근의 분석적 연구이자 치명적 비판이 가해진 성과로는, 사에구사 도시카쓰의 「金素雲は何をしたのか」, 『比較文學硏究』 79(東大比較文學會, 2002.2.28)(「김소운은 무엇을 했는가」, 『한국 근대문학과 일본』, 서울 : 소명출판, 2003에 증보하여 재수록 됨. 본고에서는 후자를 참조)일 것으로 생각된다. 국내에서 같은 맥락의 연구로서 이뤄진 것으로서 주목되는 것은 김윤식, 「김소운과 조선시집의 사상」, 『지상의 빵과 천상의 빵』(김윤식, 솔, 1995)을 들 수 있다. 이외 일본인에 의해 이뤄진 김소운 연구사는 梶井陟, 「金素雲論」, 『朝鮮硏究』 46호, 1965.10; ____, 「金素雲, 藤干生大の朝鮮詩論爭」, 『朝鮮文學－紹介と硏究』 2호, 1971.3; ____, 「朝鮮文學,飜譯の足跡」, 季刊 『三千里』 27호, 1981.8; 白川豊, 「金素雲の日本語譯詩について」, 『植民地期朝鮮の作家と日本』, 白川豊, 大學敎育出版, 1995.7 등 참조. 梶井陟의 논문에 관한 사항은 白川豊의 앞 책에 의한 것임.

2) 김소운의 주요 역시집을 시기순으로 소개하면 다음과 같다. 『乳色の雲』, 東京 : 河出書房, 1940; 『朝鮮詩集』 전기 · 중기, 東京 : 興風書館, 1943; 『朝鮮詩集』, 東京 : 創元社, 1953; 『朝鮮詩集』, 岩波文庫, 1954; 『現代韓國文學選集』 제5권(詩集), 冬樹社 · 同和出版公司, 1976.

계에서 '신화적' 명성을 누려온 김소운(金素雲)이, 한국시의 일본 소개사 방면에서 가장 중요한 인물이라는 데에는 의문의 여지가 없다고 생각된다.[3]

그런데, 한국시의 일본 번역사에서는 물론, 김소운의 역시집 중에서도 가장 중요한 위치를 차지하는 『조선시집(朝鮮詩集)』(1943.8)이 출간되던 당시,[4] 한국에서 또 하나의 역시집이 출간된 사실은, 소수의 일본인 연구자들 외에는 거의 관심의 대상이 되어 온 바 없다.[5] 『조선시집(朝鮮詩集)』이 나오기 한 달 전인 1943년 7월, 『문장』 출신의 시인・비평가이자, 최재서와 함께 『국민문학』의 편집자로도 활약하던 김종한(1914~1944)이 출간한 일역시집 『설백집(雪白集)』(博文書館)이 그것이다. 동시에 출간된 두 시집 중 하나는 문학사의 각광을 받고 하나는 사장되어 온 이 현상은, 그것 자체가 이미 검토를 요하는 문학사적 사건의 하나가 되어 있는 것이라고 생각된다.

본고에서는 이런 문제의식에 기초하여, 『설백집』이 번역시사에서 차지하는 위치와 그 의미를 규명하는 한편으로, 김소운의 『조선시집』이 누리고 있는 '신화성'도 비판적으로 검토하는 데 주목표를 두고 논의를 해가고자 한다. 검토 대상으로서는, 『조선시집』에 수록된 작품 수가 방대한 점을 고려하여, 『설백집』과 『조선시집』에 수록된 작품 중 가장 많은 편수를 차지하고 있는 정지용 시를 중심적인 검토 대상으로 삼았다.

---

3) '김소운 신화'의 구체상에 대한 국내의 언급으로는, 김윤식, 앞의 책, 182~184면; 임용택, 『金素雲,「朝鮮詩集」の世界』, 東京 : 中公新書, 2000.10, 233~247면, 외에 사에구사 도시카쓰의 앞의 논문(한국어), 291, 335면 참조.

4) 김소운의 역시집 중에서 『朝鮮詩集』이 차지하는 비중에 대한 서지적 조사는 白川豊의 앞의 논문 84면 참조.

5) 일본인 연구자들의 경우는, 본격 연구논문으로 大村益夫의 「金鐘漢について」(『旗田巍先生古稀記念朝鮮歷史論集下』1979.3), 藤石貴代의 「金鐘漢論」(『九州大學東洋史論集』, 17輯, 1989.1)가 있다. 한국인에 의한 김종한 연구는, 김달수・유정 등 초기의 단편적인 인상기 및 회고담(참고문헌 참조) 외에는 임종국의 『친일문학론』(서울 : 평화출판사, 1966)과 그 논리를 이어받은 김광림, 「김종한 소론」(『박남수・김종한』, 한국현대시문학대계 21, 지식산업사, 1982) 이후에는 오랜 침묵이 계속되다가, 김종한을 부분적으로 다룬 임용택의 앞의 책이 근래 나온 것이 전부다.

검토 방법론으로서는 작품 선택의 문제, 구체적인 번역 스타일을 비교하는 방법을 취하였다.

2. 김종한과 김소운이 선택한 정지용 시편들

김종한의 『설백집』은 수지장(壽之章)・복지장(福之章)・부지장(富之章)・귀지장(貴之章)・희지장(囍之章)의 총 5장으로 구성되어 있으며, 23편의 번역시 및 본인이 직접 쓴 일어 창작시 6편, 모두 합쳐 총 29편의 작품이 수록되어 있다. 총 105면에 달하는 소규모 시집인데, 우선 수록 작품들과 작자명을 장별로 제시하면 다음과 같다.

「善夫孤獨」(序詩)

壽之章

「白鹿潭」「冬籠り」「九城洞」「朝餐」「毘盧峯」「玉流洞」「長壽山」「瀑布」「躑躅」(이상 정지용)

福之章

「火祭歌」(홍사용)「ながれぼし」(정지용)「髮の毛」「湯藥」「焚き火」(이상 백석)「ぬれぎぬ」(김동환)「鳳仙花」(주요한)「赤い手」(정지용)「古井戸のある風景」(김종한)「晴耕」(김상용)

富之章

「杜甫や李白の如く」「澡塘にて」「南瓜の種子」「安東」(이상 백석)「首」(유치환)

貴之章

「園丁」「合唱について」「風俗」「幼年」(이상 김종한)

囍之章

「あとがき」

이상을 시인별로 나눠 재배열해 보면 다음과 같다.

정지용 : 「백록담」 등 총 11편

백　석 : 「모닥불」 등 총 7편

김종한 : 「낡은 우물이 있는 풍경」등 총 6편

이외 홍사용 1편, 김동환 1편, 주요한 1편, 김상용 1편, 유치환 1편

이상을 보면 알 수 있듯이, 이 역시집은 매우 특이한 구성 방식으로 이뤄져 있음을 알 수 있다. 우선 이 역시집은 작품 수록 양이 현저하게 적다. 그리고 역자 본인이 쓴 창작시 6편을 제외한다면, 이 역시집은 마치 정지용과 백석 시에 바쳐진 역시집인 듯한 인상을 줄 정도로, 두 시인의 존재를 부각시키려는 역자의 의도가 강하게 드러나고 있음을 알 수 있다.

이런 편제는 이 역시집이 김소운의 『조선시집(朝鮮詩集)』과는 기본적인 출발점이 다르다는 것을 분명한 형태로 보여주고 있다. 즉 김소운이 일본의 문화인들을 대상으로 한국 근대시의 전체상을 조감할 수 있는 앤솔로지를 제시하려 했다고 본다면,[6] 김종한은 이런 상식적 편집 체제를 무시하고 자신의 취향을 우선하는 편집 스타일을 고수하고 있음을

6) 김소운의 『朝鮮詩集(前期)』(興風館, 1943.8)에 수록된 작품들을 순서대로 나열하면, 한용운 5편, 김억 8편, 김형원의 2편, 김정식 7편, 김동환 3편, 홍사용 1편, 오상순 1편, 주요한 7편, 조명희 3편, 정지용 12편, 변영로 3편, 박영희 1편, 박종화 5편, 박팔양 5편, 이광수 8편, 이상화 1편, 이장희 5편, 양주동 5편, 노자영 1편의 순으로 되어 있다. 『朝鮮詩集(中期)』(興風館, 1943.10)에는 이하윤 4편, 허보 4편, 김윤식 4편, 김기림 6편, 김광섭 5편, 김상용 3편, 김태오 4편, 김대준 1편, 김대봉 3편, 김용제 3편, 오희병 1편, 신석정 8편, 조중치 5편, 백석 7편, 박세영 1편, 박용철 4편, 모윤숙 4편, 이상 4편, 이찬 3편, 이육사 4편, 유치환 9편, 임학수 3편, 임화 3편, 노천명 5편이 실려 있다. 작품수만으로 보면, 정지용이 12편으로 가장 많고, 그 다음이 유치환 9편, 이광수 · 김억 · 신석정 각 8편, 김정식 · 주요한 · 백석 각 7편의 순으로 되어 있다.

보여주고 있는 것이다. 이곳에는 김소운의 작업에 대한 대타의식 내지 김종한의 시적 개성, 그 나름의 특수한 출간 동기 등이 투영되어 있지 않나 생각된다. 이런 내용들이 보다 분명한 형태로 명문화되어 있는, 역자의 「후기」 내용을 보기로 한다.

> ①
>
> 시에 관한 한, 나는 자그마하게나마 독재자이고 싶다. 그러니 **반도시단의 일람표를 만든다거나 분포도를 그린다든가 하는 흉내**가 내게 가능할 리 없다.
>
> 내가 타인의 시를 번역하거나 편찬하는 것은, 그 시 속에서 나 자신의 분신을 발견할 수 있는 경우에 한해서다. 그런 의미에서 역시는 하나의 독립적인 창작이라고 할 수 있을 것이다.[7] (강조는 인용자)

"반도 시단의 일람표를 만든다거나 분포도를 그린다든가 하는 흉내"라는 말은 일본에서 앤솔로지 스타일로 출간되어 명성을 얻고 있었던 김소운의 역시집 『우유색 구름(乳色の雲)』(1940)의 편집체제를 의식한 발언일 것이다. 김소운의 작업에 대한 일종의 라이벌의식, 그리고 타인의 시를 편역하면서도 자신의 취향을 마음껏 강조하는 이런 진술방식 속에서, 자기주장이 강하고 직선적 발언을 즐기던 역자의 개성을 엿볼 수 있다.

그러나 이 중에서 가장 중요한 대목은, 그가 번역대상으로 선택한 시를 통해서, 자신의 시적 이상을 제시하려는 의도 내지 적극적인 자기과시의 자세를 드러내고 있다는 점이다. 이어지는 진술을 본다.

> ②
>
> 어쨌든, [壽之章]에서는 자연에 관한 것만을 모았다. 전부가 정지용 사백(詞

7) 김종한, 「あとがき」, 『雪白集』, 博文書館, 1943.7, 97면. 藤石貴代・大村益夫・沈元燮・布袋敏博 편, 『金鍾漢全集』, 東京 : 綠蔭書房, 2005.7, 327면. 원문은 일문. 이하도 같음. 『金鍾漢全集』은 앞으로 『전집』으로 표기하기로 함.

伯)의 시다. 정통적인 반도시인이 자연에 대해 느끼는 방식과 그 관점을 제시하고 싶었다. 그리고 그것이 內地나 支那의 전통적인 시심과 다소 차이가 있으면서도 크게 보면 같다는 점을 분명히 하고 싶었다.

다음의 [福之章]에는, 반도 농민의 생활이나 풍속을 노래한 것을 모았다. 의식적으로 합 리주의적인 문화성과 근대성을 거부하고, 흙에 뿌리내린 자연성과 신화성을 강조한 셈이다. 반도인의 익찬은, 반도라는 일본의 한 지방의 흙에 안심입명하는 지점에서 시작된다고 생각하기 때문이다. 이 경우 제일 곤란한 것은, 반도문화의 현실정과도 관련이 있는데, 웬지 모르게, 민족적인 것으로 혼동되거나 오해받는 경우다. 오래동안 나는 이 이율배반적인 문제로 고민해 왔다. 그러나 최근에는 하나의 신념을 갖게 되었다. 즉 반도의 시인들이 아무리 시대와 전쟁을 노래하더라도, 그것이 황국의 한 지방인 반도의 흙과 자연성에 뿌리내리지 않은 한은, 공허한 관념적인 것으로 끝나고 말뿐, 독자에게 감명을 줄 수는 없다는 것이다.[8] (강조는 인용자)

발언의 배후에 거대한 '시국'의 그림자가 드리워 있음을 느낄 수 있음은 물론이다. 물론 "반도인의 익찬", "반도라는 일본의 한 지방" 등의 언어는, 『국민문학』 편집자였다는 그의 경력과 더불어, 임종국의 '친일파 규정' 이래[9] 김종한을 따라 다녀온 '친일문인'이라는 표찰의 의미를 재확인시켜 주는 근거로 읽힐 수도 있을 것이다. 그런 의미에서 위 문장의 명분이 '보다 효과적인 문학적 익찬의 방법론'을 논하는 데 초점이 맞춰져 있음은 틀림이 없다고 생각된다.

그러나 그 당시, 적극적인 문단활동을 펼치면서 자기실현을 꾀하는 삶을 택한, 김종한과 같은 유형의 인간 집단의 존재, 그리고 당시 '시국'의 폭력성을 상당 용인해 주는 입장에 선다면, 위의 진술은 다른 각도에서 읽어줄 수 있는 문맥을 갖고 있음 역시도 부정하기 어렵다고 생각

8) 위의 책, 97~98면. 『전집』, 328~329면.
9) 임종국, 앞의 책, 232~239면.

된다. 그것은 “정통적인 반도시인의 자연에 대한 느끼는 방식”이라든가, “흙에 뿌리내린 자연성과 신화성을 강조”하려고 했다는 대목에서 잘 드러나고 있는 것이 아닐까. 이것은 ‘일본문학에 흡수될 수 없는 조선문학의 독자성’을 애써 주장하는 논리로 보기에 충분하다고 생각되기 때문이다. 이런 경향은 무엇보다도 「낡은 우물이 있는 풍경」 「고원(故園)의 시(詩)」 「계도(系圖)」 등, “토속적 서정”의 표현에 집착하고 있는 그의 초기 창작시들이 일찍부터 드러내 온 바이기도 하다.[10]

그렇다면 “오래동안 나는 이 이율배반적인 문제로 고민해 왔다”는 발언은, 무엇을 의미하는 것일까. 이것은 시국 속에 말려 들어가 “혼을 팔아버”린[11] 자로서 이행해야 할 “반도인의 익찬”이라는 현실적 명제와, 그렇기 때문에 더더욱 내면에서 증폭될 수밖에 없는 “조선문학의 독자성 담보”라는 명제에의 집착, 이 서로 용해될 수 없는 두 개의 명제를 어떻게 논리적으로 결부지어야 하겠는가, 하는 ‘시국 속 지식인’의 고뇌가 잘 드러나 있는 것이라 할 수 있는 것이 아닐까. 즉, 김종한은 ‘조선문학의 일본문학에의 편입 내지 해소’를 의미하는 ‘내선일체’의 폭풍 속에서 ‘혼을 파는’ 행동을 취하는 한편으로, 빼앗기기는 하되, 최소한 지켜야 할 것은 지켜야겠다는 의지, 즉 조선문학의 자주적 영역을 최대한 확보하려는 의지를 보여주고 있다고 볼 수 있지 않겠는가, 또한 이것은 사실상 당시 그가 줄기차게 주장해 온 “지방주의 문학론”을[12] 번역을 통해서 실천하

---

10) 김종한이 문학수업 중 처음으로 선택했던 장르는 토속적 서정성이 짙은 대중가요 성향의 민요였다. 「임자업는 나룻배」, 『別乾坤』 현상 당선(1934.2); 「베짜는 각시」, 『朝鮮日報』 신춘문예(1935.1.3); 「얄루강 굽이굽이」, 『朝鮮日報』(1935.2.8); 「망향곡」, 『東亞日報』 신춘문예(1936.1.1); 「백두산타령」, 『詩建設』 2집(1937.9) 등이 그것이다. 현대시는 그가 2차로 선택한 장르였는데, 그가 정지용의 추천을 거쳐서 시단에 등단할 무렵에 쓴 작품들인 「낡은 우물이 있는 풍경」 「할아버지」 「계도」 등의 현대시들은 세련된 이미지즘의 구사와 더불어, 조선의 토속적 서정을 기본으로 하고 있다는 공통성이 있다. 가와무라 미나토[川村湊] 교수도 김종한의 ‘조선의 자연에 대한 신뢰’를 그의 서정시의 핵심적 요소로 본 바 있다. 川村湊, 『醉いどれ船の青春』(講談社, 1986.11), 83면 참조. 이 면에서는 오오무라 마스오, 후지이시 다카요 교수의 견해도 동일하다.

11) 가와무라 미나토, 앞의 책, 78면.

려 한 결과라고 할 수 있지 않겠는가 생각되는 면이 있는 것이다. 이런 가능성은 앞서 밝힌 바, 그가 창작시를 통해서도 강하게 주장하고 있는 바임과 동시에, 그가 기이해 보일 정도의 편향적 자세로, 정지용과 백석 등의, 향토성 내지 민족적 특성이 뚜렷한 작품들을 선택한 그 집착적인 행위 속에서도 상당 정도 파악 가능한 것이 아닌가 생각된다.

그러면, 정지용의 경우에 국한해서, 김종한이 선택한 작품의 목록을 제시해 보기로 한다.

원제목	初出	최초수록시집	『雪白集』 수록 제목
白鹿潭	문장 1939.4	『白鹿潭』 1941.9	白鹿潭
忍冬茶	문장 1941.1	『白鹿潭』 1941.9	冬籠り
九城洞	문장 1937.6	『白鹿潭』 1941.9	九城洞
朝餐	문장 1941.1	『白鹿潭』 1941.9	朝餐
毘盧峰	조선지광 1937.6	『白鹿潭』 1941.9	毘盧峰
玉流洞	조광 1937.11	『白鹿潭』 1941.9	玉流洞
長壽山	문장 1939.3	『白鹿潭』 1941.9	長壽山
瀑布	조광 1936.7	『白鹿潭』 1941.9	瀑布
진달래	문장 1941.1	『白鹿潭』 1941.9	躑躅
별똥	학조 1926.6	『鄭芝溶詩集』 1935.9	ながれぼし
붉은손	문장 1941.1	『白鹿潭』 1941.9	赤い手

12) 당시 '신지방주의 문학론'이라고도 불린 바 있는데, 김종한은 당시의 평론 활동을 통해서 이러한 주장을 지속적으로 되풀이한 바 있다. 김종한의 이러한 주장 내용에 착목하고 그 민족주의적 의지를 평가하려 한 최초의 연구자가 오오무라 마스오[大村益夫] 교수다. 大村益夫, 앞의 논문, 204~206면 참조. 이외에 앞의 후지이시 다카요[藤石貴代] 교수 역시도 "번역을 한다는 명목으로 언문문학의 존속을 암시한 것인 동시에, 번역이라는 작업을 통해 전통을 잃지 않겠다는 뜻을 엿볼 수 있다"는 입장을 제시한 바 있다. 藤石貴代, 앞의 글, 199면 참조. 앞으로 김종한 연구가 본격화되어 간다면, 이 문제는 국내에 형성되어 있는 '친일'론과 더불어 생산적 논의를 낳을 수 있는 힘이 될 수 있을 것으로 생각된다.

「별똥」을 제외한 모든 작품이 『백록담』 수록 작품임을 알 수 있다. 잘 알려져 있다시피, 『백록담』에 수록된 작품들, 특히 위에 제시된 「백록담」 「장수산」 「비로봉」 등의 작품은, 정지용이 『정지용시집』 시대의 경쾌한 이미지즘과 이국지향적 세계를 넘어, 한국의 신성한 자연 탐구를 통해 "무욕의 철학",[13] 제한적으로나마 "동양적 정신의 구경"의[14] 한 차원에 도달했음을 보여주는 작품으로 평가받고 있다. 물론 김종한이 '내선일체'의 폭풍 속에서 이런 『백록담』의 세계를 적극적으로 소개하려 한 이유를 보다 구체적으로 살피기 위해서는, 김종한 자신의 시적 개성이나 시관의 해명과 관련된 연구 성과가 보다 풍부하게 축적되기를 기다려야 할 필요가 있을 것이다.

그러나 정지용의 이 작품들이, 한국시의 존립 자체가 위기의 상태에 있었던 1940년대 전후를 뚫고 솟아오른 수작들이라는 점, 그리고 그 수준 역시도 한국시가 도달할 수 있었던 최고의 한 경지를 보여주고 있었다는 점을 고려해볼 때, 최소한 김종한은 이러한 세계를 자신의 시관의 한 정점에 두고 있었으며 이를 자신의 그것과 동일시하고 싶었다는 점, 그리고 이 경지를 조선과 일본에 과시하고 싶었다는 점 등을 어렵지 않게 확인할 수 있다고 생각한다. 더 나아가 정지용의 이 작품들이, 그의 초기작들과는 달리, 모두 조선적인 세계의 고고한 상징이라고 할 만한 신성한 '산' 내지 그 '정상(頂上)'의 세계를 시적 공간으로 채택하고 있다는 점을 고려해볼 때, 김종한의 내심 속에는 당시 그가 평단에서 내내 주장해온 바 있는 '지방주의 문학론'과 더불어 이른바 '조선적인 것의 사수'(오오무라 마스오)가[15] 자리하고 있었을 가능성 역시도 인정 가능한 것이 아니겠는가 생각이 되는 것이다.

김종한의 위와 같은 작품 선택 성향 속에서 다중적(多重的) 차원의 민

---

13) 김우창, 「한국시와 형이상」, 『궁핍한 시대의 시인』, 민음사, 1977, 52~53면.
14) 최동호, 「장수산과 백록담의 세계」, 『현대시의 정신사』, 열음사, 1985, 322면.
15) 大村益夫, 앞의 글 참조.

족주의적 요소를 읽어낼 수 있는 가능성이 있다고 한다면, 김소운은 김종한과 유사하면서도 또 다른 면모를 보여주는 것이 아닌가 생각된다. 역시 정지용만을 대상으로 해서, 김소운이 번역한 작품의 목록을 제시해 보면 다음과 같다.

원제명	초출	최초 수록시집	金素雲『朝鮮詩集』 제목
카페·프란스	學潮 1926.6	『鄭芝溶詩集』 1935.9	カフエーフランス
故鄕	東方評論 1932.7	『鄭芝溶詩集』 1935.9	ふるさと
紅疫	카톨릭青年 1935.3	『鄭芝溶詩集』 1935.9	紅疫
不死鳥	카톨릭青年 1934.3	『鄭芝溶詩集』 1935.9	不死鳥
臨終	카톨릭青年 1933.9	『鄭芝溶詩集』 1935.9	臨終
나무	카톨릭青年 1934.3	『鄭芝溶詩集』 1935.9	樹
갈릴레아의 바다	카톨릭青年 1933.9	『鄭芝溶詩集』 1935.9	がリラヤの海
조약돌	東方評論 1932.7	『鄭芝溶詩集』 1935.9	石ころ
時計를 죽임	카톨릭青年 1933.10	『鄭芝溶詩集』 1935.9	時計をころす
朝餐*	文章 1941.1	『白鹿潭』 1941.9	朝餉
琉璃窓	**朝鮮之光 1930.1**	**『鄭芝溶詩集』 1935.9**	**琉璃窓**
白鹿潭*	**文章 1939.4**	**『白鹿潭』 1941.9**	**白鹿潭**[16]

(강조 및 '*' 표시는 인용자)

김소운은 정지용의 최초기작으로서 식민지 유학생의 비애를 그린 「카페 프랑스」, 주지주의적 작시 태도의 교범이라 할 수 있는 「유리창」, 그리고 고향상실의 정서 및 비관적인 자기정체성을 그린 「고향」 및 「조약돌」, 그리고 『카톨릭청년』에 연속 수록되었던 그의 카톨릭 신앙시편들, 마지막으로 『백록담(白鹿潭)』의 대표작 「백록담」을 수록하고 있다.

16) *은 『설백집』에도 동시에 번역·수록되어 있는 작품임. 고딕체로 표기한 작품들은 1954년 출간된 암파문고판 『조선시집』에서 삭제된 작품들이다.

카톨릭 시들을 제외한다면, 대체로 전체적인 주제는, 김종한이 선택한 작품들에 비해 보다 소박한 의미에서의 민족주의적 성격을 띠고 있다고 할 수 있는 것으로 보여진다. 시기상으로 본다면, 초기·중기·후기 작품들이 골고루 선택되어 있으며, 그 주제 역시도 비교적 다양하게 안배되어 있는 것처럼 보인다.

이렇게 보면, 김소운은 정지용의 전작 중에서 대표적인 작품들을 골고루 선택한 것으로 볼 수 있을지도 모르지만, 실상은 그렇지 않다는 데 문제가 있다. 왜냐하면 총 12편의 작품 중 반수에 해당하는 6편의 작품이 정지용의 중기작품, 특히 정지용 연구사에서 긍정적 평가를 받고 있지 못한 카톨릭 시 쪽 분야의 작품들이기 때문이다.[17] 이렇게 보면, 김소운은 정지용의 작품 중에서 낮은 평가를 받고 있는 작품들을 정도 이상으로 과다하게 선택했으며, 높은 평가를 받고 있는 작품들 중, 특히 『백록담』에 수록되어 있는 작품들은 과다하게 제외했다는 것을 알 수 있다. 그러므로, 적어도 정지용의 작품 선택이라는 면에만 국한해서 본다면, 김소운의 작업은 균형있는 선택이었다고 하기는 어렵지 않겠는가 생각되는 것이다.

물론 이런 현상을 바라보는 데에는 여러 가지 시점이 있을 수 있을 것이다. 그 첫째 문제로 이야기되는 것이, 김소운이 번역작업 시에 겪고 있었다고 알려져 있는 원자료 확보상의 문제다. 그 직접적 근거로 인용되고 있는 것이, 김소운이 쓴 『조선시집(朝鮮詩集)』 서문 내용의 일부다.

> 현재 내 수중에 준비되어 있는 자료는
>
> 『문장』 창간호부터 종간까지 20여 책, 『인문평론』 제2권 이하 약 10책, 『카톨릭 靑年』 창간호 이하 19책, 기타 『문예운동』 『조광』 등 수책.
>
> 『춘원시가집』 이광수·『안서시집』 김억·『소월시초』 김정식·『님의 침묵』 한

17) 정지용의 카톨릭 시에 대한 비판적 입장 제시 및 권환, 송욱 등 관련 논의들의 소개는 김윤식, 「가톨리시즘과 미의식」(『한국 근대문학 사상사』, 한길사, 1984), 429~434면 참조.

용운 · 『해당화』 김동환 · 『초원』 김태오 · 『현해탄』 임화 · 『사슴』 백석 · 『화사집』 서정주 · 『와사등』 김광균 · 『산호림』 노천명 · 『태양의 풍속』 김기림 · 『향수』 조중치 · 『성벽』 오장환 · 『청마시초』 유치환, 기타 두세 권의 개인시집

현대조선문학전집 중의 『시가집』(조선일보사 출판국) · 『현대서정시선』(박문문고) · 『현대조선시인선집』(조선문고) · 『신선시인집』(시학사 편).

그리고는 제2안에 기초해서 보내온 자선작품 200편 정도, 일간지 · 종합잡지에 발표된 걸 오려낸 것 약간, 이것뿐이다.[18]

확실히 『정지용시집』과 『백록담』이 보이지 않는다. 그런 의미에서 정지용의 『백록담』에 수록된 수작들인 「백록담」 「장수산」 「구성동」 「인동차」 「조찬」 등 중에서 「백록담」(『문장』 1939.4)과 「조찬」(동, 1941.1)만이 선택된 연유를 추측해 볼 수는 있다. 그러나 위의 기록을 자세히 보면, 과연 김소운이 자료 부족 때문에 정지용의 나머지 작품들을 선택하지 못했는가 하는 점과 관련하여 석연치 않은 점이 있다. 위에서 김소운은 "『문장』 창간호부터 종간까지 20여 책"을 갖고 있었다고 한 바 있는데, 창간호(1939.2)부터 종간(1941.4)까지 간행된 『문장』은 전부 합쳐서 26권에 지나지 않다. 이것은 김소운은, 적어도 『문장』에 한해서는 거의 자료 부족상태에 있지 않았다는 이야기가 되는 것이다. 이 "20여 책"의 『문장』에 「백록담」과 「조찬」 이외의 작품들, 즉 「인동차(忍冬茶)」(1941.1) · 「구성동(九城洞)」(1937.6) · 「장수산(長壽山)」(1939.3) 등은 물론, 나중에 『백록담』(1941)에 수록되는 총 14편의 수작(秀作)이 수록되어 있음은 말할 필요도 없다. 참고로 『문장』에 수록된 정지용의 작품 목록을 차례로 제시하면 다음과 같다.

2호(1939.1.1) 「長壽山」 1, 2

3호(1939.4.1) 「春雪」 「白鹿潭」

---

18) 金素雲, 『朝鮮詩集』(前期), 興風館, 1943.8, 18~19면.

22호(1941.1) 「朝餐」 「비」 「忍冬茶」 「붉은 손」 「꽃과 벗」 「盜掘」 「禮裝」 「나븨」 「호랑나븨」 「진달래」 (강조는 인용자)

이상의 작품은 모두가 『백록담』에 수록된다. 강조한 작품들이 김소운이 번역한 작품들이며, 22호에 다수의 작품이 실려 있는 것을 알 수 있다. 이상을 보면, 김소운이 적어도 『문장』 3호와 22호를 분명하게 갖고 있었다는 것이 판명된다. 이것이 무엇을 의미하는 것일까. 김소운은, 정지용의 전 작품 중에서 가장 중시되고 있는 『문장』 수록작품이 없었기 때문에 이것을 번역하지 않은 것이 아니라, 모종의 이유가 있어서 고의로 이런 종류의 작품을 제외했다는 사실이 분명하게 밝혀진 것이 아닌가 생각되는 것이다.

정지용의 후기작을 기피하는 경향은, 김소운이 해방 후에 출간한 이와나미문고[岩波文庫]판 『조선시집(朝鮮詩集)』(1954)에서도 확인이 가능하다. 그는 『백록담』 수록 시들을 추가하기는커녕, 오히려 작품 「백록담」을 「유리창」과 더불어 삭제하고 있기 때문이다. 당시 두 권 분량의 『조선시집』(전기, 중기, 1943)을 문고판으로 다시 내야 하는 상황에서 작품 수를 대폭 줄여야 하는 것은 당연한 일이었을 것이다.[19] 그러나 한편으로 보자면, 이렇게 작품 수를 줄여야 하는 경우에, 역자가 어느 작품을 살리고 어느 작품을 빼는가, 하는 그 결정 과정을 봄으로써, 역자가 해당 작품을 대하는 태도를 간접적으로 엿볼 수가 있다. 김소운은 이 선택의 과정에서, 카톨릭 시들은 그대로 남겨두고, 『백록담』의 정수에 해당하는 작품인 「백록담」을 제외하는 결정을 내리는 것이다.

이렇게 보면, 김소운이 이상할 정도로 정지용의 카톨릭시들에 집착하는 한편, 『백록담』 수록 시들의 선택에는 극히 인색했던 데에 일종의 내적인 일관성이 있다고 볼 수 있지 않을까. 그 내적 이유에 대한 본격

---

19) 더 정확히 말하자면, 김소운은 『朝鮮詩集』(興風館) 두 권을 『朝鮮詩集』(創元社, 1953)으로 집성(총 45명, 180편)했다가, 이를 다시 암파문고판(40명, 120편)으로 재편했다.

검토는 본고의 논의 범위를 넘는 일이긴 하나, 다음과 같은 가설을 제기해 두는 것도 무익하지는 않을 것으로 생각된다.

첫째, 정지용의 카톨릭 신앙시들은 일본어로의 번역이 비교적 쉬웠을 점이라는 점을 제시해 볼 수 있지 않나 생각된다. 정지용 시가 전체적으로 형상미가 뛰어난 만큼, 해독에 난점 역시도 많다는 것은 잘 알려져 있는 사실이다. 그러나 유독 그의 카톨릭 신앙시만은 예외적이어서, 언어 형상이나 시형, 어휘 등의 면에서 평범을 벗어나지 못한 경우가 많다. 이 때문에 그의 신앙시가 부정적인 평가를 받는 것이기도 한데, 이것은 바꿔 말한다면 '번역하기에는 편하다'는 말이 된다. 이 경우 말고도 김소운은 평이한 수준의 한국시를 '훌륭한 일본시'로 바꿔 번역해내는 능력을 보여준 바 있기도 하지만,[20] 김소운은 바로 이런 편리성 때문에 정지용의 카톨릭 시편들을 다수 선택했을 가능성도 있지 않겠는가 추측해 볼 수 있다고 생각된다.

두 번째, 정지용의 후기시편들, 특히 『백록담』에 수록된 시편들은 '언어의 마술사'인 그의 언어 형상력이 최고도에 도달했던 시기의 작품들인 것으로 평가되고 있다. 때문에 현대어로 번역이 어려운 정지용만의 의고체적 어미, 의미 불명의 신조어들, 그만의 뉘앙스를 지닌 의성・의태어가 다수 포함되어 있어, 한국의 연구자들도 접근이 용이하지 않은

20) 여기에서, 김소운의 역시 선택의 한 특징을 알려주는 상징적인 예 하나를 제시해 두기로 한다. 이하윤은, 정형적인 시형 및 시적 긴장도가 떨어지는 어휘와 통사, 빈약한 시적 상상력으로 인해 한국시사에서는 변방적 위치에 자리하고 있는 시인이다. 김소운은 바로 그의 「나는 들에 핀 국화를 사랑합니다」 및 「일허진 무덤」 같은 작품을 선택하여 번역한 바 있다. 물론 김소운은 이를 명치시대적인 언어미를 잘 활용・번역하여 일본 문단의 주목을 끈 바 있다. 말하자면, 김소운은 '평이한' 수준의 한국시, 바꿔 말해 본인의 입맛에 맞는 '번역하기 쉬운' 작품을 선택하여 이를 '훌륭한 일본시'로 둔갑시킨 셈인데, 이 속에 김소운의 번역이 갖고 있는 장단점 및 번역의 본질과 관련된 문제들이 산재되어 있다고 할 수 있겠다. 이 문제를 포함하여 김소운의 이하윤 시 번역이 갖고 있는 여러 가지 문제점에 대한 구체적인 지적은 김윤식, 「김소운과 조선시집의 사상」(앞의 책), 186~191면; 김윤식, 「한국 근대문학사의 시선에서 본 김소운」(『한일 근대문학의 관련양상 신론』, 서울대 출판부, 2003), 193~194면; 사에구사 도시카쓰 「김소운은 무엇을 했는가」(앞의 책), 338~345면 참조.

편이다.[21] 그런 의미에서 정지용의 『백록담』 수록 시편들은, 번역자의 입장에서는 적지 않게 부담이 가는 대상이었을 수 있는 것이 아닌가 생각할 수 있다고 판단되는 것이다.

세 번째, 두 번째와 관련이 있는 것인데, 김소운은 원작의 "어구를 대담하게 깎아서 문맥성을 희박하게 하고, 남은 어구를 모자이크식으로 배열하고 그 사이사이에 서정적인 분위기를 갖는 어구를 삽입시"키는 스타일의 번역 성향을 갖고 있는 것으로 알려져 있다.[22] 그런 김소운의 입장에서 본다면, 내적 완성도가 높은 정지용의 후기 시편들은, 편하게 "깎아내"고 재작업에 들어가기에는 매우 부담스러운 대상이었을 가능성이 있었을 가능성이 있었던 것이 아닐까 생각되는 것이다. 그런 그의 입장에서는, 역시 자신의 작업 성향에 맞춰서 원작을 보다 편하게 손질할 수 있는 카톨릭 시편들을 적극적으로 선택했을 가능성이 있었다고 보이는 것이다.

전체적으로 볼 때, 김종한과 김소운은 정지용의 시 선택에 있어서 다음과 같은 특징을 보여준 것으로 요약이 가능하다고 생각한다. 첫째 유사점으로 지적할 수 있는 것은, 김소운이 약 반수나 카톨릭 작품을 선택한 특징은 있으나, 전반적으로는 두 사람 모두 정지용 시 속에서 민족주의적 요소가 포함된 작품들을 골라서 번역하는 경향을 보여주었다는 점이다. 물론 상대적인 차이점은 존재한다. 즉 김소운은 고향 상실감이나 식민지 청년의 비애적인 자화상과 같은, 즉 "망국의 비애"를[23] 전

---

21) 유감스러운 일이지만, 정지용의 시에 등장하는 난해어휘들에 대한, 신뢰 가능한 주석 작업이 붙은 원본 자료집이 국내에서 본격 출간된 것은 그렇게 오래된 일이 아니다. 그의 시 속에 포함되어 있는 일본어적 발상에 기초한 어휘에 대한 본격적 규명작업 역시도 일본인 연구자에 의해 역시 근래에 발표된 바 있다. 각각 이숭원 주해, 『원본 정지용시집』, 깊은샘, 2003; 사나다 히로코, 『최초의 모더니스트, 鄭芝溶』, 역락, 2002 참조.

22) 사에구사 도시카쓰, 앞의 글, 344면.

23) 일본 지식인이 식민지 조선을 '비애적 정서'를 통해 바라보는 관습은 야나기 무네요시(柳宗悅) 이래의 오랜 전통이다. 김소운과 일본 지식인들의 이 '비애적 정서'와 관련된 긍정적 언급은 임용택, 앞의 책, 67면 참조. 비판적 언급은 김윤식의 「한국 근대문학사의 시선에서 본 김소운」(앞의 책), 194면 참조.

하는 데 초점을 맞춰 작품을 선택하는 경향이 있으며, 이에 비해 김종한의 경우는 민족의식이 작품 속에 고도로 내면화 내지 승화되어 있는 작품을 고르는 경향이 있다는 점을 지적할 수 있을 것이다.

두 번째, 차이점이라면 김종한이 조선적인 것의 강조, 그리고 최고 수준의 한국시를 선보이려는 질적인 '정예주의'를 선택하고 있는 데 반해, 김소운은 정지용의 전 시기 작품을 대상으로 골고루 선택하려는 '양적 충실주의'를 일단 기준으로 삼은 것으로 보인다. 그 외에 작품 수준이 떨어지는 카톨릭 신앙시에 집착을 보여주고 있는 점, 상대적으로 정지용 시의 최고봉인 『백록담』 수록 시는 홀대하는 경향을 보여주는 점 역시도 김소운의 작품 선택상의 특징으로 지적할 수 있다고 생각한다.

3. 번역 스타일의 문제

김소운의 번역관은 이미 잘 알려져 있는 바다. 그는 "원시의 재창조"를 모토로 삼고 있으며, 번역방법상의 근원을 명치시대 '명역시집의 체험'에 두고 있는 시인으로서[24] '원시보다 일본시로서의 완성도를 중시하는 스타일'이며, '경우에 따라서는 원시의 의미를 대담하게 바꾸는 방법도 불사'할 뿐만 아니라, '필요 이상으로 문어(文語)를 구사하는 스타일의 소유자',[25] '텍스트에 대한 인식도가 낮으며' '원시를 훼손한 후에 서정적 요소를 첨가하는 작업'의 소유자라는 평가[26] 등이 그것이다.

김종한의 경우 역시도 일정한 평가가 나와 있다. "고어의 구사 면에서

24) 임용택, 앞의 책, 15면 참조.
25) 白川豊, 앞의 글, 103면 참조.
26) 사에구사 도시카쓰, 앞의 글, 335, 343면 참조.

는 김소운에 미치지 못했을지도 모르나, 현대어 면에서는 결코 뒤떨어지지 않"는 실력의 소유자,[27] '알기 쉬운 문체'를 구사하나 때로 '원시의 의미를 완전히 재창작하는 스타일'의 소유자[28] 등의 평가가 그것이다. 여기서는, 이미 임용택에 의해 한 번 검토된 적은 있으나, 김종한과 김소운이 유일하게 같이 번역한 작품인 「조찬」의 번역 내용을 비교해 가면서 두 사람의 번역 스타일의 특성을 구체적으로 검토해보기로 한다.

朝餐	朝餉	朝餐
해ㅅ살 피여 이윽한 후,	日出でて 暫し、	陽ざしが綻び やがて
머흘 머흘 골을 옮기는 구름.	凜々 谷移す雲。	ふうわりふわりと谿から谿へ 雲が移り始める
桔梗 꽃봉오리 흔들며 씻기우고.	桔梗の蕾 搖れ淨まり	桔梗の花がゆさぶられ 洗われ
차돌부리 촉 촉 죽순 돋듯.	筍さながらに 石の根の生ふ。	方解石は 心から濕り
물 소리에 이가 시리다.	齒に透る 水の音。	水の音に 齒の根がしびれる
앉음새 갈히여	日向擇りて	いずまいをかえて

27) 大村益夫, 『朝鮮近代文學と日本』, 綠蔭書房, 2003, 207면 참조.
28) 임용택, 앞의 책, 211면 참조.

원시	김소운 역	김종한 역
양지 쪽에 쪼그리고,	うづくまり、	日なたに跼がみ
서러운 새 되어	鳥とわびて	さみしい鳥となって
흰 밥알을 쫏다.	白き飯啄む。	白い飯粒を啄ばむ [29)]
	(김소운)	(김종한)

정지용의 시 「조찬」은 자연의 변화의 아름다움을 즉물적 감각으로, 그것을 간결한 이미지로 묘사하는 한편으로, 자신에 대한 연민적인 감정을 "양지쪽에 쪼그리고" "밥알을 쪼는" "서러운 새"에 투사한 방식으로 형상화한 작품이다. 각 행의 길이가 매우 짧으며, 각 행당 리듬이 거의 2음보 혹은 그 이내로 통일되어 있다. 이와 더불어 연 끝을 명사로 마감하거나 모든 연 끝에 구두점을 첨가하여, 각 연의 완결감을 극대화하려 한 시적 의장들이 두드러져 보이는 작품이다.

원작의 주제와 시적 의장들을 고려해 넣고 볼 때, 김소운과 김종한의 번역 결과는 상당히 대조적이다. 우선 두 번역시의 외형적 형태를 보면, 전체적으로 김소운 쪽이 짧고 김종한이 긴 편이라는 점이 눈에 띈다. 그리고 김소운이 원시의 구두점을 살리고 있는 점, 김종한은 구두점을 모두 삭제해 버린 점 역시도 드러난다. 이것만을 근거로 하여 번역의 충실성을 판단할 수는 없지만, 원작의 형태와 리듬 면에서 본다면, 김소운 쪽이 보다 충실성을 갖고 있음을 암시하고 있다는 점은 확인이 가능하다. 1연부터 구체적으로 보기로 한다.

원시	김소운 역	김종한 역
해ㅅ살 / 피여	日出 / でて	陽ざしが/綻(ほころ)び
이윽한 / 후,	暫し、	やがて

29) 김소운, 『朝鮮詩集』 전기, 興風館, 1943.8, 193~195면; 김종한, 『雪白集』, 博文書館, 1943, 16~18면; 『全集』, 246~248면. 두 작품 모두 원작에 붙어 있는 독음(讀音) 표시는 생략했음.

일단 원작과 번역시 모두에 음보 분할을 해보았다. 김소운과 김종한은 모두, 1행은 2음보, 2행은 1음보로 번역했는데, 김종한 쪽은 1행 쪽의 두 음보 모두가 4음절로 늘어나 있어 둔중한 감을 준다. 이에 비해, 김소운 쪽은 2음절씩으로 나뉘어 있어 간결할 느낌을 재생하는 데 성공했을 뿐만 아니라, 그 결과가 원작의 음절수와도 일치하고 있다. 그러나 원작의 의미 전달 면만 본다면, 김소운의 "日出でて"보다 김종한 쪽이 훨씬 더 충실한 것으로 보인다. 2연을 본다.

머흘 / 머흘	凜々	ふうわり / ふわりと / 谿から / 谿へ
골을(/) 옮기는 / 구름.	谷(/)移す / 雲。	雲が / 移り(/)始める

행의 길이나 리듬 분할과 관련해 볼 때, 전작을 통해서 두 사람 간의 차이가 가장 극단적으로 드러나는 곳이 아닌가 생각된다. 원작의 2음보를 김소운은 1음보로, 김종한은 무려 4음보로 늘여 번역했다. 명사로 끝맺은 원작의 2연은, 김소운은 같은 명사로, 김종한은 서술형으로 늘여 번역했음이 드러난다. 3연은 큰 차이가 나지 않는 가운데, 김종한이 원작의 명사구를 서술문으로 바꿔놓은 것이 눈에 띈다. 4연을 보기로 한다.

차돌부리	筍 / さながらに	方解(ほうげ) / 石(しゃく)は
촉 촉 / 죽순 / 돋듯.	石の(/)根の / 生ふ。	心(しん)から / 濕(しめ)り

한국어로 직역해 보면, 김소운은 "죽순처럼 / 돌부리 돋다"로 번역하였다. "차돌"과, 원작의 의태어 "촉촉"이 갖고 있는 느낌을 전달하지 못한 점, 그리고 원작의 원관념과 보조관념과의 순서(차돌부리 – 죽순)를 거꾸로 뒤집어 번역한 점(죽순 – 차돌부리)이 눈에 띄는데, 문제는 김종한이다. 원작의 '차돌'의 의미를 충실하게 살리려 한 것 같으나, '석영(石英)'이라는 어휘가 있는데도 불구하고 — '석영'도 딱딱한 느낌이 들기 때문

에 시어로서 적절한지는 의문이나—일반인에게 더욱더 생소한 전문용어인 "방해석(方解石)"으로 번역한 근거를 확인하기 어렵다. 그리고 차돌이 흙 위로 흰 색깔을 조금씩 드러낸 모습을, "속으로 젖어"라고 번역한 것은, 돋아난 죽순의 촉촉한 느낌을 깊이있게 전달하려 한 의도의 산물인 것 같긴 하나, 즉물적 방법으로 이미지화되어 있는 원문을 지나치게 내면화된 감각으로 번역하면서 오히려 원작의 맛을 훼손시킨 듯한, 혹은 개악(改惡)한 듯한 느낌이 든다.

물 소리 / 에	歯に透 / る	水の / 音に
이가(/) 시리다.	水の / 音。	歯の根が / しびれる

5연은 김소운의 언어감각이 최대한 돋보이는 대목이라고 생각된다. 김종한 쪽은 완벽한 직역이라 해도 될 만큼 원작에 매우 충실한 모습을 보이고 있다. 결함이 있다면, 2행의 '2 / 3' 음절을 모두 '4 / 4' 음절로 번역하여, 마치 4·4조 가사(歌辭)의 일절처럼 리듬감이 무거워져서 원작의 가볍고도 간결한 맛이 사라진 점이라 하겠다. 이에 비하면, 김소운은, 직역하자면 "이에 스미는 / 물소리"로 번역하였는데, 원작의 간결한 음절수를 최대한 재생하면서, 연 끝도 명사로 마감하여 완결감을 최대로 발휘했다. 즉 원작의 통사 구조나 의미는 다소 변형했지만, 그 대신 원작이 전체적으로 소유하고 있는 간결미나 즉물적인 이미지 감각은 재생해내는 데 성공한 것으로 판단된다.

앉음새 / 갈히여	日向 / 擇りて	いずまいを / かえて
양지 쪽에 / 쪼그리고,	うづくま / り、	日なたに / 踞がみ

지금까지 보아온 바와 같은 번역 패턴이 다시 반복되고 있다. 김종한은 고지식할 만큼 원작에 충실하다. 반면 김소운은 다시금 원작의 통사

구조를 바꾸고 있다. 직역하면, "양지쪽 골라/쪼그려 앉아" 쯤이 되겠는데, 이것은 역시 원작의 통사구조를 해체한 후에 이를 일본어 통사구조로 재생하는 방법에 속하는 것이라고 생각된다.

비록 한 작품만을 대상으로 한 것이지만, 이상의 결과는 김소운과 김종한의 번역 스타일에 대한 기왕의 견해들과 잘 부합되는 결과를 보여주고 있는 것이 아닌가 생각된다. 즉 김종한은 부분적으로 오역이 아닌가 생각될 정도로 일탈적인 부분은 있으나, 전체적으로 현대어를 사용하여 원작의 어휘나 통사구조를 충실하게 따르면서 번역하는, 직역에 가깝다고 할 수 있는 번역 경향이 있는 것으로 생각된다. 물론 이 과정에서 원작이 갖고 있는 전체적 느낌이나 독특한 시적 의장, 리듬 등이 상당히 파괴되는 부작용이 수반되는 것은 물론이다.

반면, 김소운은 김종한과는 대조적으로, 때로는 과격할 정도로 원작의 어휘나 통사구조를 삭제 혹은 변형, 전도시키는 경향을 보여준다. 물론 이 작품에서는 그것이 도를 넘는 정도에까지 이르지는 않았다고 생각되는데, 김소운은 원작의 어휘나 통사구조에 크게 집착하지 않고, 그것을 일단 해체한 후에, 문어(文語)가 다수 섞인 일본어적인 상상력을 출발점으로 하여, 원작의 전체적인 느낌이나 시적 의장, 의도 등을 '창조적'으로 재생해내는 번역 경향을 갖고 있는 것으로 판단된다. 그것은 부분적으로 경탄을 자아낼 정도의 균형감이나 섬세함을 수반하고 있어, 기왕의 김소운 신화가 갖고 있는 무게를 실감하게 해주는 것이기도 하다.

4. 결론

본고는, 김종한의 번역시집 『설백집(雪白集)』의 번역사상의 위치를 규명하고, 그간 신화적인 명성을 누려 온 김소운의 『조선시집(朝鮮詩集)』의 내용을 재검토하는 데 주목표를 둔 논문이다.

김종한의 『설백집』은 김소운의 『조선시집』과 달리, 앤솔로지로서의 기능성을 고려하지 않은, 특수한 목적성을 내포하고 있는 역시집으로 보인다. 그 목적성은, 고차원적으로 승화된 민족주의적 요소가 포함되어 있으며 작품의 형상적 수준이 뛰어난 정지용의 후기시와 백석의 시를, 그가 주된 번역 대상으로 선택한 데에서도 드러나고 있다고 판단된다. 그는, 자신이 "지방주의 문학론"을 통해 주장해 온 바와 같이, 내선일체—조선문학의 해체 및 일본문단에의 편입을 의미하는—를 강제하는 시국의 폭풍에 타협하면서도, 한국문학의 민족적 독자성을 최대한 담보하려는 의지를, 이 역시집을 통해 대내외에 공표하려 했던 것이 아닌가 생각된다. 이를 '질적 정예주의'라는 말로 요약할 수도 있지 않나 생각된다.

반면 김소운은 민족주의적 요소를 제시하려는 점에서는 김종한과 유사하나, 그가 선택한 시 속에 내포된 정서가 소극적이고 비애적인 측면으로 기울고 있다는 점이 특징적이다. 또한 정지용의 작품을 시기적으로 골고루 선택・안배하려는 '양적 충실주의'를 의도하고 있었던 듯하나, 실제로는 작품 가치가 떨어지는 카톨릭 시편들을 반수나 선택한 점, 그리고 정지용 시편 중 가장 높은 평가를 받고 있는 『백록담』 수록 시편들의 선택에 인색했던 점들이 특징적으로 드러난다.

한편, 정지용의 「조찬(朝餐)」을 대상으로 하여 두 사람의 번역 스타일을 살펴 본 결과, 비록 원작의 어휘나 통사구조의 해체를 즐기는 면은 있으나, 김소운은 문어를 적극 구사하면서, 리듬이나 이미지 등 작품 전체의 뉘앙스를 세심하고도 능숙하게 일본어적 상황으로 재현하는 번역 스타일을 갖고 있음을 확인할 수 있었다. 김종한의 경우는 주로 구어를 사용하고 있어 이해하기가 쉽고, 원작에 충실한 면모는 있으나, 리듬・이미지 등 전체적인 뉘앙스를 재현하는 면에서는 김소운보다 그 역량

이 떨어지는 점, 일부 도가 지나친 개악(改惡)적 부분이 있는 점을 확인할 수 있었다.

제3부
이광수와 아베 미츠이에, 일본어 시 창작의 문제

이광수의 보살행 서원과 친일의 문제

해방기 산문과 시편들을 중심으로

1. 법화행자와 민족반역자

1930년대 중후반부터 1940년대에 이르는 시기의 이광수의 이미지 중에는 '법화행자'로 알려진 수행자 · 포교사로서의 모습과 '민족반역자'라는 모순적인 상이 공존하고 있다. 이 점은 이광수가 자신의 친일 행위가 보살행의 일종이었다고 선언한 해방기에 이르게 되면, 그 정도가 가장 극렬화된다. 이 지점은 부정적 가치에 해당되는 역사적 사실로서의 반민족 행위와, 인간이 실천할 수 있는 최고의 윤리적 행위라 할 수 있는 보살행의 가치가 격돌하는 지점이라고 할 수 있을 것이다. 객관적인 역사적 사실과 이광수의 주관적 신념이 격돌하고 있는 이 지점은 한국 근대문학사에서는 매우 극적인 사건에 해당하는 것이 아닌가 생각된다. 그런 의미에서 다음과 같은 연구자의 발언은 주목할 만한 데가 있다고 생각된다.

> 그가 윤회를 강조하지 않을 수 없는 것은 비록 현세에서는 민족을 구한다는 그의 소원과 행위가 인정받지 못했다 할지라도, 인과의 이치가 불멸인 이상 미래 영겁에 윤회를 되풀이하는 사이에 자기의 염원이 성취될 것을 강조하고 싶었기 때문이다. (…중략…) 어쩌면 그는 현세의 민족배반자라는 자신의 모습에서 민족구제를 위한 방편으로서의 모습을 보고 있었던 것이 아닐까.[1)]

위의 발언은, 이광수가 자신을 비판하는 이들보다 우월한 위치에 서 있었을 수도 있다는 문맥을 내포하고 있다. 이광수는, 자신의 민족반역자로서 역할이 민족 구원을 위한 하나의 숨은 '방편'이었다는 것을 자각하고 있는, 일종의 에이론이었을 수도 있다는 논리를 안고 있기 때문이다.

본고가 주목하고 있는 부분이 바로 이 지점이다. 그는 과연 자신의 보살행 선언을 책임질 수 있는 위치에 있는 고차원의 인간이었는가, 아니면 모종의 착오 속에 휘말려 있었던 존재였는가, 이 문제에 대한 해명을 추가로 시도하고 싶은 것이다.[2)] 이런 의도 아래 본고는 해방기에 이광수가 보여준 두 가지의 표현 양식에 주목한다. 자신의 대일 협력의 동기를 밝힌 산문 「나의 고백」과 해방기의 내적 고뇌 및 보살행 서원 내용이 담겨 있는 시작품들이 그것이다. 「나의 고백」은, 그 친일 논리가 철저하게 재분석되어야 할 필요성이 있다는 점에서, 그리고 후자는 그의 위기 시대에 나온 서정장르이자, 한 명의 불교 수행자로서의 그의 내적 면모를 보다 생생하게 드러내는 자료라는 점에서 고찰의 가치가 풍부하다고 판단된다.

---

1) 사에구사 도시카쓰[三枝壽勝], 심원섭 역, 「이광수와 불교」, 『사에구사 교수의 한국문학 연구』, 베틀북, 2000, 225면.

2) 이광수의 불교와 친일 문제를 동시적 차원에서 다룬 논문은 많지 않은 것으로 판단된다. 그의 보살행과 친일 문제를 '순교자적 환상'과 관련지어 논의한 김윤식의 『이광수와 그의 시대』 3(한길사, 1986) 외에 주목되는 논문이 사에구사 도시카쓰의 위의 논문, 그리고 강창민의 「춘원 이광수의 시 세계」(『동방학지』 83호, 1994.3)라고 생각된다. 특히 강창민의 경우는 그의 불교 수행의 실제 문제점을 수행자적 입장에서 세밀하게 지적한 바 있어, 그 연구사적 의미가 매우 높다고 생각된다.

2. 「나의 고백」—상황론적 친일과 자기희생 논리의 문제점

잘 알려져 있는 바대로 이광수는 해방기에 자신의 대일협력이 민족을 위한 '자기희생', 즉 보살행의 일종이었다는 논리를 편 바 있다. 그러나 기왕의 연구사를 보면, 이광수는 또 다른 모습을 갖고 있었음이 보고되어 있다. 이광수가 적극적인 대일협력의 길에 나서던 무렵에 씌어진 「원효대사」 「이차돈의 사」 「세조대왕」 그리고 해방 전부터 씌어지기 시작하여 해방 직후 출간된 「꿈」 등의 작품에 나타난 주인공들의 모습이 그것이다. 이 주인공들은 모종의 가책과 처벌의 공포에 시달리든가, 새로운 모색을 시도하는 모습을 보여준다는 공통점을 갖고 있다. 다음은 이 문제를 세밀하게 분석한 것으로 판단되는 사에구사 도시카쓰 교수의 견해다.

> 주인공의 파계가 작자의 좌절과 관련되어 있는 것은 확실한 듯하다. 즉 파계에 의한 원효의 의기소침은 작자의 변절에 의해 작자의 위기의식이 더 강해진 것을 비유하고 있는 것이다. 이 작품에서는 이후, 애욕이 아니라 자비를 갖고 이 세상에 태어난 보살의 수행이 기술된다. 청정업보를 버리기까지 하면서 스스로 윤회 속으로 들어가는 보살의 결의를 제시한다. 불퇴전의 의지를 강조하는 데에서, 작자의 좌절과 겹쳐져 있는, 변절에 대한 고심을 읽을 수 있지 않을까. 비록 의도적인 것은 아니었다 하더라도, 그의 변절은 남의 눈에는 명백한 것이었기 때문에, 어떻게 해야 더럽혀진 몸으로 자기 구원이 가능할까 하는 이광수의 절실한 과제가 이 작품에서 다뤄지고 있다고 할 수 있는 것이다. (…중략…) 어쨌든 불교적인 내용을 정면으로 다룬 「이차돈의 사」 「세조대왕」 「원효대사」는, (…중략…) 작자가 그 경전들을 통하여 표현하려고 했던 것들은 거의 변하지 않고 있다고 할 수 있다. (…중략…) 다만 그가 자신의 변절 사실을 자각하고 이를 작품 속에서 다뤘던 점은 주목해도 좋을 것이다.[3]

위에서 주목되는 바는, '당당'하게 친일에 임한 것으로 알려져 있는 이광수가, 그 당시에 쓴 작품들 속에서 자신의 변절과 관련된 내적 고뇌를 드러내고 있었다는 점이다. 이를 볼 때, 당시의 이광수는 친일과 관련된 자기 갈등의 세계, 그리고 "어떻게 해야 더럽혀진 몸으로 자기 구원이 가능할까" 하는 문제의식을 갖고 있었을 가능성을 확인해 볼 수 있다고 생각된다.[4]

'더럽혀진 몸으로 자기 구원의 길을 모색한다'는 주제는 실은 인류적 규모의 주제라고도 할 수 있을 것이다. 그런 의미에서 이광수가 안고 있었으리라고 추측되는 내적인 문제는, 한국 지성사가 감당해야 했을 매우 중요한 문제였을 수도 있다고 생각된다. 그러나 해방기의 이광수는, 이 문제에 대한 해결책을 내면 깊은 곳에서부터 추구해 나갔던 것 같지는 않다. 그 첫째 증거로 볼 수 있는 것들이 해방기에 그가 세인에게 보여주었던 공식적 행동들과 기록들이다. 이 속에는 "어떻게 해야 더럽혀진 몸으로 자기 구원이 가능할까" 하는 문제의식은 사실상 소거되어 있는 것으로 보인다. 당시의 취조 기록문 중의 일부를 보기로 한다.

"일제 때 무슨 일을 하였는가?"

"거기에 대해서는 제가 고백설 쓸까 합니다."

"쓰는 건 별도에 붙이고 대답을 하라."

"내가 친일한 것은 표면상 문제이고 나는 나대로 친일하지 않을 수가 없었기 때문에 한 것이외다."

"하지 않을 수가 없었다는 뜻은 무엇인가? 감옥이 무서워선가? 그렇지 않으면 편하게 살아보고자 반역행위를 하게 되었다는 것인가?"

"너무 할말이 많아서 말로 대답하기는 어렵습니다."

"할말이 많다는 것은 저지른 죄가 많아서 일일이 고백하기 어렵다는 뜻인

3) 사에구사 도시카쓰, 앞의 논문, 220~221면.

4) 위의 논문, 221면.

모양인데?"

"……"[5)]

조사관과 이광수의 문납이 서로 비껴가고 있는 것을 알 수 있다. 조사관은 범죄사실의 자백을 요구하고 있고, 이광수는 초점이 다른 대답이나 침묵을 통해서 그것의 인정을 피하고 있다. 말하자면 자신의 친일 행위문제는 그렇게 '단순하게 거론할 수 있는 문제가 아니'라는 점을 입증하려고 노력하고 있는 것처럼 보인다. 이것은 재판에 임하는 이광수가 조사관보다 우월한 자리에 있다는 것을 무언으로 주장하고 있는 것이라고도 볼 수 있다고 생각된다.[6)] 다음 내용 속에는 이광수의 침묵의 이유가 보다 분명한 형태로 드러나 있는 것으로 생각된다.

"12월 8일 대동아전쟁이 일어나자 나는 조선민족이 대위기에 있음을 느끼고, 일부 인사라도 일본에 협력하는 태도를 보여줌이 민족의 목전에 임박한 위기를 모면할 길이라 생각하고, 기왕 버린 몸이니 이 경우에 희생이 되기를 스스로 결심하였다"고 말하였고, "당시 정무총감 遠藤이 조선인 태도에 대불만을 가지고 있어 나는 생각다 못해 양주에 은퇴하여 해방을 맞이하였다"고 해방 직전을 말하였고,

"동경까지 가서 학병을 강요케 된 것은 학병을 나가지 않으면 학병을 나가서 받는 것 이상의 고생을 할 것 같기에 나가라고 권하였다."

"잘 하였다고 보는가?"

"당시 소기의 태도로나 정세로 보아서나 학병을 나가는 게 유리할 것 같아 말하였고, 황민화의 길만이 조선 민족이 살아갈 길이라고 생각하였기 때문입니다."

---

5) 고원섭 편저, 『반민자죄상기』, 백락문화사, 1949; 김학민 · 정운현 편, 『친일파죄상기』, 학민사, 1993, 276~277면.

6) 오소백, 「특위공판 방청기」, 『반민특위, 발족에서 와해까지』, 가람기획, 1995, 99면.

"동근동조론도 사실 떠들어댔는가."

"그렇습니다."

"어떻게 생각하는가. 죄가 있다고 생각하는가!"

" ...... "[7]

대일협력과 관련된 사실이나 동기에 관한 문답은 순조롭게 진행이 되나, 두 가지 사항에서 조사관과 이광수 사이에 날카로운 대립 상황이 발생한다. "잘 하였다고 보는가?"와 "죄가 있다고 생각하는가?"라는 대목이 그것이다.

그 동기야 어떻든, 그가 한 행동이 '대일 협력' 행위가 갖고 있는 외적 조건을 충족시키고 있는 것이 사실이라면, 이 대목에서 나왔어야 할 '모범답안'은 "잘못했다"와 "죄가 있다"는 것이어야 했을 것이 아닌가 생각된다. 물론, 그 심층적 의미는 별도로 진단되어야 할 필요가 있겠지만, 법정에서 대성통곡을 끌어냈다는 김동환의 답변이나, 최남선 식의 '암우(暗愚)'론은[8] 이런 의미에서 성인(成人)적인 행동양식에 속하는 것이었다고 할 수 있지 않나 생각된다. 이광수는 이와 달리, "잘 하였다고 보는가?"라는 질문에 '나름대로 열심히 했다'고 대답하고, '유죄냐'는 질문에는 답을 하지 않음으로써 그 질문의 정당성 자체를 사실상 부정하고 있는 것이다.

이것이 특위의 신문 자체에 대한, 그 나름의 계산하에 나온 정치적 저항 내지 자기 생존을 위한 생물학적 몸부림이었다면, 긴 논의는 필요 없을 것이다. 만약 그것이 아니라면 혹은 그것이 전부가 아니라면, 이라는 가정이 성립될 수 있다면, 그의 이러한 '비(非)성인적'인 반응은 문제 삼아야 할 가치가 있다고 판단된다. 이광수의 이런 반응은 여론 재판의

---

7) 고원섭, 앞의 책, 277~278면.

8) 최남선, 「자신의 암우를 탄한다-마포형무소 유치장에서」, 『반민자대공판기』(김영진 편), 漢豊出版社, 1949.4; 김학민·정운현 편, 『친일파죄상기』, 학민사, 1993, 236~238면.

기세가 사법적 판단을 압도하고 있었던 당시 상황 속에서 나온 피의자의 반응으로서는 특이한 유형에 속한다고 할 수 있기 때문이다. 이광수의 이 자기변호의 본격판이 「나의 고백」임은 물론이다.

잘 알려져 있는 바대로 「나의 고백」(1948.12)은, 당시 상황 속에서는 민족 보전을 위해 대일 협력이 불가피했으며, 그를 위해서 자신이 명예를 희생했다는 점, 해방정국의 원활한 운용과 좌익 세력 견제를 위해서 대사면과 화합의 정치적 결단이 필요하다는 논리를 담고 있다. 이 내용 중 친일의 동기와 관련된 내용만을 보기로 한다.

> 우리야 협력하는 태도를 보이거나 말거나, 징용이든 징병이든지, 일본은 우리에게서 가져갈 것을 가져가고야 말 것이다. 삼천만 민족이 일제히 일어나서 대규모로 반항을 한다면 수만의 피를 흘리고라도 징용과 징병을 면하였을는지 모른다. 그러나 그때에 그것이 가능하였던가. 그것은 애국심이 부족하여서 못한 것도 아니요, 용기가 부족하여서 못한 것도 아니다. 어느 민족이나 그러한 경우에는 못하는 것이다. 하는 것이 영웅적일는지 모르나, 사실상 불가능한 것이었다. (…중략…) 반항할 수 없으니 가는 것이요, (…중략…) 어차피 흘리는 땀이요, 어차피 흘리는 피일진댄, 만일의 경우(일본이 이기는 경우)에 그 값이나 받도록 하여 두자는 것이 소위 부일협력의 동기였다.
>
> 그러나 이 협력의 태도를 보이려면 노상 희생이 없는 것은 아니었다. 그것은 몇 사람이 애국자로서의 명예를 희생하는 것이었다. (…중략…) 만일 일본에 협력하는 자로 내가 패를 차고 나선다면 내 앞길에는 욕밖에 없을 것을 나는 잘 알았다. 최인, 최남선, 윤치호 등의 전례가 있지 아니하냐. 제 몸을 팔아서 아버지의 고난을 면케 하려는 심청의 심경 밖에 있을 것이 없었다.[9)]

이광수의 이러한 주장 속에는 그의 친일이 일종의 '신념형 친일'에

9) 이광수, 「나의 고백」, 『이광수전집』 7, 삼중당, 1976, 278~282면. 앞으로 이 책은 『전집』으로 표기하기로 한다.

가까운 것이라고 느껴지게 하는 정연한 논리가 있다. 특히 이 글의 서두에는 '당신이라면 그 상황 속에서 어떻게 했겠는가' 하는, 유도질문에 해당하는 내용이 포함되어 있다. 이것은 간음녀를 처벌하려는 무리에게 던진 예수의 질문을 빼닮았다. 강력한 힘이 담겨 있는 이 질문 앞에서 자유로울 수 있는 독자는 물론 많지 않을 것이나, 만약 이 힘에 굴복한다면, 이광수의 위의 논리는 정면 대결이 어려울 수밖에 없다. 그러므로 이광수의 위의 논리는 보다 단호한 자세로 대응이 되어야 할 필요가 있다고 본다.

이광수의 '신념'의 타당성을 검토하려는 본고의 입장에서 보면, 이광수의 발언 속에는 중요한 문제 몇 가지가 내포되어 있는 것으로 보인다. 그 첫 번째는 대일 협력의 불가피성에 대한 그의 주장이다. 그는 "그때에 그것이 가능하였던가. 그것은 애국심이 부족하여서 못한 것도 아니요, 용기가 부족하여서 못한 것도 아니다. 어느 민족이나 그러한 경우에는 못하는 것이다. 하는 것이 영웅적일는지 모르나, 사실상 불가능한 것이었다"고 말한다. 이광수의 이 논리는 상황론, 대세론 혹은 사실수리론(이하 상황론으로 부르기로 함) 등으로 불러도 무방할 듯하다. 이 용어가 30년대 평단에서 유행하던 용어 중의 하나라는 점을 기억할 필요가 있을 것이다. 이것이 의미하는 바는 심대하다. 왜냐하면 이광수의 '대일협력 불가피론'은, 이광수 개인의 목소리만이 아니라, 그와 함께 대일협력의 길에 나섰던 수많은 지식인, 혹은 식민지적 삶을 사실상 기정사실화하고 살았던 수많은 식민지인의 목소리라고 할 수 있기 때문이다. 이런 의미에서는 해방기에 이광수 비판에 가담했던 수많은 '식민지 경험자'들 역시도 예외가 아닐 것이다. 그러므로 이광수의 「나의 고백」이 갖고 있는 상황론을 마주하는 일은, 결국 식민지를 살았던 한국인, 그리고 대한민국 시대를 살아 온 한국인 상당수의 정신구조와 마주하는 일이 되기도 한다고 생각된다.

상황론이 갖고 있는 문제점은 무엇인가? 인간의 삶의 구조가, 인간의 의지와 환경이라는 두 가지의 인자로 구성되어 있다고 볼 수 있다면, 이 중 어느 쪽을 중시할 것이냐 하는 문제는 사실상 삶을 대하는 인간의 기본적인 정신·행동구조를 결정하는 핵심문제가 되는 것이 아닌가 생각된다. 이렇게 보면, 이광수가 말하는 바 상황론이 어느 쪽에 속하는지는 분명하게 결론이 나는 것이 아닐까. 이광수는 환경이 그러므로 어쩔 수 없었다고 한다. 이 말 속에는 그러한 환경을 만들어 온 데에 동참한 해 온 것이, 실력양성론—일제와의 타협 결과 사실상의 조기(早期) 독립불가론으로 발전한—노선을[10] 주장해 온 자신이라는 생각이 빠져 있다. 그리고 '어쩔 수 없다'고 생각하고 그 속에 순응해 들어가는 그 결정으로 인해, 더 악화된 환경이 생성될 것이며, 당시보다 더 악화된 상황이 온다고 해도, 어쩔 수 없이 순응할 수밖에 없게 된다는 생각 역시도 빠져 있다. '상황론'의 치명적인 문제는 바로 여기에 있는 것이 아닐까. 같은 '암흑기'를 살았던 만해나 이육사 같은 인간이 갖고 있는 정신구조와 이광수의 정신구조가 결정적으로 다른 점이 바로 이런 데에 있는 것이 아닌가 생각된다. 성급한 판단일지도 모르겠으나, 그는 위기적 상황 속에서도 흔들리지 않고 자신을 지켜 갈 수 있는 절대적인 윤리나 행동원리를 내면 깊은 곳에 간직하고 있는 인간 유형이 아니었을 수도 있다고 생각된다.[11]

두 번째 문제점으로 지적하고 싶은 것은, 그가 '자신의 명예를 희생'하고 친일에 나섰다는 논리다. "어차피", 누구든 그 길에 앞장서야 할 것이라면 자신이 역사의 제물이 되겠다는 논리에는 그럴 듯한 데가 있다. '어차피'라는 논리는 물론 문제가 있는 것이지만, 그 한계 내에서 보

---

10) 강동진, 『일제의 한국침략정책사』, 한길사, 1980, 383~388면.

11) 이광수의 상황논리가 갖고 있는 문제점과 관련하여 지명관 교수의 적절한 조언을 얻을 수 있었다. 이 점 지면을 빌어 감사드린다. 이를 포함하여 이광수의 대일 인식의 치명적 문제점에 대한 상세한 검토는 정창석, 「일본 체험의 현실과 허상」(『고암황성규박사화갑기념논문집』, 1993.6); 지명관, 「이광수와 일본—하나의 시론」(제12차 한일·일한합동학술회의 발표자료, 1999) 참조.

면, 이 속에는 이광수 나름의 보살행의 의도가 어른거린다. 문제는 '그의 보살행'이 과연 어느 정도의 '객관성'을 획득하고 있느냐의 여부에 있다고 할 수 있을 것이다. 결론은 부정적인 것이 아닌가 싶다.

첫째 의문은 '몇 사람이 애국자로서의 명예를 희생해야 했다'면 하필 이광수 자신이 앞장서야 했느냐 하는 점이다. 이광수의 이 논리는 사실상 전도된 명예욕구의 발로에 가까운 것이었다고 할 수 있지 않나 생각된다. 그의 논리는, 도둑질을 '해야 하는' 상황이 닥친다면, 자신이 앞장서서 그 대장 노릇을 하고 욕을 혼자 먹는 '희생'을 하겠다는 논리와도 같기 때문이다.

또 하나 지적할 수 있는 것이 그가 선택한 보살행의 방향성 문제다. 어차피 수난을 감수하려고 결심했다면, 그는 왜 당시 상황에 저항하는 방향의 보살행 쪽으로 에너지를 집중하지 않고, 순응하는 방향의 보살행, 즉 악한 가치의 세계에 적극 동조하는 방향의 보살행을 택했는가 하는 점이다. 이 점 '그의 보살행'의 의도의 순수성을 의심케 하는 대목인 동시에, 신변 상황에 임하는 이광수 개인의 왜곡된 심리·성격적 특성과도 관련이 있는 것이 아닌가 생각되는 데가 있다.[12)]

세 번째 문제점으로 지적하고 싶은 것은, 그가 수난을 각오하고 '보살행'의 길에 나섰다면, 그는 구태여 「나의 고백」을 할 필요가 없었다는 점이다. 그는 "어느 민족이나 그러한 경우에는 못하는 것이다. 하는 것이 영웅적일는지 모르나, 사실상 불가능한 것이었다"고 말하면서, '당신도 그때 동참하지 않았는가, 당신이 나를 징벌할 자격이 있는가' 하고 물어오고 있다. 말 자체로만 보면, 이것이 예수의 '죄없는 자 돌을

---

12) 이광수의 장편소설 속에 나타난 주인공들은 '세상에 대한 적대심' '외부 세계와의 의사소통의 불가능성' 등의 성격적 결함을 보여준다는 점이 기왕의 연구사에서 지적된 바 있다. 사에구사 토시카쓰, 「『무정』의 유형적 요소에 대하여」(앞의 책), 139~134면 참조. 이것은 이광수 자신의 성격적 결함 내지 사고방식의 왜곡성과도 관련이 있는 것으로 보이는 바, '그의 보살행'의 결행 과정에서도 이러한 문제점이 작용했을 것으로 추측되는 바가 있다.

던져라'라는 말과 흡사하다.

그러나 '죄없는 자 돌을 던져라'라는 말은 초월자인 예수가 한 것이지, 간음녀가 한 말은 아니라는 점을 상기할 필요가 있다. 이광수는 동기야 어땠든 간에 수많은 동시대인과 더불어 대일협력의 대열의 선두에 섰던 이 중의 하나다. 그러므로, 그는 이런 말을 할 수 있는 위치에서 있지 않았다고 할 수 있는 것이 아닐까. 더 나아가, 그가 수난을 각오하고 대일협력의 십자가를 짊어졌던 것이라면, 더더욱 그는 침묵을 고수하면서 그 수난을 감내해야 했던 것이 아닐까. 그런 위치에서 대일협력의 동기를 구구하게 나열한 위에 그것이 자신의 '희생'이었다고 설명하는 대목에 이르면, 이광수의 '보살행'의 성실성에 대해 의구심을 품지 않을 수 없게 된다. 하물며 '피의자'인 그가 좌익세력 앞에서의 민족대화합의 논리를 설교하는, 그 '민족지도자'로서의 자의식이 여전히 노출되고 있는 대목에 이르게 되면, 더 말할 나위가 없다.

결론적으로 말하자면, 이광수의 「나의 고백」은, 수난을 각오한 보살행의 그것으로 간주하기에는 여러 모로 기대 이하의 모습을 노출하고 있는 것으로 느껴진다. 인간의 주체적인 의지의 존재를 사실상 포기한 상황론적 논리, 그리고 전도된 명예욕구의 발로일 가능성이 높은 '희생론', 그리고 자신의 주장대로라면 발표하지 말았어야 할 「나의 고백」이란 언설의 존재 자체가 그러하다. 말하자면 그의 '보살행'적 친일론 속에는 자기 인식과 관련된 이광수의 커다란 착오가 자리하고 있었던 것이 아닐까 판단된다. 그가 해방기에 발표한 시작품들 속에는 이런 점들이 보다 더 구체적으로 드러나 있다고 생각된다.

3. 보살행 서원과 자기 착오의 아이러니

이광수가 해방기에 쓴 작품들 중에는 상당량의 서정시도 포함되어 있다. 이 자료들은 1955년 문선사(文宣社)에서 간행된 시집 『사랑』에 수록된 시편들과, 미발표 상태 유고첩 형태로 남아 있었다가 『이광수 전집 15』(삼중당, 1963) 간행시 공개된 나머지 시편들로 나눠 볼 수 있다. 알려져 있다시피 서정시는, 현실과 자신의 영상을 충분한 시간적 여유를 갖고 정리·조작해나갈 수 있는 장르인 소설과는 달리, 생의 순간순간의 주관적 정서를 영탄적 형식으로 표현할 수 있는 장르다. 말하자면 지적 조작이나 자기 합리화가 덜 개입될 수 있는 장르라는 이야기다. 그런 의미에서 이 시기 이광수의 시편들은, 여러 가지 명분과 논리성을 갖추고 있었던 「나의 고백」과는 다른 차원에서, 당시 이광수의 내적 세계를 즉각적으로 확인해 볼 수 있는 자료로서의 가치를 갖고 있다고 판단된다.

이 시편들은 크게 보아 해방기 현실에 대한 개탄을 담은 시편들, 해방 전 그의 소설에서 흔히 볼 수 있었던 불교적인 교리를 담고 있는 시편들, 신변 잡사를 담담하게 읊은 일종의 생활시편들, 당시 자신의 내적 고통과 세인을 대하는 자세를 담은 시 등 다양한 내용으로 구성되어 있다. 이 중 본고의 목적과 관련하여 주목을 끄는 것이 마지막 유형의 작품들이다.

꽃 피는 봄인데
몸으로 마음으로 앓는 나는
괴로워라 괴로워라

머리는 욱신거려

목은 잠기고 말은 더듬어
괴로워라 괴로워라

들리는 소리
온 세계가 모두 앓는지고
괴로워라

한바탕 꿈일까
언제나 깨쳐버릴 꿈인지 몰라도
괴로워라

—「괴로워라」 전문, 1949.4.20[13]

이 작품 속에 등장하는 '꿈'이나 '괴로움' 등의 용어는 불교적 입장에서 현세를 바라볼 때 흔히 사용되는 모티브들 중의 하나다.[14] 그러나 위 작품은 그러한 일반적 의미 말고도 이광수의 개인적 고통의 감각을 적극적으로 노출하고 있는 것으로 보인다. 그것은 이광수가 자신의 현재 삶을, 인정하고 싶지 않은 악몽으로 인식하고 있었던 증거라고 할 수 있지 않을까. 그 괴로움의 직접적 원인이 무엇이었는가는 분명치 않으나, 이러한 고통의 감각은 이 시기의 작품들에 적극적으로 표현되고 있다.

꺾인 나뭇가지
병에 꽂혀서
꽃 피고 잎 피네

뿌리 끊인 줄을

13) 시집『사랑』소수;『전집』9, 511면.
14) 예를 들면 "一切有爲法 如夢幻泡影"(『金剛經』,「應化非眞分」).

잊음 아니나
맺힌 맘 못 풀어서라

맺힌 봉오리는
피고야 마네
꺾은 맘이길래

—「절지」 전문, 1949.4.21[15)]

'뿌리가 끊긴 채 꽃이 피는 나뭇가지'는 이광수의 자화상일 것이다. 뿌리가 끊겼다는 것이, 강력한 외적 타격으로 회복하기 힘든 상처를 입은 상태를 상징하는 것이며 또한 그 나뭇가지가 꽃을 피운다는 것이 강력한 원망(怨望)의 상징이라고 볼 수 있다면, 당시의 이광수가 얼마나 강한 적대감을 갖고 세계를 대하고 있었는가를 확인해 볼 수 있다고 하겠다. 이렇게 자신이 고통으로 충만해 있으며 그 원인이 외적인 곳에 있다는 감각은 이 시기의 시편들의 상당수를 채우고 있는 주제에 해당한다.

현세적 생이 고통으로 충만해 있다든가 현실이 괴로운 꿈의 세계라든가 하는 내용은, 물론 이광수의 작품 속에서 처음 나타나는 것은 아니다. 그러나 그가 이런 내용을 언급하는 방식이나 그 화자의 특성은, 그의 과거 작품에서 흔히 볼 수 있었던 그것과는 매우 다른 데가 있다. 가령

깨구나면 또 하루요, 깨구나면 또 하루여든. 한 꿈 깨면 또 꿈이요. 그 꿈 깨면 또 꿈이라구 해두 좋구. 이 끝없는 꿈을 깨는 것이 깨달는 것이야. 부처를 본다는 것이구. 부처가 된다는 것이구. 남음없는 열반이란 것이구.[16)]

15) 위의 책.
16) 『사랑』; 『전집』 6, 149면.

『사랑』에서 작가의 분신이랄 수 있는 안빈이 석순옥의 친구인 박인원에게 한 말의 일부다. 인생이 꿈에 불과하다는 같은 내용이지만, 그것을 전달하는 인물의 자세는 앞서 다룬 시작품들의 그것과 커다란 차이점을 보여주고 있다. 이 작품에서는 그것이 우월적인 위치에 있는 주인공에 의해 담담한 설교적 어조로 전달되고 있다. 표면적인 논리로만 본다면 이광수의 이 논리는 대승불교의 논리를 옮겨놓았다는 점에서 문제삼을 이유가 없다.[17] 그러나 문제는 그것이 인간인 이광수에 의해 전달되는 방식인데, 이렇게 우월한 인물에 의해 불교적 담론이 전달되는 방식은 그의 해방 전 소설들 속에서 흔하게 발견되는 특징이라고 생각된다. 이렇게 볼 때 해방 전의 이광수는 교사라는 입장에서 '인생=괴로운 꿈'이라는 가르침을 내려주는 입장에 서 있었지, 그 '꿈'의 희생자의 입장에 서 있었던 것은 아니었던 것으로 판단되는 것이다.

이렇게 보면, 위의 작품들 속에 드러나 있는 이광수의 입장이 보다 확연하게 드러나는 것이 아닐까. 해방기의 이광수는 더 이상 가르치는 여유를 누릴 수 있는 입장에 서 있지 않다. 그는 '꿈의 고통'을 자신의 몸으로 직접 겪고 있는 중생의 자리에 내려와 있는 것이다.

진 빚은 갚아야 한다
갚을 날짜는 못 물린다
하루도 못 물린다

나를 따르는 두 기록자 —
녹음 영화반과 장부 기입자
꿈속에까지도 따르는 두 그림자

17) "凡所有相 皆是虛妄 若見諸相 非相卽見如來"(『金剛經』, 「如理實見分」).

지워 버릴 수 없는 영원한 기록
줄 것 받을 것의 정확한 기록
아 因果應報—이것이 運命이란 것이다

—「인과응보」 전문, 1949.3.17[18]

위 역시도 마찬가지다. 가르치는 입장에서 이야기하는 인과론이 아니다. 이것은 인과의 고리가 연속되는 현재 상황, 즉 업보의 고통 속에 직접 휘말려 있는 중생이 그 고통을 직접 토로하는 화법으로 표현되고 있다. 이것은 이광수 스스로가 인과 법칙의 적용 대상이 되었음을, 그리하여 업보의 고통을 생생하게 느끼고 있었음을 의미하는 것이라고 바꿔 말할 수 있다. 그러므로 다음과 같은 작품들은 위의 연장선상에서 그 존재의 당위성이 자연스럽게 느껴진다.

돌아보니 수미산 같은 내 죄
천만겁에도 갚을 길 없으니
땅에 엎더려 임 이름 부릅니다
나무 관세음보살 마하살

공덕을 쌓을 맘 있사와도
죄에 시들은 몸 힘이 없사와
하늘 우러러 임 이름 부릅니다
나무 관세음보살 마하살

임 이름 한 번 부르면 천겁의 죄
스러진다고 세존이 가르치시니

18) 『전집』 9, 510면.

목을 놓아서 임 이름 부릅니다
나무 관세음 보살 마하살

—「임」 전문, 시집 『사랑』 소수, 1949.3.17

임이름 부르고 나면
훈훈하오라
괴로한 꼬이던 몸이
누긋하오라

그러나 임은 멀으셔라
내 소리 들리나이까
합장하고 눈물에 젖은
내 모양 보시나이까
種種諸惡趣 無利[刹]不現身
부르면 오시마 한 약속만 믿고
임 이름 부르나이다

—「임이름」 전문, 1949.3.17[19)]

세인의 비난을 각오하면서까지 「나의 고백」 속에서 자신의 '결백'을 주장했던 이광수가, '수미산 같은 죄' '천겁의 죄'를 고백하며 관세음보살을 염하는 이 상황은 상당히 극적이다. 이것은 일종의 참회이기 때문이다. 관세음보살을 염한다는 것이, 당사자가 급박하게 해결해야 할 현세적 문제를 안고 있다는 것을 의미한다는 점을 고려한다면 더욱 그러하다.

---

19) 시집 『사랑』 소수; 『전집』 9, 510면. 본문 속의 "種種諸惡趣 無利[刹]不現身"의 원출전은 다음과 같다. "具足神通力 廣修智方便 十方諸國土 無刹不現身 種種諸惡趣 地獄鬼畜生 生死病老苦 以漸悉令滅"([관세음보살이] 신통력을 갖추며 지혜의 방편 닦아 시방세계 어디건 현신 안함이 없나니, 모든 악취－지옥 악귀 축생 따위의 생사병로 그 고통 점차 없애줌이라). 이원섭 주해, 『법화경』, 삼중당, 1990, 403면.

이광수가 서정 양식을 통해 적나라하게 고백한 고통의 문제는, 무명 속에 갇혀 있는 일체 중생이 갖고 있는 삶의 본질적 속성에 해당하기 때문에 이광수 역시도 당연히 고백할 수밖에 없는 것임에 틀림이 없다. 이것은 특히 그가 처해 있었던 당시 상황을 고려할 때 충분히 이해할 만하다. 그리고 그가 드리는 참회 역시도 성불의 세계를 지향하는 인간이라면 누구나 행해야 하는 기본적인 수행의 하나라는 점에서 역시 당연한 것이라 할 수 있다.

여기서 살펴보고 싶은 것은, 그가 관세음보살께 바쳤던 이 참회의 항목 속에 자신의 친일이 포함되어 있느냐의 문제다. 그는 물론 「나의 고백」을 포함한 자료들 속에서 상황 논리에 입각한 친일의 불가피성을 주장한 바 있다. 그 논리에 문제가 있다는 것은 이미 확인한 바다. 그러나 만약 이 시기의 이광수가 이 작품들 속에서 고백한 참회 속에 자신의 친일과 관련된 참회가 포함되어 있는 것이라면 문제가 달라진다. 그가 비록 공식적으로는 '참회'를 하지 않았다 하더라도, 자신의 신앙대상에게는 참회를 하고 있었다는 의미에서, 그가 한국문학 정신사나 자기 자신과의 관계 속에서 구원을 일궈낼 수 있는 가능성을 생산해 내고 있다고 할 수 있겠기 때문이다.

물론 그의 보다 더 깊은 의식 차원에 그런 움직임이 있었을 가능성을 배제할 수는 없다. 범죄자의 양심의 고통과 징벌에 대한 공포가 생생하게 형상화되어 있는 「꿈」(1947)과 같은 경우는 그 가능성을 뚜렷하게 보여주는 예다. 그리고 그가 부처와 관세음보살께 드린 위와 같은 참회 속에, 자신의 친일에 대한 남모를 고뇌가 의식 깊은 차원에 간직되어 있었을 가능성을 완전히 배제할 수는 없다. 그러나 이후 발표된 자료를 통해 보는 한, 이광수는 그런 내적 고뇌의 세계를 깊이 추구해 들어갔다거나 그것을 공표하는 방식의 삶을 선택한 것 같지는 않다.

가령 「구더기와 개미」와 같은 작품을 보면, 이광수가 당시 상황을 대하는 관점이 명료하게 드러나 있는 것으로 판단된다. 이 작품은 개미굴을 자신의 안주처로 착각한 구더기가 그 속으로 들어가려다 개미와 사투를 벌이고, 결국 그 속으로 끌려들어가는 장면을 화자가 지켜보는 내용의 장시다. 이광수는, 사투를 벌이다 죽음을 맞는 '구더기'를 자신으로, 자신을 괴롭히는 세인을 '개미'로 보고 있는 흔적이 뚜렷해서, 이 작품은 이 시기 그가 갖고 있었던 자기상(像)을 선명하게 보여주고 있는 것으로 생각된다. 우선 구더기가 보금자리를 찾는 모습을 본다.

나는 알았다 그의 목적을
열두 마디 움질움질 바쁜 까닭을
집을 찾는 것이다 따뜻하고 포곤하고
남의 눈에 안 띄우게 숨을 집
마음 놓고 한동안 수렁이 되어
날개 치고 나오기까지 몸 담을 곳

이광수는 열심히 기어가는 구더기를, 몰래 '숨을' 곳, '날개치고 나오기까지 몸담을 곳'을 찾는 존재로 보고 있다. 위기에 처해 있었던 당시 이광수의 상황으로 볼 때, 이것은 그의 심리적 상황을 담은 명백한 투사의 세계에 해당한다고 보아도 무방할 것이다. 다음 장면은 구더기가 개미굴 속에 다시 들어가려다 최후를 맞이하는 장면이다.

한 시간은 지났다
해는 더욱 기울었다
어디를 어찌 돌아 왔는고
구더기는 개미집 앞에 있었다
그렇게도 죽을 곡경을 치른
아까 그 구멍으로 그는 들어갔다

그는 한번 다시 세상을 보았다
그러나 그가 찾던 몸 둘 곳은
그는 마침내 못 찾고 말았다
두 번째 나온 그는 기운이 없었다
그는 몇 번이나 들고 나던 우무거리에
굴러떨어져서 다시 나오지 못하였다

다 저녁때에 나는 그의 몸이
개미들에 끌려옴을 보았다
가늘어진 그의 몸은 아직도 움직였으나
덤벼드는 적을 뿌리칠 힘은 없었다
그는 아픈지 가려운지 움지럭거리면서
개미들이 끄는 대로 천천히 끌려갔다

두어 번이나 제 뜻으로 들어가던 구멍에
이번에는 개미들께 끌려서 들어갔다
처음 떠날 때에 구하던 보금자리
하늘에 날아 오르려던 그의 큰 뜻은
어느 제 어느 생에 이루어지려는고
아 개미 구멍으로 끌려들어간 그여

— 1949.4.18[20)]

이광수는 구더기의 모습에 왜 이렇게 집착을 하는 것일까. 그리고 '하늘에 날아오르려던 큰 뜻은 어느 제 어느 생에 이루어지려는고' 하고 탄식하는 것일까. 이유는 분명한 것으로 생각된다. 그 모습에서 자신

---

20) 『희망』 창간호, 1950.2; 『사랑』 소수; 『전집』 9, 513~514면.

의 모습을 보았기 때문이다. 이광수는, 큰 뜻을 품었다가 판단 착오로 인해 고통의 길에 빠져 있는 자신의 현재에 비탄적인 연민을 보내고 있는 것이라고 생각된다.

위의 작품 속에 나타난 이광수의 생각의 핵심은 이렇게 요약될 수 있는 것이 아닌가 생각된다. 자신은 좋은 의도와 큰 뜻을 품고 세상을 대했으나 세상은 자신을 정반대로 대했다는 것이 그것이다. 의도와 결과가 이렇게 상반된 양상을 드러낼 수 있다는 생각을 보건대, 이것은 이 시기의 이광수가 생의 양상을 비극적 아이러니 혹은 운명적 아이러니라 부를 수 있는 태도로 바라보고 있었다는 것, 그리고 자신이 이 아이러니의 제물에 해당하는 것이었다는 인식을 갖고 있었다고 보아도 좋을 것이다.[21)]

생을 아이러니로 보는 것 그 자체를 문제시할 이유는 전혀 없다. 그러나 그가 대내외적으로 보살행을 목표로 한 수행자 내지 포교사로서 자처해 왔다는 점을 고려한다면, 그리고 그 자신 역시도 이러한 세계를 생의 핵심 원리로 삼고 있었다고 한다면, 이것은 문제가 된다. 원인과 결과 사이에 부조리성이 존재한다고 보는 아이러니적 인생관은, 인과관계의 법칙성을 믿는 불교의 인과론과 정면으로 대치되는 사고방식이기 때문이다. 물론 이광수는 해방 전에는 물론, 해방기의 「인과응보」와 같은 작품에서도 인과론을 적극 인정하는 발언을 했다. 1940년 당시 이광수가 인과론에 대해 쓴 글의 일부를 보기로 한다.

> 아니 심은 씨가 나는 법이 없고 불 아니 때는 굴뚝에서 연기날 리는 없는 것이다. (…중략…) 이런 것이 모두 因果의 理다. 원인이 있어야 결과가 있다는 말이다. (…중략…) 이것이 진리다. 우주의 근본 진리다. 모두 어디서 오며 가다 어디로 가리, 꼼짝달싹할 수 없는 것이다. (…중략…) 그런데 사람들은 왜

---

21) '비극적 아이러니' 혹은 '운명적 아이러니'의 개념에 대해서는 D.C. Muecke, 문상득 역, 『아이러니』(서울대 출판부, 1980), 40~42면 참조.

불평하는가. 왜 世上의 不公平을 원망하는가. 그것은 다름이 아니다. 저를 모르는 때문이다. 석경을 보지 않는 때문이다. (…중략…) 이 宇宙와 人生은 가장 公平하게 攝理되고 있는 것이다. 大宇宙의 主人이 설마 나보다 어리석으랴. 나보다 어리석으랴. 저마다 모름지기 저를 돌아 볼 것이다. 反省이요 懺悔요 그 改過遷善이다.[22)]

이광수는 자신이 친일 행각에 한창 나설 때인 1940년 당시 인과론의 법칙성에 대해 이렇게 웅변한 바 있다. 그가 이 시기에 인과론을 웅변했다는 것 자체가 실은 운명의 아이러니라고 해야 하겠지만, 어쨌든 이광수는 인과론의 정확성이 '꼼짝달싹할 수 없는' 우주의 섭리라고 주장하면서 저마다 자신을 돌아보고 참회하라고 가르치고 있다.

이 시기의 이광수, 그리고 「인과응보」와 같은 작품을 통해 자신이 인과론의 적용대상이 되어 과보를 받고 있음을 고백하던 이광수, 「구더기와 개미」를 보는 이광수의 모습 사이에는 이렇게 엄청난 차이가 있다. 인과론의 법칙을 중생에게 법보시(法布施)하는 '수행자' 내지 '포교사'로서의 이광수와, 그 인과론의 법칙성을 사실상 부정하면서 반성도 참회도 하지 못하고 있는, 즉 '자신을 돌아보지 못하'는 길을 향하고 있는 '중생' 이광수의 모습이 그것이다. 이렇게 불법의 기본 원리인 인과론을 사실상 부정하고 있는 시편들은 이 시기 이광수의 시작품 속에서 심심치 않게 발견되는 바다.

평생에 자비의 길을 즐겨
남에게 주노라 했네마는
내어 민 내 손은 번번이
물렸네 채왔네

22) 李光洙, 「因果의 理」, 『每日申報』, 1940.3.8~9; 『전집』 8, 457~458면.

어쭙지 않았던 것일세
숫제 가만히나 있을 걸 그랬나

내 밭에 참외를 심거
길 가는 사람을 주니
본체 만체는 좋아도
욕하고 때림을 받았네
내 참외 맛이 없었나
내 꼴이 흉해서 그랬나

—「나2」 전문

이광수는 자신이 평생 자비행을 실천해 왔으나, 그 결과는 언제나 고통으로 되돌아 왔다고 선언하고 있다. 이것이 중생의 말이라면 이해가 간다고 할 수 있겠으나, 수행자의 말이라면 문제가 있는 것이 아닐까. 또 그가 실제로 평생 자비행을 실천해 왔다 하더라도, 당사자가 이를 공표하는 것은 수행자가 지켜야 할 묵계를 어긴 것이라고도 할 수 있을 것이다. 그러나 이 발언에는 더 중요한 문제점이 있다. 자신이 타인에게 준 것과는 언제나 반대되는 결과가 자신의 인생에 닥쳐왔다는 인식, 그리고 자신에게 고통을 준 세상을 원망하는 자세가 그것이다. 단적으로 말하자면, 이 역시도 인과론에 대한 정면적인 부정이라고 할 수 있다. 준 대로 받는다는 것이 인과론의 법칙이기 때문이다.

위와 같은 상황 속에서 이광수가 수행자로서의 진면목을 회복하기 위해서는, 자신의 의도와 결과 사이에 생긴 '모순'과 관련하여 자신을 관(觀)하는 작업, 즉 팔정도(八正道)의 첫째 명제인 정견(正見) 작업을 시작했어야 하는 것은 당연하다. 고(苦)라는 과(果)를 야기한 자신의 인(因)을 면밀히 살피고, 그것을 붓다가 가르친 바 절대윤리적 차원에서 진단하고 자기 자신의 착오와 과실을 깨닫고 참회하는 작업부터 시작했어야 한다는 말이다. 이렇게 했어야 할 자리에서 이광수는 원망조로 '가만히나 있을 걸 그랬나'라든가 '내 참외 맛이 없었나'와 같이, 범부의 그것과 별 다를 바 없는 악구업(惡口業)을 행하고 있는 것이다.

이광수의 이 일련의 발언들은 수행자가 지향해야 할 길과는 거리가 있는 것이라고 할 수 있다. 수행자가 의지해야 할 기본 원리에 해당하는 인과론과 팔정도의 기본 명제를 부정하는 태도, 나아가 불보살의 존재까지 부정하게 되는 논리들이 이 속에 담겨 있기 때문이다.

이렇게 해방기의 이광수는 서정 장르 속에서 인과 법칙의 정당성을 논하는 한편으로 그것을 부정하고 세상과 법(法)의 세계를 원망하는 악업을 짓는 모습을 동시에 보여주고 있다. 이상적인 수행자상을 기준으로 놓고 본다면, 이런 태도는 분명히 그의 수행에 문제가 있음을 드러내는 증거가 된다고 하겠다. 물론 이광수가 이상적인 수행자상을 갖추고 있지 못하다고 해서 그를 비판 일변도로 볼 필요는 없을 것이다. 그것이 당시 이광수의 있는 그대로의 모습 중의 하나였으며, 이런 현상은 수행자들이 수행 과정에서 겪을 수 있는 흔들림의 과정이기 때문이다. 또 한편으로 보자면 이것은 그만큼 그가 당시 상황 앞에서 크게 동요하고 있었다는 것, 자신이 만들어낸 번뇌 속에 휘말려 평정과는 거리가 먼 상태에 자리하고 있었다는 것을 보여주는 증거라고 보아도 무리가 없을 것이다.

이광수의 입장에서 이 지점에서 남은 문제가 있었다면 그가 한 명의 불교 수행자로서 이러한 내적 갈등을 어떻게 극복해 갔느냐, 하는 점에 있을 것이다. 만약 그가 수행자로서의 원래 위치를 되찾는 방향, 즉 그가 일찍부터 작품과 논설 등을 통해 가르쳐 왔던 그 수행의 길을 갈 수 있었더라면, 친일 문제를 둘러싸고 벌어졌던 당시의 객관적 상황과는 별도의 의미에서, 그의 삶은 긍정적인 가치를 회복할 수 있는 가능성이 있었던 것이 아닐까. 작품 「인과」는 이 점과 관련된 이광수의 최종적 판단 내용을 요약적으로 제시하고 있다는 의미에서 주목을 요한다고 생각된다.

그러나 나는 믿었습니다—因果의 이법을, 힘의 불멸을

내가 바치는 머리카락만한 힘도 쌓이고 쌓이면 무엇이 되리라고

내가 호호 부는 다슨 입김이 삼천리 삼천만의 어는 몸을 조금이라도 녹히리라고

그런데 나는 민족반역자의 죄명으로 법에 걸렸습니다.

법관은 나를 꾸짖고 신문은 나를 능설합니다.

親知도 「왜 가만히 있지 않았느냐」 합니다.

아마 잘 하느라 한 것이 모두 잘못이었던 모양입니다.

모처럼 제깐에는 한다는 것이 모두 꾸중들을 일을 저질렀던 모양입니다.

나는 깊이 반성해 보았습니다.

내게는 불순한 동기가 있었더냐고

내 명리욕을 위한 것이 없었더냐고

이욕은 이미 떠났다 하더라도 명욕은 없었느냐고

나는 民族의 — 적어도 민족의 일부, 민족주의자, 청년, 학생의 수난을 완화하려고 내 애국자라는 명예를 버렸다.

그러나 그 명예를 버렸다는 명예를 탐함은 아니었던가.

나는 진실로 맹수에 물리랴는 사람을 구하려고 내 몸을 내어 던졌던가 —

나는 이렇게 반성하였습니다.

그러나 나는 이렇게 결론하였습니다

내게도 명리욕은 있었다 그러나 이 일에서 나는 명리욕을 발한 기억은 없다고

그러나 세상은 내 속을 잘 믿어주지 아니할 것입니다.

「네가 어찌 그렇게 갸륵한 사람이겠느냐. 僞善者!」하고 비웃을 것입니다.

세상은 내가 「죽을 죄로 잘못했습니다. 나는 내 명리를 위하여서 민족을 반역했읍니다」하는 참회만을 요구할 것입니다.

그러나 나는 아무리 겸손을 꾸미더라도 그런 거짓말은 할 수 없습니다

나를 어리석었다면 그것은 수긍도 하겠습니다.

대국을 볼 줄 몰랐다 하면 그럴 법도 하겠습니다. 저를 모르는 誇大妄想이

었다 하면 그럴 법도 하겠습니다.

「네까짓 것이 하나 나서기로 무슨 민족 수난 완화의 효과가 있었겠느냐」하면 거기 對하여서도 나는 묵묵하겠습니다.

어리석은 誇大妄想—아마 그럴지도 모릅니다.

나는 「愚者의 孝誠」이라고도 저를 評해 보았습니다.

그러나 나는 내가 할 일을 하여 버렸습니다. 내게는 아무 不平도 悔恨도 없습니다.

나는 「민족을 위하여 살고 민족을 위하다가 죽은 이광수」가 되기에 부끄러움이 없습니다.

天地가 이를 알고 神만이 이를 알 것입니다.

世上에도 이를 아는 同胞도 있을 것입니다.

아니, 아는 이가 한 분도 없어도 할 수 없거니와 그래도 좋습니다.

나는 내가 할 일을 하였기 때문입니다.

—「因果」 전문[23)]

1960년대까지 공개되지 않았던 이 미발표 유고 속에서, 이광수는 극적인 어조로 자신의 결백을 주장하고 있다. 그것이 일종의 서약적 형태를 띠고 있는 점, 극적인 수사력을 동반한 점에서 이 작품은 강력한 정서적 감염력을 독자에게 행사할 수도 있는 것으로 느껴진다. 여기에는 '참회'의 제스처를 민중에게 내보이는 것이 자신에게 유리할 수 있다는 것도 알고 있으며, 자신이 참회를 거부하면 또 비난받을 것을 알고 있는 '지혜로운' 화자가 있다. 그러면서도 있는 그대로의 진실이 그러하니 자신은 거짓말을 할 수 없다는 것을 밝히는 '정직한' 화자도 있다. 이쯤

23) 미발표 시첩 『내노래』 소재; 『전집』 9, 540~541면.

되면, 기왕의 사에구사 교수의 지적대로 '민족을 위한 친일'이라는 이광수의 논리는 적어도 그 자신에게 있어서는 상당한 주관적 성실성을 동반한 것이었다는 논리도 성립 가능한 것이 아니겠는가 생각된다.

그러나 이광수의 이 논리는 그것이 풍기는 '성실성'에도 불구하고 이 시기 이광수의 정신적 한계를 단적으로 드러내고 있다고 할 수 있다고 생각된다. 그는 자신에게도 명리욕이 있음을 부정할 수는 없으나, 친일과 관련해서는 전혀 없었다고 밝혔으며 그것은 민족을 위한 일이었음을 확신한다고 선언하고 있다. 이 선언은 그것이 갖고 있는 정서적 힘과 더불어 그 자신이 갖고 있는 주관적 진실성을 확고하게 표현한 것 같으나, 한편으로는 바로 그 때문에 이광수 자신, 특히 한 명의 수행자로서의 중대한 결함을 노출되고 있는 것으로 볼 수 있다고 판단된다. 그 결함이라고 생각되는 것들이 다음과 같은 항목이다.

첫째 그는 친일의 동기와 관련해서 자신에게 명리욕이 전혀 없었다고 선언했다. 그가 친일의 대열에 앞장서 나가게 된 것 자체가 전도된 명예욕구의 발로일 가능성은 이미 「나의 고백」에서도 검토한 바 있으나, 이 차원을 떠나서도 이런 발언은 수행자로서는 입에 담기 어려운 말이다. 왜냐하면 각자(覺者)가 되지 못한 존재, 즉 무명을 떨치지 못한 중생은 기본적으로 명리욕을 비롯한 모든 욕망, 즉 무유애(無有愛)의 세계에서 자유롭지 못한 존재이기 때문이다.[24] 따라서 그 어떤 영역에 있어서건 자신에게 명리욕이 전혀 없었다고 선언하는 것은 자신이 각자(覺者)에 오른 상태에서 판단하고 행동에 옮긴 것과 같다는 이야기다. 이광수의 수행이 상당히 성공적인 것이었다고 가정한다 할지라도 그가 각자의 단계에 올랐다고 볼 수 있는 증거는 어디에도 없다.

---

24) 붓다는 사성제 중의 하나인 집성제에서 고(苦)의 발생의 원인이 갈애(渴愛)에 있으며, 그 갈애에 욕애(欲愛)와 유애(有愛), 무유애(無有愛)가 있다고 설한 바 있다. 무유애란 명예, 권력 등의 욕망을 뜻한다. 增谷文雄, 이원섭 역, 『아함경 이야기』, 현암사, 1976, 60면.

두번째 그는 민족을 위하다 죽은 이광수 되기에 전혀 부끄러움이 없으며 그 '사실'은 신도 보증해 줄 것이라고 하였다. 이러한 맹세 내지 확신 역시도 수행자의 입장에서는 입에 올릴 수 없는 말이다. 왜냐하면 자신의 생각과 행동이 절대적으로 옳음을 믿는 이러한 사고방식은, 불교에서 말하는 10악업 중 의업(意業) 중의 한 항목인 치심(癡心)에 해당하는 것으로서, 이 역시도 수행을 통해 지워나가야 하는 무명의 한 양태이기 때문이다.

한 마디로 말해서 위에서는 이광수가 자신의 '민족을 위한 친일론'의 정당성을 재차 확신하고 있는 모습을 확인해 볼 수 있다. 동시에 그가 이러한 자기 확신에 몰두하면 할수록 그가 수행자로서 지켜야 할 자세로부터 얼마나 멀어지고 있었는가 역시도 동시에 확인해 볼 수 있다. 이광수가 생애의 마지막 시기에 남긴 이 '성실한' 고백과 믿음의 세계는, 이것이 민족 지성으로서의 이광수, 그리고 수행자로서의 이광수가 도달한 마지막 시기의 성과라는 의미에서 볼 때 비극적이다. 그러므로 이광수의 그 유명한 보살행 서원은, 그것이 성스러운 풍모를 갖고 있음을 부정할 수 없음에도 불구하고 일종의 비애감을 동반하는 면모 역시도 보여준다.

> 나는 선을 행한 일도 없거니와, 극락에 태어나기를 원치도 아니합니다. 내가 다시 행[태]어나고 싶은 곳은 오직 이 나라입니다. 백 번이고 천 번이고 죽어서는 또 나고 죽어서는 또 나서 이 나라가 가장 좋은 나라가 되고 이 나라 사람들이 모조리 착하고 지혜롭고 복있는 사람들이 되는 것을 보고야 말겠다는 것이 오직 내 원입니다. (…중략…) 그러나 여러분 나는 죽었다가 다시 옵니다. 그래서 여러분께 받은 헤아릴 수 없는 은혜를 여러분 자손들에게 갚을 것을 약속합니다. (…중략…) 그러므로 비록 머리카락 한 알 만한 힘밖에 못되는 내 원력이라도 실현될 것은 나는 굳게굳게 진실로 진실로 믿습니다. 그것을 믿길래로 나는 희망을 잃지 아니합니다. 나는 이 나라 이 백성이 반드시 가장 좋은

백성이 될 것을 믿습니다. 왜 그런고 하니, 나 혼자만이라도 나고 죽고를 수없이 거듭하면서 쉬지 않고 원한다면 될 일이거든 하물며 삼천만이 원하는 일이 아니 될 수가 있습니까.

나는 윤회 무진과 인과응보를 믿습니다.

1.

이생에 못다한 일 내생에 또 하오리다
미진한 원을 두고 스러질 줄 있소이까
맹세코 현세 극락이 이뤄짐을 보리라

2

한 사람 맺힌 뜻이 삼천 대천 흔들거든
삼천만 발한 대원 안 이룰 줄 있소이까
큰 희망 담은 수레를 밀고 갈까 하노라[25)]

민족을 위해 희생한다는 자의식이야 그가 진작부터 품어 온 자화상의 핵심내용이므로 이상할 것이 전혀 없다. 그리고 이 자리에서 그는 앞의 작품들과는 달리 자신이 선한 일을 한 적이 없다고 고백한다. 그리고 세세 윤회를 각오하면서까지 거듭 조선에서 태어나 조선민족을 위해 희생하겠다고 말한다. 이 지점쯤에 이르면 그의 언어는 수행자들이 품을 수 있는 이상적인 발심을 표현한 것, 즉 성스러운 보살행의 서원이 된다. 그런 의미에서 민족 구원과 관련된 이광수의 주관적 진실성의 강도는 대단히 높은 것이었다는 이야기가 성립될 수 있는 가능성은 충분히 있다.

그러나 그의 이 성스러운 서원은, 앞에서 보아 온 바와 같이 이광수의 자기 오해가 그 바탕에 깔려 있다는 점 때문에 아이러니적인 비애감을 내포하고 있음을 부정하기 어렵다. 그의 보살행 서원과 당시 이광수

---

25) 「윤회무진」, 시집 『사랑』 소수; 『전집』 9, 537~538면.

가 갖고 있었던 자기 성찰 능력이 보여주는 커다란 격차 때문이다.

결론적으로 보자면, 이광수는 '문인 포교사'로서의 역할과 자기 나름대로의 정진을 해 온 점이 인정될 수는 있으나, 수행자에게 가장 중요한 자기 성찰의 문제, 즉 자기 자신의 욕망과 사고와 감정의 면모를 세밀하게 성찰해가는 면에서는 상당한 문제점을 갖고 있었던 것이 아닌가 생각된다. 이것은 수행을 묵묵히 '실천'하는 것이 아니라, '가르치'기를 좋아하는 교사적인 인간형이 빠지기 쉬운, 즉 자신의 수행의 도를 과대평가하기 쉬운 '지식인적 수행자'들이 갖고 있는 일반적인 오류의 하나이기도 하다.[26]

그는 친일행각에 한창 나서기 시작하던 때인 1940년 SS선사를 만나 가르침을 들은 바 있다. 다음은 문답이 끝날 즈음의 대화 내용이다.

> "참선하는 법이 어떠합니까?"
>
> "밖에서 들어오는 것을 막아버리고 제가 알던 것까지 내어던지는 것이요. 그리고 가만히 제 마음을 지켜보노라면 갑자기 환히 깨달아지는 것이지요. 그러니까 세상서 선처럼 쉬운 것이 없지요. (…중략…) 그렇지마는 또 선처럼 어려운 것이 다시없지요. 다겁 이래로 끌고 오는 중생의 습기(習氣)를 벗어놓기가 참 어렵단 말요. ……"
>
> 나는 사의 이 가르침을 들으면서 속으로 관세음보살을 염하였다. 내가 말 없이 있는 것을 보고 사는,
>
> "남화경 읽으셨소?"
>
> 하고 새 화두를 내었다.
>
> "네, 애독하지요."

---

26) 이와 관련하여 강창민은 이광수가 보시바라밀의 의미도 중득치 못하였으며, 오온(五蘊)의 측면에서는 색온(色蘊)과 수온(受蘊)의 차원에 머문 단계, 신해행증(信解行證)에서는 신해(信解) 차원에 머문 단계, 보살행의 측면에서는 보시바라밀도 중득하지 못한 단계에 있다고 평가한 바 있다. 수행자의 차원에서 이광수의 문제점을 지적한 드문 논구로서 참고의 가치가 높다고 판단된다. 강창민, 앞의 논문, 156면 참조.

"선사대사 독남화경시가 있읍니다. 오언절귀지요"

"可惜南華子. 祥麟作孽虎. 蓼蓼天地闊, 斜日亂啼鳥라고 하셨지요"하고 사는 빙그레 웃었다. 나도 소리를 내어서 웃었다.

"장자가 괜히 말이 많단 말씀이지요"

"고맙습니다."

하고 나는 일어나서 절하고 물러 나왔다.

집에 오는 길에 나는 「사일난제오」를 수없이 뇌이고는 혼자 웃었다. SS선사는 이 말을 내게 준 것이었다.

"내야말로 석양에 지저귀는 까마귀다" 하고 자꾸만 웃음이 나와서 견딜 수가 없었다. 겨울해는 금화산에 걸려 있었다.[27)]

이광수는 '장자가 말이 많다'는 선사의 말을 듣고 웃는다. 이 말은 자신의 가르침이 일종의 '구두선'에 지나지 않는다는, 선사의 겸손한 언어로 해석될 수 있는 여지가 있다. 또는 불교의 진리는 머리와 입으로는 깨우쳐질 수 있는 것이 아니라는 것, 즉 긴 여정의 수행을 통해서만 증득될 수 있는 것이라는 것을 이광수에게 가르쳐 준 것으로도 해석될 수 있다. 이 자리에서 기분좋게 웃고 '고맙다'고 하고 물러 나왔을 당시의 이광수는 선사의 가르침을 이런 의미로 해석한 것이 아니었을까. 그리고 귀가길의 이광수가 '사일난제오'를 되뇌이면서 다시 웃었던 것은 후자의 의미, 즉 '중생의 습기(習氣)를 벗어나지 못한' 채 구두선으로 수행자를 자처해 온 자신의 현재 모습을 다시 새길 수 있었기 때문이 아닐까. 그렇다면 이광수에게 있어서 이 순간은 자신의 현재상을 기분좋게 긍정할 수 있었던 시간이었다고도 볼 수 있을 것이다. 이 순간에는 팔정도(八正道)의 한 항목, 정견(正見)의 그림자가 어른거린다.

이 시기 이후 그는 친일의 선두주자로 활약하면서 『원효대사』 등의

---

27) 「亂啼烏」, 『文章』(1940.2); 『전집』 8, 216면.

역사소설을 쓰는 한편으로 그 속에서 '어떻게 해야 더럽혀진 몸으로 자기 구원이 가능할까'라는 주제를 은밀히 노출한 바 있다. 아마도 이 문제의식은, '구두선'에 머물고 있는 자신의 수행단계에 대한 성찰과 더불어 이광수의 내적 세계 속에서는 활발하게 살아 움직이고 있었던 생의 과제였을 가능성이 있다. 해방 후에 완성해서 출간한 소설 「꿈」 속에 박진감 있게 드러나고 있는 죄의식의 문제는 그것을 입증하는 중요한 증거가 될 수 있다고 판단된다. 그러나 격심한 내적 고통과 갈등의 시대를 맞이해야 했던 해방기 속에서 그는 자신의 이 내면의 소리를 묵살했거나 혹은 그것을 들을 수 있는 능력을 상실했거나 했던 것이 아닐까. 그가 당시 보여준 자세 속에서 이상적인 수행자로서의 모습을 확인해 보기가 어렵기 때문이다. 그에게는 거룩한 발심의 행위임에 틀림이 없었을 보살행 서원조차도 비애감 섞인 아이러니로 느껴지는 것은 그 때문이다.

4. 결론

해방기 이광수의 산문과 시편들을 중심으로, 그가 마지막 시기에 남긴 '보살행 서원'과 친일 논리의 문제성을 검토해 보았다. 친일 행각에 앞장서던 시기의 이광수는 당시에 쓴 「원효대사」 「이차돈의 사」 「세조대왕」 등의 작품 속에서 '어떻게 해야 더럽혀진 몸으로 자기 구원이 가능할까'하는 문제의식을 노출하고 있었던 것으로 판단된다. 이 문제의식은, '구두선(口頭禪)'에 머물고 있는 자신의 수행단계에 대한 성찰과 더불어 이광수의 내면세계 속에서 활발하게 살아 움직이고 있었던 생의 과제였을 가능성이 있다. 이 문제가 가장 본격적으로 제시된 것이,

해방 직후에 출간된 「꿈」임은 물론이다.

그러나 이러한 모색의 흔적은 공식성을 띤 반민특위의 취조기록이나 「나의 고백」 등의 산문에서는 그 모습이 완전히 사라진다. 이 속에서 그는 자신의 친일이, 불가항력적인 상황 속에서 불명예를 무릅쓰고 선택한 것이었다는 상황론적 논리와 민족 대화합의 필요성을 제시하는 논리를 펴고 있다. 이 논리 속에 한국인의 윤리적 실감에 호소할 수 있는 힘이 내포되어 있다는 것을 부정하기는 어렵다. 그러나 그의 논리는 식민지시대를 대하는 그의 세계관이 비관적이었다는 것, 그리고 그가 상황을 뛰어넘을 수 있는 강인한 신념이나 절대윤리에 기초한 행동원리의 소유자가 아닐 수 있다는 점을 드러내는 증거일 수도 있다고 판단된다. 그리고 그가 제시한 자기희생의 논리 역시도, 자기인식상의 착오에서 비롯된 전도된 명예욕구의 소산이었을 가능성이 있다고 판단된다.

사적인 고백성이 강한 이 시기의 시편들은 위의 당당한 주장들과는 달리, 해방기에 이광수가 겪었던 개인적 고통과 절망감, 자기 연민, 세상에 대한 적대감 등의 세계를 구체적으로 보여준다. 인과론을 재강조하거나 신앙에 매달리는 모습들을 보이는 한편으로 그는 자신의 선한 의도를 세상이 배신했다는 논리, 즉 자신의 선행과 과보가 어긋나 있다는 아이러니적 세계관을 노출하면서 자신의 고통의 원인이 외부세계에 있다는 논리를 제시한다. 불교의 기본 원리인 인과론을 사실상 부정했을 뿐만 아니라, 자신의 사고와 행동의 문제점을 통찰해낼 수 없었던 이광수의 이러한 모습으로 미뤄 볼 때, 당시의 이광수는 격심한 내적 고통과 혼란 속에서 수행자로서의 면모를 상당 부분 상실한 상태에 있었던 것으로 판단된다. 이 상태 속에서 세세에 걸쳐 조선에 태어나 조선을 위해 희생하겠다는 보살행 서원이 담긴 작품 「인과」가 씌어지는 것이다.

그는 자신의 친일행위가, 자신이 내내 걸어온 민족을 위한 자기 희생 내지 순교적 행위(보살행)의 연장 형태였다는 데 대한 신념을 굳게 간직하고 있었던 것으로 보인다. 그의 보살행 서원은 이러한 자기 인식상의 착오 위에서 나온 것일 가능성이 있다고 보이는 것이다.

이광수의 친일기 내면 풍경과 불교, 아베 미츠이에

1. '객관적 친일'과 민족을 위한 친일

이광수의 친일 문제를 검토해본 연구자들은 두 극점 사이에서 갈등을 겪어 본 경험이 꽤 많으리라 짐작된다. 그 두 극점이란, 객관적인 역사적 행위로서의 '친일'이라는 한 축과 '민족을 위한 친일'이라는 이광수 나름의 주관적 신념의 축이다. 특히 자신의 친일이 민족을 위한 자기희생의 행위였다는 점을 굳게 믿고 있었으며, 모든 비난을 감수하고 내세에서도 민족을 위한 보살행을 수행하겠다고 맹세한 내용이 들어 있는 「인과」나 「무진윤회」 등의 마지막 작품들에 가면 이 갈등은 더 심화되는 것이 아닐까. 그런 의미에서 친일 문제를 둘러싼 이광수와 연구자들과의 관계는 일종의 심리 게임을 닮은 것 같다는 느낌이 들 때가 많다. 그는, 자신도 「인과」에서 썼듯이 '우자(愚者)'일 수 있는가 하면, 그를 민족배반자로 '처형'하고 심리적 안정을 누리려 하는 다수 한국인의 위에 자리하고 있는 '지자(知者)'일 수 있는 가능성을 여전히 배제하기 어렵기 때문이다.

기왕에도 적지 않은 논고가 있었지만,[1] 본고가 이광수가 친일에 돌입하게 된 시기의 내면 풍경 내지 주관적 동기에 대해 추가적인 해석을 도모해보고자 한 동기는 여기에 있다. 지도자급 지성 중의 한 사람이었음에 틀림없는 이광수가 1930년대 말엽부터 광적인 황도주의자로 급변하게 된 데에는, 그 나름의 고뇌와 내적 결단, 그리고 자신의 행위에 대한 논리화 과정이 그의 심리 속에서 작동되고 있었다고 믿어지기 때문이다.

그의 이러한 내면 풍경을 확인하기 위한 자료로서, 본고에서는 그가 본격적인 친일 행위에 발을 내딛게 된 시기로 알려져 있는 1939년에 씌어진 두 자료에 주목하였다. 「육장기」와 「무부츠옹의 추억」이 그것이다. 전자는 그가 불교에 귀의하게 된 계기부터 비롯하여 당시 그가 지니고 있었던 불교 인식의 세계, 그리고 당대 현실을 바라보는 시각을 잘 보여주는 자료라는 점에서 중요하게 생각되었다. 이광수와 20년간 친교를 맺어 온 것으로 알려져 있는 아베 미츠이에[阿部充家]의 생과 사를 간략히 스케치한 후자의 기록은, 도산의 죽음 이후 이광수가 친일과 관련된 결단을 내리는 데 있어서 누구를 모델로 삼고 있었는가, 친일 행위와 관련된 자신의 미래상을 어떻게 설정하고 있었는가를 잘 보여주는 자료라고 생각되었다. 이 두 자료의 내용을 중심으로 당시 이광수의 친일 동기와 관련된 내면 풍경의 일단을 검토해 보기로 한다.

---

1) 해방기의 저널성 비판이나 고발성이 강한 자료 발굴 측면에 치중했거나 거시적인 사상적 접근을 시도한 고전적인 연구성과들을 제외하고 보면, 고아의식 문제 및 순교자적 환상 문제 등을 제기한 김윤식, 친일의 주객관적 요인들 간의 아이러니적 요소를 불교 수용 문제와 더불어 깊이있게 다룬 사에구사 도시카츠, 이광수의 불교 수행의 문제점을 세밀하게 검토한 강창민, 정치의식상의 문제를 논의한 이경훈, 위장친일론을 제시한 김원모, 보살행 서원의 자기착오적 측면을 제시한 졸고 등을 제시할 수 있다. 각각 김윤식, 『이광수와 그의 시대』 1~3, 한길사, 1986; 三枝壽勝, 심원섭 역, 「이광수와 불교」, 『사에구사 교수의 한국문학 연구』, 베틀북, 2000; 강창민, 「춘원 이광수의 시 세계」, 『동방학지』 83호, 1994.3; 이경훈, 『이광수의 친일문학 연구』, 연세대 박사논문, 1994.12; 김원모, 「춘원의 친일과 민족보존론」, 『동포에 고함』, 철학과현실사, 1997; 이종오, 『이광수를 위한 변명』, 중앙M&B, 2000; 심원섭, 「이광수의 보살행 서원과 친일의 문제」, 『한림일본학연구』 7집, 한림대 일본학연구소, 2002.12 참조.

2. 사실수리론과 천국건설론 – 이광수식 불교

「나의 고백」은 친일에 돌입하던 시기인 1939년 전후부터 상당한 시간이 지난 뒤에 씌어진 자료이기 때문에 문제가 없다고는 할 수 없지만, 이광수의 친일동기가 소상히 또한 논리적으로 제시되어 있는 자료라는 점에서는 검토의 가치가 높은 자료라고 생각된다. 이 자료에 제시되어 있는 그의 친일 동기론은 잘 알려져 있는 바와 같이 '민족을 위한 친일론' 혹은 '민족보존론'이다. 이 논의 자체의 타당성에 관한 본격적인 논의들은 반복되어 온 있으므로 이 자리에서 재론할 필요는 없다고 생각된다. 그러나 그의 이 논리는 실은 한국인 모두가 대결하여야 할 또 다른 논리에 그 기초를 두고 있다는 점에서 그렇게 간단하게 처리할 수 있는 것이 아니라는 점은 그렇게 주목을 받은 적이 없는 것 같다. 그 논리란 것이 말하자면, 당시로서는 친일이 어쩔 수 없었다는 상황론적 논리다. 이 내용이 기록되어 있는 「나의 고백」 부분을 본다.

> 우리야 협력하는 태도를 보이거나 말거나, 징용이든 징병이든지, 일본은 우리에게서 가져 갈 것을 가져가고야 말 것이다. 삼천만 민족이 일제히 일어나서 대규모로 반항을 한다면 수만의 피를 흘리고라도 징용과 징병을 면하였을는지 모른다. 그러나 그때에 그것이 가능하였던가. 그것은 애국심이 부족하여서 못한 것도 아니요, 용기가 부족하여서 못한 것도 아니다. **어느 민족이나 그러한 경우에는 못하는 것이다. 하는 것이 영웅적일는지 모르나, 사실상 불가능한 것이었다.** (…중략…) 반항할 수 없으니 가는 것이요, 가족이나 동족이 해를 받을 염려가 있으니 가는 것이었다. 이왕 가는 길이니 발길로 차이면서 끌려가지 않도록, 가서라도 미움받이를 덜하도록 하자는 것이 곧 협력하는 태도라는 것이었다. 또 어차피 흘리는 땀이요, 어차피 흘리는 피일진댄, 만일의 경우(일본이 이기는 경우)에 그 값이나 받도록 하여 두자는 것이 소위 부일협력의 동기였다.[2] (강조는 인용자)

이것은 일종을 '사실수리론'적 논리라 볼 수 있다면, 이광수의 이 논리를 이론적 차원이 아닌 실감 윤리의 차원에서 전면적으로 부정하는 것은 대단히 어려운 일일 것이다. 왜 생명을 버림으로써 민족의 모범을 보이지 못하는가 하는 김동인식 논리,[3] 왜 저항을 하지 못하는가 하는 논리도 제기 불가능한 것은 아니나, 이런 논리들은 실감 차원에서 보자면 지사·영웅의 논리다. 역사가 영웅사만으로 구성되는 것은 아니라는 점에서 본다면, 이광수의 사실수리론이 식민지 시대 속에서 생존해야 했던 다수 한국인의 생존의 논리를 대변하는 논리라는 점을 부정하기 어렵다. 그런 의미에서 이광수의 이 논리는 실질적인 힘이 있다. 이 논리 위에 그의 '민족보존을 위한 친일론'이 서 있는 것이다.

이광수의 이러한 논리는, 물론 그 개인 속에도 내장되어 있었을 것임에 틀림없는 죽음에 대한 공포의식, 본능적인 생존 욕구의 표현이었다고도 볼 수 있다. 물론 이 문제는 이광수 개인만의 문제가 아닌 인류 차원의 문제로 연결되는 것이기 때문에 매우 중요한 문제일 것임에 틀림없을 터이나, 논의를 이 방향으로만 집중하는 것은 생산적이지 않다고 판단된다. 그리고 그렇게만 보기에는 그가 한국지성사에서 차지해 온 자리가 거대함 역시도 인식하지 않을 수 없다. 말하자면 그의 사실수리론 속에는 '민족지도자', 즉 한 지도자적 지성인으로서 그가 이러한 입장을 취하게 된 일정한 논리 내지 명분이 있음을 인정하고 싶은 것이다. 이런 입장을 취한다면, 친일에 돌입하기 전후에 씌어진 기록물들 속에서 그가 이러한 '사실수리론'에 입각한 친일론으로 돌입하게 된 계기들을 확인해 보는 작업이 의미를 가질 수 있다고 판단된다.

그가 왜 이런 사실수리론적 입장을 취하게 되었는가. 물론 장단기적인 여러 가지 변인을 생각할 수 있다. 장기적인 요인이라면, 그가 상해

---

2) 「나의 고백」, 『이광수전집』 7, 삼중당, 1976, 278면.

3) 김동인, 「同友會와 李光洙」, 『文壇三十年史』, 『金東仁評論全集』, 金治弘 編, 三英社, 1984, 502~503면.

임정 생활을 청산하고 귀국한 순간부터, 즉 식민지 내부에서 민족운동을 전개하려 한 사상적 구도 자체에서도 찾아 볼 수 있을 것이다. 그것은 애초부터 장기적인 민족운동의 형태를 띤 것으로서 이미 식민지 상황의 지속성 자체를 기정 사실화하는 사고방법을 그 이면에 깔고 있기 때문이다. 그 외에도 당연한 것은 파시즘의 강화라는 1930년대의 시대상황 자체의 문제다. 그러나 이러한 변인들은 외적 요인일 뿐만 아니라, 광범위하고 일반적인 요인이라는 문제점이 있다. 그렇기 때문에 이러한 논의보다는 보다 단기적이면서도 특수한 요인들을 논하는 것이 논의의 진행을 위해 유익할 것이라고 생각된다. 그 특수 요인 중에서 특별히 강조해서 논하고 싶은 것이 이광수의 불교 인식의 문제다.

김윤식에 의하면, 『흙』(1932)을 쓰면서 동우회 운동을 왕성하게 전개해 가던 이광수의 삶에 절망기가 찾아온 시기가 1932년 이후이며, 이 시기부터 그의 불교 수용이 적극적으로 시작되었다고 한다. 그리고 그 계기가 된 일련의 사건이 도산의 체포 및 국내 수감(1933), 동아일보에서 조선일보로의 이적 과정(1934), 차남 봉근의 죽음(1934)이라고 밝히고 있다.[4] 여기에, 당시를 즈음하여 악화 일로에 있던 시국의 문제와 그것의 상징적 사건이라고 볼 수 있는 도산의 죽음(1938)을 보탠다면, 이 시기 이광수의 내면 풍경—특히 불교수용의 동기와 관련된—을 구성하는 주요 사건들은 대부분 망라된 것이라 할 수 있지 않나 생각된다.

이광수의 불교 수용 문제를 볼 수 있는 자료들은 물론 방대하나, 본고의 목적에 잘 부합된다고 생각되는 것이 1939년에 씌어진 「육장기」다. 이 자료는 크게 보아 두 가지로 나눠 볼 수 있는 내용으로 구성되어 있다고 생각된다. 첫 번째 내용은 이 글의 내용 대부분을 차지하고 있는 것으로서, 이 세계가 숙명적인 고통을 겪게 되어 있는 사바세계라는 점을 강조하고 있는 내용이다. 두 번째 내용은 이 글의 마지막 부분에

4) 김윤식, 『이광수와 그의 시대』 3, 한길사, 1986, 889면.

서 갑자기 돌출하고 있는 내용으로서, 개개인의 '사랑'의 '성전(聖戰)'으로 이 세계를 천국으로 만들 수 있다는 선언 내지 믿음의 표백으로 구성되어 있다. 전자의 내용이 압도적인 우위를 차지하고 있다가 갑자기 후자의 내용으로 비약하기 때문에 그 과정에서 논리적 설득력이 격감하는 점이 문제가 되나, 이 자료는 그의 친일 행위가 본격화되기 시작하던 무렵의 자료라는 점, 자신의 불교 수용과 관련된 자전적 고백 내용이 많은 점, 그의 불교 논리가 대중적인 언어로 나열되어 있다는 점, 그리고 무엇보다도 감정적인 표현이 많아서 그의 내심 깊은 곳을 살펴볼 수 있는 '허점'이 많다는 점에서 검토 가치가 풍부하다고 판단된다. 「육장기」의 내용 중 그의 불교수용 계기와 관련된 언급 내용을 우선 보기로 한다.

> 내가 이 집을 짓던 해는 내 평생에 가장 암흑한 시기 중에 하나였소. 내 어린 것이 불행하게 세상을 떠난 것이나, 내가 평생을 바쳐 보려던 사업이 모두 실패에 돌아 간 것이 이 해였소. 그뿐 아니라, 나는 정신적으로 모든 희망을 잃어버려서 이제 내가 인생에 아무 것도 바라는 것도 없고, 할 것이 없으니, 이것이 내가 죽을 때가 된 것이 아닌가 하도록 (…중략…) 나는 음침한 죽음의 근로에 혼자 버림이 된 혼령과 같이 붙일 곳이 없었소. (…중략…) 오대산에를 간다고 방한암 같은 이를 찾아서 도를 배우자는 것이 아니라, 그저 깊이깊이 산에 들어가서 세상을 잊고 또 세상에서 잊어버림이 되자는 것이오. 그 때 한 가지 희망이 있었다 하면 제 죄를 뉘우치는 생활을 하여 내가 평생에 해를 끼친 여러 중생, 은혜를 진 여러 중생을 위하여 복을 빌자는 것뿐이었소. / 그러나 내 인연은 아내와 어린것들의 손을 빌어서 나를 도로 이 세상으로 끌어오게 하였소. (…중략…)
>
> 이 집에 와서부터 법화경을 주로 해서 불경을 읽게 되었소. 여덟 살 먹은 어린 아들의 참혹한 죽음이 더욱 나로 하여금 사람이 무엇인고? 어찌하여서 나는가? 죽음이란 무엇이며, 죽어서는 어찌되는가? 하는 문제를 아니 생각할 수

없이 하였소. 그러므로 나는 내 죽은 아들 봉근도 나를 불도에 끌어들이기 위하여서 다녀간 것이라고 믿소. (…중략…) 나는 이 집을 지은 육년 동안에 법화행자가 되려고 애를 썼소. 나는 민족주의 운동이라는 것이 어떻게 피상적인 것도 알았고, 십 수 년 동안 계속하여 왔다는 도덕적 인격 개조 운동이란 것이 어떻게 무력한 것임을 깨달았소. (…중략…) 나 스스로의 경험에 비추어서 신앙을 떠난 도덕적 수양이란 것이 헛것임을 깨달은 것이오. 내 혼이 죄에서 벗어나기 전에 겉으로 아무리 고친다 하더라도 그것은 의식에 불과하다고 나는 깨달았소.[5)]

이광수의 인생에 있어서 한 극적 전환점에 해당하는 체험을 고백한 것이라고 볼 수 있을 것이다. 국내 동우회 운동의 일인자로서, '민족지도자'로서 조선을 이끌어 나가던 이광수의 모습에서, 오대산 암자의 경성판이라 할 만한 홍지동 산장에 칩거하며 법화경을 외우는 수행자로 바뀌고 있는 이광수의 모습을 확인해 볼 수 있다. 만약 위의 체험 내용에 '구원'이라는 용어를 쓸 수 있다면, 이광수는 개인적인 역경을 겪는 과정에서, '민족 구원' 에서 '개인 구원', 그리고 다시 '민족구원'으로 이어지는 일련의 통과제의를 체험하고 있었던 것이라고 할 수 있지 않나 생각된다. 물론 '민족'이나 '개인'과 같은 함수는 이광수의 경우 새삼스러운 것은 아니다. 위에도 기록되어 있는 바와 같이, 그가 추진하고 있었던 동우회 운동—도산의 준비론 사상에 기초를 둔—은 기본적으로 개인의 윤리 도야에 바탕을 둔 사회개조 운동이자 근대화 운동이기 때문이다. 그럼에도 불구하고 위의 글에서 이광수가 이러한 통과제의 과정 속에 있었다고 느낄 수 있는 것은, 그것이 이광수 개인의 통절한 개인적 실감을 바탕으로 하고 있는 것처럼 느껴지기 때문일 것이다.

한편, 이러한 과정을 거쳐서 그가 이르게 된 새로운 '민족구원'의 길

5) 「육장기」, 『이광수전집』 8, 삼중당, 1978, 41~43면.

을 묘사하는 언어로서 그가 '신앙' '영혼' '죄'와 같은 용어를 구사하고 있는 점이 주목된다. 이 어휘들이야말로 이광수의 불교가 갖고 있는 특성을 잘 드러내 주고 있는 예로 판단되기 때문이다. 「육장기」의 나머지 부분 중 일부를 본다.

> 그대가 있는 곳이 어딘가 하니 사바세계요. 그대의 생활이 뜻대로 아니 되고 괴로움이 많은 것은 사바세계 중생으로 태어날 때에 벌써 그럴 줄 알고 온 것 아니오? 그대가 그 중의 말과 같이 열반성에 들거나 그까지는 못한다 하더라도, 아미타불님께 매달려서 극락세계에라도 가기 전에는 그대는 괴로움은 벗어날 수가 없는 것이 아니오? 그대가 이 자리에서 벗어나다니 어디로 벗어난다는 말이오? 손오공이 모양으로 힘껏 재주껏 달아난대야 다 가고 보면 또 거기가 거기요. 죽어? 죽으면 어디고 가오. 죽어도 또 거기가 거기요. (…중략…)
>
> 「내가 태어난 곳은 사바세계다. 참고 견디는 세계다. 내가 받는 것은 모두 다 내가 받을 것을 받는 것이다. 이것을 안 받으려고 앙탈하는 것은 마치 나이를 아니 먹으려고 뻗대는 것과 같다. 그것은 어리석음이오. 그뿐만 아니라 앞날의 악업을 더 저지르는 것이다.」
>
> 그대는 이렇게 생각하지 못하오? 6)

위의 글에서 그가 강조하고 있는 불교적 원리 중 눈에 크게 띄는 것 하나는 '인과론'과 '윤회론'이다. '인과론'이나 '윤회론'이라면 불교적 세계관이 갖고 있는 기본 원리 중의 하나이기 때문에 특이할 것이 없다고 하겠지만, 그가 이러한 원리를 제시하는 방법 내지 정서적 특징이라 할 만한 것에는 주목할 필요가 있다. 그가 제시한 인과론이나 윤회설은 악업으로 인한 업고를 치르고 있는 중생 세계의 고통을 그리는 데 초점이 맞춰져 있다. 그러므로 사실상 위에서 이광수가 그리고 있는 불교적

6) 위의 글, 47~49면.

인식의 초점은 '인과론'이나 '윤회설'과 더불어 초기 불교가 강조한 고성제(苦聖諦)에 맞춰져 있다고 할 수가 있겠다.

그러나 이런 특징보다도 위의 글에서 짙게 느껴지는 것은, 그가 이런 상식적인 용어를 사용하면서 육도(六道)에 투사한 정서의 색깔이다. 그에 의하면 이 육도 중 인간계와 같은 세계도 열반과 같은 극적인 각성과정이나 아미타불에 대한 필사적 믿음이 아니면, 도저히 고통에서 벗어날 수 없는 세계라 한다. 이것이 인간계 자체의 고유한 특성이라기보다는 어딘가 '지옥계'에 근접한 이미지로 그려지고 있는 데 주목할 필요가 있는 것이 아닐까. 물론 정토의 반대말로 사용되는 사바세계가 이런 방식으로 묘사되는 경우는 흔하다고 생각되며, 이 점을 깨닫는 것이 성불에의 의지를 내는 첫 걸음에 해당하는 것으로 이야기되는 것도 사실이라고 생각된다.[7] 그러나 부처의 현신을 내기도 한 인간계가 포함되어 있는 이 세계는 성불을 향한 정진이 가능한 희귀한 기회가 부여된 세계다,라는 식으로 적극적 의미가 부여될 수 있는 것 또한 사실이다.[8]

7) 인용 근거를 제시할 필요도 없이, 사바세계가 고통으로 가득 찬 세계라는 진술은 불교 경전 속에서 광범위하게 발견될 수 있는 것이라고 생각된다. 가령 다음과 같은 간단한 불교 용어사전에 의하면 사바세계는 이렇게 설명되고 있다. "사바는 산스크리트어의 사하의 음역이다. 이 현실세계를 말하는 것. 사하의 어원은 알 수 없으나 일반적으로 '참고 견딘다'는 의미의 '사호'에서 형성된 명사라고 하며 따라서 '인토(忍土)' '인계(忍界)' 등으로 의역되어 있다. (…중략…) 사하는 '대지'라는 의미이고 한편으로는 '이 세계' '이 현실의 세계'라는 의미로 해석할 수 있을 것이다. 그러나 "이 세계의 중생은 내부에 여러 가지 번뇌가 있고 외부에는 풍우한서 등이 있어 고뇌를 참고 견디지 않으면 안 되기 때문에 이 명칭이 있다"고 생각해 사하를 인토, 인계 등으로 번역하는 것은 후세의 불교 학자가 생각해 낸 해석일 것이다."(『불교의지식 100』, 민족사, 1993, 163면)

8) 인간계에 태어나는 업 자체는 적극적으로 보면 도를 이룰 수 있는 매우 희귀한 기회인 것으로 해석될 수도 있다. 가령 『법구경』「술불품(述佛品)」에는 "사람의 몸으로 태어나기 어렵고/ 태어나 오래 살기 또한 어렵다/ 세상에서 부처님 만나기 어렵고/ 부처님 법을 듣기도 어렵다"는 구절이 있다. 다음과 같은 대중용 불교교리서에 의하면, 육도 중 인간계의 본질적인 특징은 이렇게도 묘사되어 있다. "노력과 의지와 신심으로 인한 마음의 파장은 인간 본연의 파동을 불러 일으켜 인간의 순수한 참모습이 내 앞에 펼쳐지게 되어 서로 간에 인간다운 아름다움 속에서 포근한 인생을 살아가면서 노력한 만큼 복을 누리게 되어 수·부·강녕·유호덕·고종명의 다섯 가지 복을 고루 누리게 된다."(법월 편, 『바늘구멍으로 황소가』, 미타선원, 1997, 14면) 참고로 밝히면

이것이 의미하는 바는 비교적 명료하다고 볼 수 있는 것이 아닐까. 이광수는 부정성과 긍정성 양면을 갖고 있다고 할 수 있는 이 세계를 비관적인 색채 일색으로 기술하고 있는 것이다. 그것이 '뜻대로 아니되'고 '괴로움이 많은 세계' '태어날 때부터 그럴 줄 알고 온' '괴로움'에서 '벗어날 수 없는 세계'다.

한 마디로 말하자면, 이 '어쩔 수 없이 고통이 예정되어 있는 이 세계'라는 인식은 「육장기」의 앞머리에 기술되어 있는 그의 자전적인 체험의 특성을 강하게 담고 있을 뿐만 아니라, 당시의 이광수가 바라본 인간계, 현실 세계의 모습에 가까운 것이 아니었을까 생각된다. 이런 현상은 그가 수많은 불교 담론 중에서, 유독 인과론이나 윤회설, 고성제를 선택해서 즐겨 논의하고 있는 점과도 일정하게 비례하고 있다고 생각된다.[9)]

한편 이러한 '이광수식 불교'의 특성은 시기상으로 보나 내용상으로 보나 이 시기 그가 진행하고 있었던 친일 행위와는 물론, 「나의 고백」에 제시된 상황 논리와도 자연스럽게 연결되는 부분이 있다는 점이 주목된다. 만약 그의 친일 행위가, 앞에서 본 바와 같이, 문인 개개인이 극단적 선택의 기로 앞에 서 있었던 당시 상황 속에서 '어쩔 수 없이 행해진 것'이었다는 논리 아래 행해진 것이 사실이라면, 그 논리는 '어쩔 수 없이 고통이 예정되어 있는 이 사바세계'라는 당시의 그의 불교적 인식

이 책자에서는 지옥계를 '원망과 원한', 아귀계를 '초조와 불안, 근심', 수라계를 '불평과 불만', 축생계를 '욕망과 색정', 천상계를 '희망과 이상'으로 기술하고 있다.

9) 인과론이나 윤회설, 고성제는 물론 불교적 진리 체계의 전부가 아니다. 그것은 이광수가 「육장기」 속에서 차별 · 무차별 세계가 하나라는 것을 설하기 위해 인용한 바 있는 반야심경과 같은 반야경 계통의 경전—인과나 윤회의 주체인 오온(五蘊) 및 사성제(四聖諦) 자체도 공(空)이라고 한—에 가면 간단하게 부정된다. 한편, 사에구사 도시카쓰는 이광수의 불교사상의 특징 세 가지로 '인과 혹은 인연론' '윤회사상' '자비와 보살행'을 든 바 있는데, 이중 첫 번째 항목이 "그의 불교적 서술 속에서 현저하게 나타"나는 한편으로, 이광수가 인용한 불교경전 중에 반야경 계통의 비중이 매우 적다는 점을 지적한 바 있다. 三枝壽勝, 앞의 글, 182~185, 191면 참조.

내용에 의해 뒷받침되고 있는 것으로 볼 수 있기 때문이다. 이런 점은 '그 나름의 불교적 인식' 내용이, 마치 개별 역사 과정의 특수성들을 모두 초월하여 존재하는 보편적 진리체계인 것처럼 선언되고 있는 데에서도 추가적인 확인이 가능한 것이 아닐까 생각된다.

같은 「육장기」의 내용 속에서 이 '어쩔 수 없음'의 논리가 다시 심화된 형태로 다시 반복되고 있는 것을 보면, 이것이 우연의 일치가 아닐 가능성은 더 높다고 생각된다.

> 내 나라를 침범하는 적국과는 아니 싸울 수가 없단 말요. 신문에서 보는 바와 같이, 우리 군사가 적군의 시체를 향하여서 합장하고 나무아미타불을 부른다는 것이 차별세계에서 무차별 세계에 올라간 경지야. 차별세계에서 적이요. 내 편이어서 서로 싸우고 죽이지만은, 한번 마음을 무차별의 세계에 달릴 때에 우리는 오직 동포감으로 연민\을 느끼는 것이오. **싸울 때에는 죽여야지, 그러나 죽이고 난 뒤에는 불쌍히 여기는 거야. 이것이 모순이지, 모순이지마는 오늘날 사바세계의 생활로는 면할 수 없는 일이란 말요.** 전쟁이 없기를 바라지마는, 동시에 전쟁을 아니할 수 없단 말요. 만물이 다 내 살이지마는, 인류를 더 사랑하게 되고, 인류가 다 내 형제요, 자매이지만은, 내 국민을 더 사랑하게 되니, 더 사랑하는 이를 위하여서 인연이 먼 이를 희생할 경우도 없지 아니하단 말요. **그것이 불완전한 사바세계의 슬픔이겠지마는 실로 숙명적이요. 다만 무차별 세계를 잊지 아니하고 가끔 그것을 생각하고 그리워하고 그 속에 들어가면서 이 차별의 아픔을 죽이려고 힘쓰는 것이 우리가 하여야 할 일이겠지요.** (강조는 인용자)[10]

상대를 죽이는 행위는 불교에서 말하는 십악업(十惡業) 중에서 으뜸가는 악업에 속한다. 이 악업이 일상적 행위화 되어 있는 것이 당시 일제가 진행하던 15년 전쟁이요, 일제가 조선인에게 가하던 양자선택의 위협 상황이라면, 불자들은 이런 극한적 현실에 어떻게 대처해 나가야

10) 「육장기」, 56면.

할 것인가, 이 문제에 대한 이광수 나름의 심경 내지 대처방법이라 할 만한 것이 위의 글에는 잘 나타나 있는 것으로 생각된다. 요약해 보면 그것은 "싸울 때에는 죽여야" 하는 행위, 그리고 죽인 뒤에 "불쌍히 여기는" 것이 공존하는 세계다. 그리고 이것이 "오늘날 사바세계의 생활로는 면할 수 없는 일"이요 "실로 숙명적인 일"이라는 것이다.

이런 발상법은 사실상, 당대 체제 내에서 생존해 가던 대다수 서민들의 사고방법을 대변한 것이라고 할 수 있을 것이다. 시국은 불가항력적인 것이고 전쟁도 불가피한 것이며, 어제까지 인국민(隣國民)이었던 인간을 죽이는 것도 불가항력적인 것이다. 우선 나와 내 가족과 사회집단이 살아남기 위해서, 즉 '우리 생명'을 보존하기 위해서다. 이 처절한 개체 보존 본능에 입각한 순응적 사고방식, 그러면서도 죽음을 당한 상대방에 대한 연민을 품지 않을 수 없는 인간내면의 외침소리, 이런 모습은 인류사의 한 흐름을 형성해 온 서민사의 한 모습임에는 틀림이 없을 것이다.

그런 의미에서, 이광수의 이러한 발상법 속에 자리하고 있었던 당대의 현실상은 이미 '기정사실화된' 것이었다고 해도 좋을 듯하다. 즉, 현실 그것은 인간의 노력으로서는 변화 불가능한 세계, 일방적으로 순응해 들일 수밖에 없는 확고한 세계다. 다만 이 현실 속에 조금이라도 인간이 주체적으로 참여할 수 있는 길이 있다면, 그것은 "다만 무차별 세계를 잊지 아니하고 가끔 그것을 생각하고 그리워하고 그 속에 들어가면서 이 차별의 아픔을 죽이려고 힘쓰는 것" 외에는 없다. '이 세계' 속에는 사실상 현실적인 구원의 가능성이 없거나 매우 희박하다고 할 수밖에 없는 것이다. 인간은 이 세계를 그대로 수용하며 생존해가면서, 아득한 미래를 기약해 보는 수밖에 없는 것이다. 식물적인 사고방식의 소산이라고 할 수 있는 이 현실세계는 그대로 이광수가 이 글 속에서 계속 강조해 온 바, 숙명적인 고통이 예정되어 있는 '사바세계론'과 그대로 일치하고 있다고 볼 수 있는 것이 아닐까. 그가 본 당대 현실과 그가 불교적 논리 속에서 추려낸 현실세계는 거의 완벽하게 일치하고 있는 것으로 보아도 무리가 없는 것처럼 느껴진다.

이 자리에서 남는 문제는 그가 이 글의 마지막 부분에서 갑자기 제시하고 있는 '지상천국 실현론'이다.

> 이런 생각들을 하면 무척 마음이 괴롭소. 이 세계가 왜 극락세계가 못될까 하고 한탄이 나오. 그러나 검은 흙만인 듯한 땅도 자세히 찾아보면 금가루 없는 데가 없는 모양으로, 얼른 보기에 생존 경쟁만 하고 있는 듯한 중생 세계에서도 자세히 찾아보면, 샅샅이 따뜻한 사랑의 불똥이 숨어 있어. 이 지구가 온통 금덩이가 될 수가 없는 줄 아시오? 금이나 흙이나 다 같은 피요, 같은 살야. 이 중생 세계가 온통 사랑의 세계가 못될 줄 아시오? 일순간에 변화할 수 있는 것이오.
>
> 나는 이것을 믿소. 이 중생 세계가 사랑의 세계가 될 날을 믿소. 내가 법화경을 날마다 읽는 동안 이 날이 올 것을 믿소. 이 지구가 온통 금으로 변하고 지구상의 모든 중생들이 온통 사랑으로 변할 날이 올 것을 믿소. 그러니 기쁘지 않소?
>
> 내가 이 집을 팔고 떠나는 따위, 그대가 여러 가지 괴로움이 있다는 따위, 그까진 것이 다 무엇이오? 이 몸과 이 나라와 이 사바세계와 이 온 우주를 사랑의 것으로 만드는 일이야말로 그대나 내나가 할 일이 아니오? 저 뱀과 모기와 파리와 송충이 (…중략…) 이런 것들이 모두 상극이 되지 말고, 총친화(總親和)가 될 날을 위하여서 준비하는 것이 우리 일이 아니오? 이 성전에 참예하는 용사가 되지 못하면 생명을 가지고 났던 보람이 없지 아니하오? 오정이 지났는데 아직도 비가 오지 않소. 흐르기는 흐렸는데 바람만 부오. 그러나 올 때가 되면 비가 오겠지요. 성화하지 마시오. 이 천지는 사랑의 천지요, 공평한 법적의 천지가 아니오?
>
> ……시편 백 편을 적어서 이 편지를 끝냅시다.
>
> 모든 나라들아, 기쁜 소리로 임을 찬송하라.
>
> 기쁨으로 섬기고 노래하여 임의 앞에 나올지어다.

임은 하느님이시니, 임 아니시면 뉘 우리를 지으셨으리?

우리는 임의 백성이오, 그의 목장에 길되는 양이로다.

(…중략…)

그대여, 인생을 이렇게 볼 때 기쁨과 노래 밖에 또 무엇이 있겠소? 무슨 근심, 걱정이 있겠소?

나는 기쁨으로 이삿짐을 싸려 하오.[11]

바로 이것이 김윤식으로 하여금 "법화경 행자 수업도 이 마당에 와서는 다분히 책 속의 지식이어서 공허함을 면치 못한 듯한 느낌"을 갖게 한 대목이다.[12] 논리의 뒷받침이 없이 주관적 영탄으로 일관된 내용이어서 즉흥적·감정적으로 씌어진 것이 아닌가 의심되는 대목이라고 해도 무방할 듯하다. 이렇게 갑자기 지상천국론이 전개될 것이었다면, 앞에서 그 나름의 체험적 무게 내지 진실성을 주입하며 그가 전개해 온 고성제(苦聖諦)론은 도대체 어떻게 되었다는 말인 것일까. 인간끼리의 차별을 넘어서는 일조차도 아득한 미래를 기약할 수밖에 없는 것이라고 하면서 시대고(時代苦)와 개인고(個人苦)를 나름대로 깊이있게 드러내온 그가 이렇게 일변한다. 갑자기 구약적 묵시의 세계—축생계의 최하층에 존재하는 곤충까지도 인간계와 하나가 되는, 육도가 온 우주적 차원에서 천국화되는—를 제시하고 있는 것이다. 그리고 그 세계를 이룩하기 위해서 그 자신이 구체적으로 진행해야 할 수행론은 『법화경』을 읽는 일 뿐이다.

이것이 일상적 감각에서는 넌센스로 보일 가능성은 충분히 있다. 그러나 이것이 '신앙'의 세계라면 문제는 달라질 수 있는 것이 아닐까. 물론 이광수가 "사바세계 = 공(空)"이라는 원리를 몸으로 깨우친 각자(覺者)였을 리는 없다고 생각되나, 이것이 당시의 이광수가 자신의 수행,

11) 위의 글, 57면.

12) 김윤식, 앞의 책, 964면.

그리고 역사에 대해서 지니고 있었던 주관적 '믿음'의 일부를 보여준 징표 중의 하나로 볼 수 있는 가능성은 있지 않겠는가 생각된다. 그 믿음이라면, 아마도 「관세음보살보문품」이 갖고 있는 주력(呪力)에 대한 그의 믿음을 생각할 수 있는 것이 아닐까. 보다 자세한 고찰을 요하는 것임에는 틀림이 없다고 생각되나, 일단 이 '믿음' 속에 그의 친일 동기와 관련된 또 하나의 비밀이 은닉되어 있을 수도 있다고 생각된다.

종합해 보자면 이광수는 「육장기」 속에서 당시의 현실은 어쩔 수 없다는 사실수리론을 제시하는 한편으로, 이 현실이 묵시적인 천국으로 바뀔 그 날의 존재는 믿고 있는, 상당히 극적인 사고방식을 보여주었다고 생각된다. 이 중 사실수리론은, 그의 불교인식 내용, 즉 '사바세계'론에 의해 뒷받침되면서 후일 「나의 고백」에서 거의 원형에 가깝게 재생산되었던 것이며, 그의 '친일의 불가피론'을 뒷받침하는 논리로 사용되었을 가능성이 높다고 생각된다. 그리고 후자의 경우는, 당시 이광수가 당대 현실의 비극성은 그대로 인정하면서도 또 한편으로는 미래에 대해 신화적인 것에 가깝다고도 할 수 있는 장기적인 비전을 그 나름대로 갖고 있었음을 보여주는 증거로 볼 수 있지 않나 생각된다. 이 역시도 그의 민족을 위한 친일 행위, 즉 '주관적 의미에서의 보살행'과 관계가 있을 것으로 생각된다.

3. 친일 혹은 보살행의 또 다른 모델, 아베 미츠이에

이광수가 자신의 친일을 '민족 보존'을 위한 일종의 '보살행'으로 생각한 흔적은 「나의 고백」, 그리고 그의 '민족을 향한 유서'라고도 할 수 있는 「윤회무진」 「인과」 등에 잘 나타나 있는 바이다. 물론 이광수의 이 '보살행'이 과연 객관적인 보살행에 해당될 수 있는 것이냐 하는 문제를 판단하는 것은 간단한 작업이 아니리라 생각되나, 한편으로 그의 친일의 주관적인 동기를 더 다양하게 검토해 가는 작업도 무익한 일은 아닐 것이라고 생각한다.

이광수의 생애를 생각할 때 선명하게 떠오르는 이미지 중의 하나는 그가 많은 스승들을 모시고 있었다는 점이다. 가령 손병희 · 톨스토이 · 예수 · 도산 · 붓다로 이어지는 스승들의 이름은 이광수라는 인간의 내적 특성이 매우 이상주의적이었다는 것, 동시에 그의 내면을 차지하고 있었던 심리적 결핍의 양이 거대한 것이었음을 알려주는 예가 된다고 할 수 있을 것이다. 어떤 의미에서는 이 모델들은, 그이들의 가르침과는 달리, '친일'이라는 그의 생애 최대의 문제적 행동 속에도 '민족구원을 위한 이광수식 자기 희생'이라는 형태로 그 그림자를 드리우고 있다고도 할 수 있을 것이다.

그러나 이 리스트 속에는 일군의 이름들이 빠져 있다. 이광수의 생애에 지속적인 영향을 미치고 있었으나 거론하기 어려운 사정이 있는 일본인 '스승'들이 그들이다. 이광수와 20년에 걸쳐 교제를 지속했을 뿐 아니라, 그의 인생 위기에도 적지 않은 도움을 주었던 이들인 아베 미츠이에[阿部充家]와 도쿠토미 소호[獨富蘇峰]가 그들이다. 이 중 이광수에게 '노골적인 친일을 권유'한 것으로 알려져 있기 때문에 상대적으로 거론의 흥미가 떨어지는 도쿠토미 소호를 제외하면 아베 미츠이에가 남는다. 공교롭게도 당시 이광수의 산문 중에는 아베 미츠이에와의 관계가 심도 있게 다뤄져 있는 글이 있어서 매우 흥미롭다.

> 옹과 만나면 나는 마음을 터놓을 수 있어서 기뻤다. 시국에 관한 이야기나, 내선 융화 등의 말을 옹의 입으로부터 들은 기억은 없다. 단지 아주 친한 친구처럼, 또는 어릴 적부터 따르던 이웃집 아저씨같이 허물없이 그리웠다. 옹도 내 어떤 점이 마음에 들었는지, 아저씨같이 허물없이 귀여워해 주셨던 것이다.

(…중략…)

나는 내지인 쪽의 일은 모르지만, 조선인 중에서 무엇인가에 대해 옹에게 폐를 끼친 사람은 옹의 만년 20여 년 동안 수백 명에 이를 것이다. 어쩌면 천 명을 넘을지도 모른다. 옹이 교제했던 사람은 정치범 · 신문인 · 실업가 · 학생 등, 소위 지식계급의 사람들이었는데, 한 번 옹을 만난 조선인은 모두 옹에 대해 마음을 터놓을 수 있는 친우라고 생각하게 되는 것이었다. 그 조선인들 중에는 옹을 이용해, 옹의 힘을 빌어 어떤 이기적 욕망을 달성할 것을 목적했던 사람도 있었을 것이다. 하지만 그 대다수는 옹을 통해 일본민족의 온정에 접하고, 양 민족은 진실로 친구가 되고 동포가 될 수 있다고 느끼는 사귐이었다고 생각한다. 설사 이용하기 위하여 옹에게 접근했던 사람이라 할지라도, 그가 탐욕이 강할 뿐만 아니라 적어도 인정의 감수성을 가진 사람이라면, 결국 그 가식이 없으며 모든 차별을 초월한 우정에 감동하지 않을 수 없었을 것이다.

나 역시 옹에게 바라는 것이 없었고, 옹도 나에게 바라는 것이 없는, 그런 교제를 했었다. 하지만 아베 옹께서 나를 정말로 사랑하고 소중히 대해 주시는 일, 나는 그것을 20년을 하루같이 가슴 깊이 느끼며 지내왔던 것이다. (…중략…) 옹은 분명히 운동가였을 것이다. 그러나 자기를 위해서는 아무것도 구하지 않는 운동가였다. 옹은 귀족을 위해, 상인을 위해, 죄수를 위해, 고학생을 위해, 과부를 위해 끊임없이 운동을 하고 있었지만, "고맙습니다"라는 한마디 보수조차 바라지 않았다. 하물며 재물이랴.[13]

당시의 시국 상항과 이광수가 전개하던 내선일체 운동론의 냄새가 많이 나는 글이나, 이곳에 기술되어 있는 아베론(論)에서는 일종의 진실성이 느껴진다. 이 속에는 두 사람 간에 개입되어 있었을 것임에 틀림이 없는 정치적 문제, 그것에서 오는 거리감은 거의 느껴지지 않는다고 해도 될 것 같다. 이광수가 아베를 대하는 태도에는 일종의 개인적인 은의(恩

13) 이광수, 「무부츠옹의 추억」, 『동포에 고함』(김원모 · 이경훈 편역), 철학과현실사, 1997, 244~249면.

誼)라고나 할 만한 정서적 태도 혹은 부자관계에 가깝다고 할 만한 정서가 포함되어 있다고 판단한다면 무리일까.

개인적으로 은의를 입은 이에게 부정(父情) 비슷한 것을 느끼는 이광수의 내심은 그의 유소년기나 청년기 체험을 생각할 때 충분히 이해 가능한 것이나, 무엇보다도 이 글에서 눈에 띄는 점은 아베라는 인물의 성품에 관해 기술한 대목이다. 이광수가 그리고 있는 아베의 삶은 거의 보살상에 가까운 것이 아닐까. 이광수는 이 글의 앞부분에서 아베가 검도사범 집안에 선 수행을 한 경력이 있는 인물이며,[14] 주변의 인물들에게 아낌없이 보시행을 실천한 인물로 기술한 바 있다. 물론 사실 차원의 검증이 필요한 일이긴 하겠지만, 식민지 통치정책의 일부를 담당해야 했을 아베라는 인물이 실제로 개인 차원이나 집단 문제 차원에서 그런 벽을 넘어설 수 있는 훌륭한 성품을 갖고 있었으며 그것을 실현한 인물이었을 수는 있다. 그러나 중요한 것은 그것의 사실성 여부 문제가 아니라 이광수가 그를 그렇게 보았다는 점이다. 특히 이 글이 씌어진 시기를 고려해 본다면, 이 속에 제시되어 있는 아베상(像), 즉 이광수가 아베를 보는 관점은 친일 행동에 앞장서고 있던 당시의 이광수가 그를 보고 있던 시점을 보여주는 것이라고 할 수 있다. 이광수의 눈에 비친 아베는 보시행의 대가였던 것이다. 이렇게 쓰고 있는 이광수의 시각은, 「나의 고백」 속에서 당시 민족 보존을 위한 자기 희생의 길을 가고 있었다고 한 자신의 태도 내지 사고방식과 매우 근사한 데가 있는 것이 아닐까. 다음 내용에는 그것을 보여주는 결정적인 구절이 있다.

> 나는 이미 다비에 부쳐져 한 줌의 재가 된 옹[阿部充家]의 영전에 합장했다. 뭐라 할까 어이없고 섭섭했지만, 그것이 옹으로서는 본의였을지도 모른다. 할 일을 다하고 조용히 간다. 그것으로 좋으리라.

14) 위의 글, 244면.

장례식에 가니 영전에는 소호 선생님 부처가 보내신 생화와 내가 보낸 생화가, 꽃의 종류까지 똑같이 단 두 개 좌우에 놓여 있었다. 이 역시 기연이라 할 수 있을 것이다. 얼마나 간소하고 얼마나 쓸쓸한 광경이란 말인가. 하지만 그것으로 충분할 것이리라.

욕(慾)이 없고 성(誠)이 있는 인간 아베 요시[미츠]이에옹은 이렇게 일생을 마쳤던 것이다. 옹의 장서나 주로 불상으로 된 골동품 등은 옹의 생전에 이미 팔아 그 돈으로 임종까지의 생활비에 충당했다고 하는데, 중병 중에도 수중에 돈이 있기만 하면 고학생이나 곤란한 사람(대부분 조선인이다)에게 주어버려서, 중앙조선협회의 나카지마 씨가 그 돈을 맡아 매달 필요한 만큼을 옹에게가 아니라 부인에게 주었다고 한다. 그 돈조차 부인에게 졸라서 고학생에게 주어버리고는 월말에 지불할 돈이 없어서 곤란했던 일이 왕왕 있었다는 것이다.[15)](강조는 인용자)

아베의 마지막 장면을 묘사한 대목이다. 사실 여부 차원을 넘어서서, 또한 아베가 행한 식민지 관리역으로서의 역할을 차치하고 보면, 이곳에 기술된 아베의 마지막 모습은 있는 그대로 아름답다. 언론계의 거물이었으나 평생을 담담한 보시행으로 보내고 역시 담담하게 이승을 뜬 한 인간의 생에 대한 인간적인 애착과 흠모의 정이 그려져 있다. 특히 남루한 장례식 풍경은 그 자체가, 보시행 속에 유형 무형으로 엉기게 마련인 선과(善果)에 대한 애착마저도 내려놓은 듯한 아베의 품격을 잘 재현한 것 같아 더욱 아름답다. 이광수는 고독하게 선행을 하다가 고독하게 죽음을 맞은 아베에게서 일종의 보살행에 가까운 이미지를 발견했을 뿐만 아니라 자신의 이후 생과 관련된 모델 하나를 발견한 것임에 틀림이 없다고 할 수 있을 것 같다.

그 이광수의 심경을 잘 보여주고 있는 발언이 "할 일을 다하고 조용

15) 위의 글, 255~256면.

히 간다. 그것으로 좋으리라"는 것일 것이다. 이것은 아베에 대한 이야기인 동시에 이광수 자신의 이야기였던 것이 아닐까. 이광수는 왜 '할 일을 다하고 조용히 간다, 그것으로 됐다'고 한 것일까. 이 대목이야말로 당시 친일 행위의 선두에 서 있었던 이광수의 내적 심경을 아주 잘 드러내 보여주는 대목으로서 일종의 자기충족적 예언이라고도 할 만한 발언이었다고 할 수 있는 것이 아닐까. 당시 그가 '할 일'이 있었다면 그것은 아무래도 친일—주관적 의미에서는 민족보존의 위한 자기희생의 길이었을—밖에는 없다. 해방 후 남긴 그의 유시 중의 하나인 「인과(因果)」의 마지막 대목을 보면 이런 구절이 있어 놀랍다.

> 세상은 내가 「죽을 죄로 잘못했습니다. 나는 내 명리를 위하여서 민족을 반역했습니다」 하는 참회만을 요구할 것입니다.
> 그러나 나는 아무리 겸손을 꾸미더라도 그런 거짓말은 할 수 없습니다.
> 나를 어리석었다면 그것은 수긍도 하겠습니다.
> 대국을 볼 줄 몰랐다 하면 그럴 법도 하겠습니다. 저를 모르는 誇大妄想이었다 하면 그럴 법도 하겠습니다.
> 「네까짓 것이 하나 나서기로 무슨 민족 수난 완화의 효과가 있었겠느냐」 하면
> 거기 對하여서도 나는 묵묵하겠습니다.
>
> 어리석은 誇大妄想−아마 그럴지도 모릅니다.
> 나는 「愚者의 孝誠」이라고도 저를 評해 보았습니다.
>
> 그러나 나는 내가 할 일을 하여 버렸습니다. 내게는 아무 不平도 悔恨도 없습니다.
> 나는 「민족을 위하여 살고 민족을 위하다가 죽은 이광수」가 되기에 부끄러움이 없습니다.

天地가 이를 알고 神만이 이를 알 것입니다.

世上에도 이를 아는 同胞도 있을 것입니다.

아니, 아는 이가 한 분도 없어도 할 수 없거니와 그래도 좋습니다.

나는 내가 할 일을 하였기 때문입니다. (강조는 인용자)[16]

이광수는 "할 일을 하여버렸다, 아무 불평도 회한도 없다"고 하였다. 위의 "할 일을 다하고 조용히 간다"와 너무도 유사하다. 그 이유를 제시하지 않는 편이 더 좋았을지도 모르지만, 이광수는 '이유'를 뒤에 나열한 뒤에, 아무도 인정해주지 않는다 하더라도 상관이 없다고 했다. 이 발언 속에는 자신의 행위의 정당성을 믿는 엄청난 양의 주관적 에너지가 수반되어 있다. 그리고 그 무시무시한 고립감을 담담히 감수하고 있는 것처럼 보이는, 혹은 그렇게 보이려고 애쓰는 이광수의 이 자세 속에는 아베의 초라한 장례식의 주인인 아베 미츠이에의 이미지가 그대로 겹쳐져 있다.

이 글을 쓰기 1년 전 이광수는 그의 정신적 지주이자 이 세상에 육신으로 존재했던 조선인 스승으로서는 마지막 인물이었던 도산을 잃은 상태였다. 도산을 잃은 그의 앞에는 잔해만 남은 수양동우회가 있었고 확산되어가는 중일전쟁이 있었고, 지식인들에 대한 군부의 양자택일 강요, 그것에 대한 집단적 공포가 있었다. 그렇지 않아도 그는 이미 30년대 초기부터는 개인적인 역경 속에서 내적 붕괴과정을 겪고 그 속에서 '사바세계'의 숙명적 고통에 대한 감각, 그리고 그 세계에서 벗어날 길은 불교 수행밖에 없음을 그 나름의 불교 인식을 통해서 키워오고 있던 차였다. 이 속에서 이광수가 선택한 길은 세인이 보기에는 극단적인 모험의 길이 아니었을까. 그는 나서지 않아도 될 일에 앞장서서 나서는 대모험을 시도한다.[17] 그것이 지식인들을 보호하고, 민족 보존을 통해

16) 이광수, 「因果」, 『이광수전집』 9, 삼중당, 1978, 541면.

17) "나 개인의 형편으로 말하건댄, 병이라 칭하고 가만히 누워 있으면 고만이었다. 나

서 미래를 기약한다는 판단 아래 진행한 친일의 길이자 그 나름의 보살행의 길이었던 것이 아닐까. 그리고 이러한 판단을 가능케 한 정신적 근거로서 그의 법화경 신앙이 작용했던 것이며, 스스로 택한 수난을 통해서 보살행을 구현한다는 그의 신앙이 이 속에 작용하고 있었던 것은 아닐까.

이러한 추측에 현실성이 있다면, 아베 미츠이에의 생과 사는 당시 이광수가 갖고 있었던 불교신앙의 성향과 더불어 하나의 길잡이로서 기능했을 가능성이 충분히 있다고 생각된다. 앞 장에서 잠시 살핀 바 있지만, 이광수는 당시 현실은 어쩔 수 없이 수용해 들일 수밖에 없으나, 민족의 미래에 '총친화적'인 낙원이 도래할 것이며, 그것의 실현을 위해서는 민족 개개인이 '사랑'의 노력을 해야 한다고 생각하고 있었다. 도산과 같이 민족 구원이라는 평생의 목표를 지녀 온 이광수는 이 속에서 자신이 해야 할 일이, 그 '찬란한 미래'를 위한 민족 보존의 길에 앞장서 나가는 길이라고 판단했을 가능성이 있다. 그리고 '지도자'인 자신으로서 할 일은, 당시 지식인 중 누군가는 맡아야 했을 '수난'의 짐을 스스로 지는 일, 즉 친일 대열의 앞장에 서는 길을 택함으로써 고독한 살신 보시행을 수행하는 것이라고 생각했을 가능성이 있는 것이 아닐까. 그리고 그 본보기에 묵묵히 보시행을 실천하면서 자기 '할 일을 다 하고 조용히' 간 아베 미츠이에의 삶이 자리하고 있었던 것이 아닐까, 이렇게 생각되는 것이다.

는 동우회 사건을 한번 치르고 났으니, 앞으로 가만히만 있으면 일본 관헌에게 다시 붙들려 갈 까닭은 없었다."(「나의 고백」, 279면)

4. 결론

이광수의 친일의 주관적 동기를 살피는 입장에서 보면 이광수의 「나의 고백」을 관류하고 있는 논리는 두 가지 정도라고 생각된다. 첫째는 '대일 협력은 당시로서는 어쩔 수 없었다'는 상황론 내지 사실수리론이라고 할 만한 것이며, 두 번째는 이광수 자신이 '민족 보전을 위한 자기 희생적 차원에서 친일을 했다'는 논리다. 이러한 친일 논리에 이르게 된 이광수 나름의 주관적 동기를 검토하기 위한 목적 아래 본고에서는 1939년에 그가 남긴 「육장기」와 「무부츠옹의 추억」에 주목·검토를 진행한 결과 다음과 같은 결과를 얻을 수 있었다.

「육장기」에서 그는 인과와 윤회론, 고성제를 중심으로 이 세상, 즉 사바세계는 '뜻대로 아니되'고 '괴로움이 많은 세계' '태어날 때부터 그럴 줄 알고 온' '괴로움'에서 '벗어날 수 없는 세계'라고 규정한다. 전쟁과 살육이 일상화되어 있는 당시 현실의 비극 역시도 수용해 들일 수밖에 없다고 규정한다. 이러한 논리는 당시 그가 갖고 있었던 불교인식의 내용을 보여주는 것인 동시에 「나의 고백」에서 그가 제시한 '사실수리론'적 입장의 원형에 해당하는 것이라고 판단된다.

두 번째 내용은 「육장기」의 마지막 부분에서 돌출한 내용으로서, 본인이 '법화경'을 읽는 동안, 그리고 개개인이 사랑의 노력을 하는 동안에 이 세상이 묵시적인 낙원으로 바뀔 것을 믿는다는 일종의 신앙고백에 해당하는 내용이다. 이러한 내용은 그가 사실수리론적 입장에서 당시 현실을 바라보고 있었음에도 불구하고 한편에서는 민족의 먼 미래에 낙원이 도래할 것을 믿는 신화적·낙관적 비전을 그가 갖고 있었음을 보여주는 단서일 수 있다고 판단된다. 그의 '자기 희생으로서의 친일'론은 바로 이러한 낙관적 비전과 관련이 있을 가능성이 있다고 판단된다.

한편 「무부츠옹의 추억」에서 이광수는 아베 미츠이에의 삶이 청결한 보시행으로 충만한 삶이었다고 보는 한편으로 그의 죽음을 묘사하는 자리에서 “할 일을 다하고 조용히 간다, 그것으로 좋으리라”는 말을 남긴다. 이광수는 이 아베의 삶 속에서 ‘보살행’의 한 예를 확인했을 뿐 아니라, 당시 자신이 진행하고 있었던 친일 행위에 대한 일종의 묵시적 지원의 논리를 확인하게 되었던 것이라고 생각된다. 그리고 자신의 미래에 대한 일종의 자기충족적 예언으로도 해석되는 위의 구절은, 그의 「인과」에서도 유사하게 반복되는 바, 당시 친일에 나서고 있었던 이광수는 자신의 행위가 민족을 위한 고독한 ‘보시행’ 내지 희생적인 ‘보살행’이라고 믿고 있었다는 것을 이 발언을 통해 드러냈던 것으로 보인다.

조선인이 쓴 일본어 시

1. 일본어 시를 보는 한국인의 눈

다국어 구사능력을 지닌 시인이 외국어로 시를 쓰는 행위는 본질적으로 표현의 자유의 영역에 속하는 문제이며, 사상과 문학적 상상력의 국제적 소통, 표현 방법과 독자층의 확대라는 면에서 바람직한 면이 많음은 당연하다. 그러나 '한국인이 쓴 일본어 시'라고 하면, 한국적 문화공간에서는 부정적인 정서 반응의 대상이 되기 쉽다. '식민지 종주국 언어인 일본어' 시가 한국인의 손에 의해 다량으로 생산되었던 과거가 그 그림자를 드리우고 있기 때문이다.

식민지 시대 시사에 일본어 시를 남긴 문인들의 수는 적지 않다. 시기순으로 검토해 보면, 주요한(朱耀翰) · 김희명(金熙明) · 김병호(金炳昊) · 박열(朴烈) · 한식(韓植) · 정지용(鄭芝溶) · 박달(朴達) · 백철(白鐵) · 김용제(金龍濟) · 이균(李均) · 김창만(金昌滿) · 주영섭(朱永涉) · 임화(林和) · 김사량(金史良) · 유진오(兪鎭午) · 이효석(李孝石) · 박남수(朴南洙) · 이광수(李光洙) ·

김종한(金鍾漢) · 서정주(徐廷柱) · 임학수(林學洙) · 조우식(趙宇植) · 김동림(金東林) · 양명문(陽明文) · 김경희(金景熹) · 오정민(吳禎民) · 김소운(金素雲) · 김경린(金景麟) · 김용호(金容浩) · 김상용(金尙鎔) · 조영출(趙靈出) · 이한직(李漢稷) · 이찬(李燦) 등등의 이름이 확인된다. 이외에 일본어 소설을 남긴 작가까지를 포함한다면, 한국 근대문학사 속에는 일본어 작품이 무시할 수 없을 정도의 양으로 축적되어 있다는 사실에 봉착하게 된다. 이것은 민족국가 건설에 실패한 지점에서 '민족문학사'를 시작할 수밖에 없었던 한국 문학사의 내적 모순 내지 그 특수성이 드러나고 있다는 점에서, 한국인의 직시를 요구하고 있음 역시도 틀림없다고 생각된다.

한국인이 쓴 일본어 시를 비판적으로 보는 우리 지성사의 두 가지 극단은, 모든 '일본어 시'를 부정 대상으로 보는 입장, 1930년대 말기부터 시작된 이른바 '신체제'에 영합하는 내용의 일본어 시를 주된 부정 대상으로 보는 입장으로 나눠볼 수 있을 것이다. 전자는, '조선문화와 조선어의 고수를 민족문학의 존재 근거로 제시하면서 일본어 창작 자체를 반민족적 행위로 본 이태준, 일본어 창작이 내포하고 이는 민족적 아이덴티티 손상의 위험성을 체험적으로 제시한 김사량의 경우를 대표적 예로 제시할 수 있을 것이다. 민족문화와 언어간의 생리적 일체성을 전제로 한 이 견해는 특히 식민지 시대의 정치적 역학 관계와 관련해서 가장 근본주의적인 비판의 입장을 취하고 있는 견해라 할 수 있다. 두 번째 입장은 현재 국내의 친일 문학 연구가 주로 취하고 있는 견해로서, 일제의 이른바 '신체제론'에 영합하는 내용의 친일시를 주된 비판의 대상으로 취하는 반면, 그 이외의 일본어 시 현상에 대해서는 유보 내지 관용적 태도를 취하고 있는 입장이라고 할 수 있다.

그러나 식민지 시대에 존재해 온 일본어 시 현상은 이 두 관점만으로 평가하기에는 훨씬 더 복잡하고 다양한 존재 양상을 갖고 있다. 크게 보면, 1930년대 말엽부터 시작되는 '신체제'기 이전과 이후 시기로 나눠질 수 있다고 생각되는데, 전자의 시인들도 다시 세 가지 정도로 나눠 생각해 볼 수 있다. 주요한과 정지용의 경우가 그 첫째 유형에 해당된다.

주요한과 정지용은 각각 1910년대 중후반 명치학원과 1920년대 중후반 동지사대학에서 유학 생활을 하면서 각각 프랑스 신낭만주의 시 및 영국 낭만주의 시, 그리고 일본 근대시를 공부하면서 일어시 습작에 전념했으며, 각각 일본의 중진 시인(각각 가와지 류우코[川路柳虹], 기다하라 하쿠슈[北原白秋])들의 인정을 받고 일본의 시단에 진출했던 이들이다. 유학기에 일본어로 습작을 한 문인들은 적지 않을 것이나, 이 두 시인은 일본에서 정식으로 '등단'했다는 점, 즉 근대문학 체험을, 한국 시인으로서가 아니라 '일본 시인'으로서 먼저 경험했다는 특수성을 갖고 있다. 이들의 체험이 귀국 후 한국근대 자유시 및 모더니즘 시의 전개에 지대한 공헌으로 이어졌음은 주지의 사실이다.

그러나 이들은 귀국 후, 신체제기가 도래할 때까지는 일본어 시 창작에 손을 대지 않았다. 특히 주요한의 경우에는 그가 섭취했던 프랑스시나 일본의 근대시는 물론 '근대 자유시'라는 양식과 세계관 자체를 부정하고, 한국의 민요시를 현대화 · 대중화하는 방향으로 급선회한 바 있다. 주요한 · 김억류의 프랑스적 근대시와는 역발상을 갖고 있었던 김소월의 민요적 서정시가, 이러한 시사적 흐름, 특히 주요한과 유사한 체험을 갖고 있는 김억의 전적인 후원 아래 이뤄졌다는 사실은 시사하는 바가 많다. 정지용 역시도 후기 시에 들어가면, 일본 시단 시절의 감각적 모더니즘의 세계를 벗어나 '동양적 산수' 속으로 침잠하는 시적 경향을 보여준 바 있다.

이 시인들은 시국적 강요가 없는 상황에서 일본어 시 창작을 스스로 선택한 예들이다. 그 동기가 일본어 시가 풍기고 있는 서구 문명의 향기와 매력, '근대'와 동일어로 인식되고 있었던 그것을 가장 먼저 섭취함으로써 이 땅의 근대화의 선구자가 되려는 욕구 내지 사명감을 기반으로 하고 있었음은 분명해 보인다. 반면에 그들은 귀국 후의 국내 시단 활동기에는 '일본시인'으로서의 과거상을 애써 부정 내지 소멸시키려 노력했던 특징 역시도 동시에 보여준다. 그런 의미에서 이들은, 일본시인으로서의 자의식과 조선시인으로서의 자의식을 분명하게 구분지은 상태에서, 또한 그러한 이미지를 문학사에 각인시키려고 노력했으며, 그 면에서 일정하게 성공을 거두었던 유형의 시인들이라 할 수 있다. 그리고 이들은 '본격 일본 시인'으로서의 현장 경험을 갖고 있었기 때문에 더더욱, 조선시는 조선어로 씌어져야 한다는 근본주의적인 자의식, 즉 민족문학으로서 언어의식을 매우 의식적인 형태로 소지하고 있었다고 생각된다. 그런 의미에서 이 두 시인의 문학적 경력은 초창기 한국 근대시사의 전개 발자취와도 유비적 관계를 형성하고 있는 흔적이 깊다.

두 번째 유형은 역시 신체제 도래기 이전 일본에서 활약한 김희명·백철·김용제 등, 그중에서도 특히 김용제로 대표되는 시인군이다. 이들 역시도 일본 유학기를 거쳐 '일본시인'으로서 창작활동을 벌였다는 점에서는 주요한 및 정지용과 유사한 면모를 갖고 있다. 그러나 일본프로문학예술동맹과 조직적 관련 하에 활동하였다는 점과도 관련하여, 이들의 일본어 시 창작은 주요한이나 정지용과는 결정적으로 다른 특징을 갖고 있다. 물론 이들과 일본 프로 시인들 사이에 '민족국가적 국경선'이 선연하게 자리하고 있었으며, 이들에게 식민지 출신 '용병투사'로서의 역할이 부과돼 있었던 것은 기정사실이었으나, 이들이 계급의식을 기반으로 한 세계문학으로서의 보편성의 실현, 즉 프로문학의 일원으로서의 자의식을 소지하고 있었던 것은 사실이라고 생각된다. 그런 의미에서 이들의 일본어 시 창작은, 주요한 등의 예에서 볼 수 있는 민족국가적 언어의식과는 다소 차원이 다른 상태에서 진행되고 있었던 것이라고 볼 수 있다.

세 번째 유형은 이상(李箱)으로 대표될 만한 유형의 시인이다. 그는 일본 유학 경험이 없는 국내파 시인이면서도, 습작품은 물론 초기 발표작들을 당당하게 일본어로 발표한 유형의 시인에 속한다. 이것은 그가 추구하고 있었던 주제나 그를 둘러싸고 있었던 문화적 · 세대적 특징과도 무관하지 않을 것이다. 가령 그가 건조한 모더니즘 및 심리주의라는, 또 다른 의미에서의 세계주의적 보편성을 지향하는 주제의식과 시적 스타일을 갖고 있었던 점, 그리고 그러한 보편성을 일본 현대시가 담보하고 있었다고 그가 '착각'하고 있었던 것으로 생각되는 점 등이 그것이다.(마지막 여행이었던 동경여행 중 그가 일본문단이 '빈 깡통'이라고 외쳤던 사실을 상기할 수 있다)

그러나 일본어로 시를 쓰는 데 있어 거창한 명분이 필요했으며, 국내문단에 복귀해서는 그 경력을 말소하려 애쓰면서 의식적으로 조선어 창작을 했던 앞 시인들과 비교해 보면(김용제는 예외), 이상(李箱)의 경우에는 새로운 특징이 있다. 그는 개인적인 습작과정에서는 물론, 국내 발표작의 경우에도 버젓이 일본어를 사용하고 있는 것이다. 이것은 일본어로 시를 씀은 물론 이를 눈치 봄 없이 '공식적'으로 발표할 수 있는 감각을 지닌 새로운 언어 세대가 식민지 문학사에 등장했다는 것을 보여주는 징표가 아닐까. 이것은 일본어를 일상어 내지 문명적 보편어로서 공인하는 언어감각의 소산이라고 할 수 있지 않나 생각된다.

문제는 이런 현상이, 이상 개인에만 그친 것이 아니라, 고급 지식일수록 일본어에 의지하는 데 익숙해져 있던 당대의 고등교육 수혜자들의 경우에도 보편적으로 자리하고 있었을 가능성이 많다는 데에 있다. 이것이 그 시대 일본어 관습을 둘러싼, '있는 그대로의 현상' 중의 하나였다면, 당대의 이러한 언어의식을 보다 깊게 천착해야 할 필요성이 생기는 것이 아닐까. 그리고 이러한 '적극적 일본어 사용주의자' 이상을 친일문인이라고 비판하는 경우를 보기 어려운 것은, 이런 현상을 어느 정도 용인해주는 일종의 문화사적 '묵계'가 한국지성사 속에 자리하고 있는 것이라고 볼 수 있는 것이 아닌가 생각된다.

3. '신체제'기의 일본어 시들—이광수, 주요한, 김용제, 김종한, 서정주

한국인이 쓴 일본어 시는, 중일전쟁의 확전과 더불어 1930년대 말엽부터 조선에 몰아닥친 이른바 총동원체제 하의 '신체제'의 폭풍 속에서 그 수가 급격하게 늘어나게 된다. 침략 전쟁의 장기화로 위기에 봉착한 일본 파시즘이 '대동아공영권'이라는 모순투성이의 이념을 급조해내고, 그 '총후 부대원'으로 조선 문인들을 대규모로 '동원'하기 시작한 시대가 바로 '신체제'기다. 여기에 군부의 전략에 호응하여 일본 문단에서 유행하기 시작한 '조선문학 알기' 현상, 이런 요인들이 복합적으로 작용한 결과가 이른바 '친일 시' 그리고 '친일적 일본어 시'의 대량 생산이라는 현상이었다.

이 시기의 '친일적 일본어 시'들이 모두 반민족적이며, 한국 문학사에서 용납할 수 없는 금기다,라고 판결을 내린다면, 반민족 인사의 선별, 사후적인 문화적 처단 등과 같은 준사법적 판단 같은 것만이 남는 문제가 될 것이다. 그리고 이쯤 되면 사실상 친일문학에 대한 '연구'는 필요 없게 될 것이다. 그러나 일제 파시즘이 문인들을 동원한 것은 공통적 사실이라 하더라도, 개별 문인들의 '친일문학'이 동일한 것이었을 리는 만무하다. 그들이 쓴 것은 즉각 계량화할 수 있는 기계적 선전문이 아니라, 다양한 세계관과 인생 스타일과 동기들을 갖고 있는 개별적

인간에 의해 씌어진 살아있는 '문학'이었기 때문이다. 그런 의미에서, 이 시기의 '친일적 일본어 시'는 그 자체로서도 다양한 스펙트럼을 갖고 있었음은 물론 위기에 서 있던 한국 시인들과 한국 지성사의 깊은 영역을 '풍부하게' 보여주는 면모를 갖고 있다고 생각된다. 한국인이 이들의 문학을 '그들의 것'이 아니라 '우리의 것'으로 포용해 들여야 할 이유, 그리고 앞으로의 친일문학 연구가 임종국의 『친일문학론』(1966)을 대폭 능가할 수 있는 보다 본격적인 자료의 수집 및 정리, 당시 문인들의 개별적 특징에 대한 세밀한 연구, 문인들과 시대와의 특수한 조우 상황에 대한 연구로 나아가야할 필요성이 있는 것은 이 때문이다.

이 시대의 시인들 중 주요한과 이광수는 단연 돋보이는 인물들이다. 그들이 민족주의 문학 진영의 수장(首長)격이었다는 점, 그리고 능통한 일본어 실력을 갖고 있는 반면에 '조선적인 것'의 구현에 오래 천착해 왔다는 점, 이에 비해 그들의 전쟁 협력 시들의 내용이 마치 '엉터리' 시로 보일 정도로 터무니없이 열광적이고 엄숙하고 비장했다는 점 때문이다. 모순처럼 보이는, 이 두 개의 상반적인 '열광'은, 그것을 이면에서 이어주는 내적 논리에 의해 통일되어 있는 것이 아닌가 생각되는 측면이 있다. 그것이 그들이 갖고 있었던 '점진적 개량주의' 혹은 '근대화론' 또는 '즉각 독립 불가론'이라고 부를 수 있는 사상적 입장이라고 생각된다.

그들은, 밀어닥친 시국적 폭풍은 조선이 국민국가로서 자립할 먼 미래를 위해 감수할 수밖에 없는 역사 과정의 하나이며, 조선인으로서 가능한 것은 이러한 폭풍을 역으로 이용하여 민족의 잠재력을 키울 수 있는 실력양성의 계기로 삼자는 장기적 비전을 갖고 있었던 것으로 생각된다. 이들의 '친일시'들이 어떤 의미에서는 일본인보다도 더 엄숙하고 비장하면서도, 그 이면에서 묘하게 의도적인 작위성이나 상투성, 무성의함이라 할 만한 것이 느껴지는 것은, 그들이 위와 같이 의도적이며 조직적인 '신념형 친일'을 수행하고 있었던 때문이 아니었을까 생각되는 면이 있다. 물론 여기에는, 이러한 비전의 실현을 위해 민족반역자로서의 역할까지도 영웅적으로 감수하면서, 역사의 1류 '순교자'로서 남겠다는 의지를 갖고 있었던 이광수 특유의 전도된 사명감 역시도 개입되어 있을 가능성이 높다고 생각된다.

이광수처럼, '열광적'으로 시국에 협력하는 일본어 시를 그것도 다량으로 쓴 것으로 유명한 또 하나의 시인이 김용제다. 그가 '용병투사'로서 일본시단에서 대활약을 벌였다는 점은 앞서 소개한 바 있지만, 그는 일본에서의 4차례에 걸친 영어(囹圄) 생활과, 조선으로 추방된 후 약 1년여의 전향기(1938)를 거친 뒤부터는 '성전(聖戰)투사'로서 변신하는 모습을 보여준다. 이 시기의 활약상은 1943년 일어시집 『아세아시집』(1942)으로 '국어문예총독상'(1943)을, 경성대화숙(京城大和塾)으로부터는 '모범사상전사(模範思想戰士) 표창'을 받는 데에서 절정에 오르게 된다.

그는 자신의 전향과 관련된 소회를 짤막한 「서시(序詩)」라는 일본어 시 속에서 밝힌 바 있는데, 이 속에서 그는 과거의 생애를 "슬픈 사상"이라 요약하고 그것들을 간단하게 "물결에 실려 보냈"으며 다시는 그것을 "헤아리지 않"겠다고 선언한 바 있다(『아세아시집』 소수). 전향 이후의 그의 시 속에서 어두움이나 고민의 흔적을 조금이라도 볼 수 있다면, 이것이 그 전부다. 이후 그가 쓴 작품들은, '성전'에 임하는 이들의 단순명료한 생활세계와 밝고 긍정적인 생활 정서, 별 기교 없이 단순 반복되는 시국 구호들로 일관되어 있다. 그런 의미에서 그의 시 속에는 시적 형상다운 것이나 내면화된 서정적 개인의 모습 같은 것을 찾아보기 힘들다. 이것은 그가 이 시들 속에 자신의 혼을 불어넣지 않았다는 의미가 되는 것이 아닐까.

그는 해방 후 자신의 프로시나 친일시 모두가 위장책이었다는 발언을 한 적이 있기도 하다. 전적인 신뢰를 보내기는 어려운 발언이긴 하지만, 어쨌든 그의 '성전시'들은 이광수의 그것들과 모종의 유사성이 있는 것으로 생각되는 점이 있다. '성전시(聖戰詩)' 속에서 '진실성'을 찾는 것 자체가 넌센스이긴 하지만, 그의 시들이 당시 국민문학 편집자 중의 하나였던 김종한으로부터 시적 형상이 없으며 진실성도 없다고 집요한 비판을 받은 것도 바로 이런 데 그 이유가 있는 것이 아닌가 생각된다.

임종국의 친일문인 규정 이래로 한국문학사에서는 오래 버려진 시인이었다가, 최근에야 일본에서 전집(『金鍾漢全集』, 綠蔭書房, 2005)이 간행된 김종한도 이 시기 시인들 중 매우 극적인 면모를 보여주는 인물이다. 그는 이광수나 김소운, 김용제 등과 더불어 발군의 일본어 능력을 일문시집 『어머니의 노래』(1943)와 『설백집(雪白集)』(1943)을 통해 보여주었음은 물론, 최재서와 같이 친일문학 이론가로서 활약했던 인물이기 때문이다. 그렇기 때문에 이 시대의 다른 친일 문인들의 작품이 일종의 '수동성'을 보여주는 경우가 많았던 데에 비한다면, 김종한의 경우는 그것을 적극적인 자세로 밀고 나아갔다는 점에서 특징적이다.

그러나 그의 일본어 시나 평론에 나타난 친일성은 김용제나 이광수와는 또 다른 차원의 개성을 갖고 있다. 최재서에게 결정적인 이론적 근거를 제공하기도 한 그의 입장은 '신지방주의'론이라는 용어로 요약된다. '신지방주의'란, 조선문학은 일본문학과 대등한 특성을 지니고 있다는 점, 동경의 문학도 대동아공영권 속에서 지배권을 쥐고 있는 문학이 아니라 조선문학과 동등한 지역 문학에 불과하다는 점, 일본 문학 역시도 조선문학의 참여에 따라 그 구조가 변해야 한다는 점 등으로 설명된다. 그러므로 이 논리는 조선문학이 내선일체 구조에 통합되어 들어가기는 하되, 민족문학적 특성을 최대한 보장받아야 하며, 일본 문학의 '지도성'을 인정하지 않겠다는 특성을 갖고 있다. 때문에 그의 논리는 운동의 일선에 서 있었던 일본 문인들 사이에서 '불온'한 것으로 비치기도 했다.

김종한은 사실 등단 초기부터 민요시와 토속적 서정성을 기반으로 한 세련된 현대시를 창작해 온 시인이다, 정지용의 후기작과 백석의 시 등 '조선적인 시'만을 집중적으로 선택하여 번역한 일본어 역시집 『설백집(雪白集)』을 출간한 바 있기도 하다. 이런 점은 그의 '신지방주의'론이 급조해낸 논리가 아니라, 김종한 자신의 문학적 체질과 시관 속에서 나온 것이었음을 알려준다. 김종한의 비극의 원점은, 최재서 등과 같이 신체제기의 한가운데를 문인으로서 적극적으로 사는 길을 택했던 그 점, 즉 '영혼을 한번 팔아버린' 그 점에 있을 터이다. 그러나 그가 시국에 협력하는 길 속에 발을 깊이 들여놓은 상황 속에서도 일정하게 민족문학적 요구를 관철시키려고 노력한 점은 당대 친일문학 현상이 보여주는 특수성의 하나로서 기록될 만한 가치가 있다고 본다.

마지막으로 문제 삼고 싶은 시인이, 해방 후 한국 현대시사를 떠받쳐온 거인 중의 하나임에 틀림없는 서정주다. 그는 그의 문단 경력에 비해 볼 때 너무 많은 친일 시와 평론·르뽀 등을 쓴 것으로 유명하다. 가령 그의 「항공일에(航空日に)」와 같은 작품을 보면, '용병 투사' 출신의 김용제처럼 황국(皇國)신화와 시국 구호를 외치는 것이 아니라, 내면화된 풍부한 시적 형상을 통해서 참전(參戰)의 가치와 희생의 아름다움을 교묘하게 '감동적'으로 노래하고 있음을 알 수 있다. 이것은 당시 백석·오장환 등과 더불어 30년대 시단의 귀재로 불리던 서정주가, 자신의 시적 재능을 거리낌없이 '시국'을 위해 사용했다는 증거가 되는 것일 것이다.

그가 1980년대 권좌에 오른 한 장군에게 '용비어천가'를 바쳤던 에피소드는 물론 유명한 것이지만, 대중에게는 '서민적 애환의 이해자'로서, 문학 엘리트들에게는 '형이상적 초월'을 수행(修行)하는 매력적인 거사(居士)로서 폭넓은 사랑을 받아 온 서정주는, 역대 정치권력과 철저한 유대관계를 맺어 온 이로서도 유명하다. 그는 '살기 위해서 친일했'으며 '순리에 따르는 삶'을 살아왔다는 천진한 고백을 여러 번 남겼지만, 그는 비단 식민지 시대가 아니었더라도 놀라울 정도의 천진한 자세로 권력을 향해 공개적 '친일'을 거듭해 온 생의 이력을 갖고 있다.

그런 의미에서 그의 '친일시'는 일시적 사건이 아니라, 그의 인생 전체를 통어하는 프로그램의 일부가 노출된 한 형태였다고 보는 것이 옳지 않은가 생각된다. 그리고 이런 시인을 해방 후의 한국시사가 오랜 기간에 걸쳐 '대시인'이라는 지위를 부여하고 그것을 확대재생산해 온 것이 사실이라면, 여기에는 서정주라는 상징과 관련된 해방 후 한국시사 전체의 내적 논리와도 관련된 모종의 문제가 개입되어 있다고 할 수 있는 것이 아닐까 생각된다. 그런 의미에서 서정주가 쓴 일본어 시 문제는, 식민지 말기에 발생했다가 사라진 1회성 사건이 아니라, 그의 인생 스타일 전체, 문학 스타일 전체의 본질이 그 말단을 드러내고 있는 계기이자, 해방 후 한국 현대시사 전체의 문제점 역시도 잉태하고 있는 문학사적 계기로서 자리하고 있는 예라고 생각된다.

참고문헌

1. 국내외 자료

김소운,『朝鮮詩集. 乳色の雲』, 東京 : 河出書房, 1940.5.
김소운,『朝鮮詩集』 前期, 東京 : 興風館, 1943.8.
김소운,『朝鮮詩集』 中期, 東京 : 興風館, 1943.10.
김소운,『朝鮮詩集』, 東京 : 岩波文庫, 1954.11.
김소운,『朝鮮詩集』, 東京 : 創元社, 1953.3.
김소운,『金素雲 對譯詩集』 上中下, 釜山 : 亞成出版社. 1978.10.
김종한,『雪白集』, 博文書館, 1943.7.
藤石貴代・大村益夫・沈元燮・布袋敏博,『金鍾漢全集』, 東京 : 綠蔭書房, 2005.7.
『東光』 6호.
박경수 편,『金億全集 5 文藝批評論集』, 韓國文化社, 1987.
『昭和十四年版朝鮮文藝年鑑』, 人文社, 1940.3.
오양호・佐野正人・심원섭・林隆 역,『鄭芝溶詩選』, 東京 : 花神社, 2002.
『李光洙全集』 5~9권, 삼중당, 1971.
『仁荷工大新聞』(1959.4.30, 1968.6.25, 1968.10.5, 1968.11.5, 1968.12.10).
『仁荷學報』(1960.2.29, 1962.3.15, 1961.7.20).
「早稻田大學 高等豫科 學籍簿」, 1915.7.
『朝鮮文壇』 1・11호.
『佐藤春夫全集』 1권, 講談社, 1966.
『日本の詩歌 16 佐藤春夫』, 中央公論社, 1975.
『靑春』 11호.
『學之光』 4・5・6・8・10・11・13・14・17호.

2. 국내 논저

1) 단행본

강동진,『일제의 한국침략정책사』, 한길사, 1980.
국사편찬위,『韓國史論 10(大韓民國臨時政府)』, 1985.
김기석,『南岡李昇薰』, 현대교육출판공사, 1964
김도태 述・吳世昌,『南岡 李昇薰傳』, 文教社, 1950.
김치홍 편,『김동인평론전집』, 삼영사, 1984.

김영식 편, 『작고문인 48인의 육필서한집』, 민연, 1999.
김용직, 『한국근대시사』, 새문사, 1983.
김우창, 『궁핍한 시대의 시인』, 민음사, 1977.
김원모·이경훈 편역, 『동포에 고함』, 철학과현실사, 1997.
김윤식, 『이광수와 그의 시대』 1~3, 한길사, 1986.
______, 『일제 말기 한국작가의 일본어 글쓰기론』, 서울대 출판부, 2003.
______, 『지상의 빵과 천상의 빵』, 솔, 1995.
______, 『한국 근대문학 사상사』, 한길사, 1984.
______, 『한일 근대문학의 관련양상 신론』, 서울대 출판부, 2003.
______, 『한일문학의 관련양상』, 일지사, 1974.
______, 『김동인 연구』, 민음사, 1987.
______, 『염상섭 연구』, 서울대 출판부, 1987.
김종오 주해, 『금강경』, 정음사, 1976.
김학민·정운현 엮음, 『친일파 죄상기』, 학민사, 1993.
김학동, 『한국 개화기 시가 연구』, 시문학사, 1981.
김흥규, 『문학과 역사적 인간』, 창작과비평사, 1980.
남 현, 『10중 48경계』, 우리출판사, 1993.
오오무라 마스오, 『윤동주와 한국문학』, 소명출판, 2001.
대한불교조계종교육원 편, 『아함경』, 조계종출판사, 2000.
박용구, 『신문화 100년』, 신구문화사, 1971.
민족문제연구소, 『한국 근현대사와 친일파 문제』, 아세아문화사, 2000.
민족사 편집부 편, 『불교의 지식 100』, 민족사, 1993.
『법구경』, 불교시대사, 1993.
법월 편, 『바늘구멍으로 황소가』, 미타선원, 1997.
三枝壽勝 외, 『한국 근대문학과 일본』, 소명출판. 2003.
심원섭, 『한일문학의 관계론적 연구』, 국학자료원, 1998.
양문규, 『한국 근대소설사 연구』, 국학자료원, 1994.
오시림 역, 『獨立運動年鑑5』, 한국협동출판공사, 1983.
윤홍로, 『한국 근대소설 연구』, 일조각, 1982.
이광수, 『島山 安昌浩』, 도산안창호기념사업회, 1956.
이승원 주해, 『원본 정지용시집』, 깊은샘, 2003.
이옥형 외, 『교육심리학』, 집문당, 2000.
이원섭 주해, 『법화경』, 삼중당, 1990.
이종오, 『이광수를 위한 변명』, 중앙 M&B, 2000.
이현희, 『대한민국임시정부사』, 집문당, 1982.

임종국, 『친일문학론』, 평화출판사, 1966.
정승석 편, 『법화경의 세계』, 지양사, 1986.
조용만, 『六堂 崔南善』, 삼중당, 1963.
조정래 외, 『1930년대 한국 모더니즘작가 연구』, 평민사, 1999.
채 훈, 『1920년대 한국작가 연구』, 일지사, 1978.
최동호 편, 『金達鎭全集6 寒山詩』, 문학동네, 2001.
주요한 편, 『安島山全書』, 삼중당, 1963.

2) 논문

강창민, 「춘원 이광수의 시 세계」, 『동방학지』 83호, 1994.
강희근, 「『學之光』에 나타난 시인과 시에 대하여」, 『배달말』 4호, 1979.
구인모, 「『학지광』의 미학주의」, 동국대 석사논문, 2002.
김광림, 「김종한 소론」, 『박남수 · 김종한』(한국현대시문학대계21), 지식산업사, 1982.
김동인, 「문단 30년사」, 『김동인평론전집』(김치홍 편), 삼영사, 1984.
김붕구, 「신문학 초기의 계몽사상과 근대적 자아」, 『이광수』(김현 편), 문학과지성사, 1977.
김성윤, 「한국 근대자유시 형성기연구」, 연세대 박사논문, 1999.
김여제 역, 『韓國獨立運動の眞相』, 『새벽』, 1960.3~7.
________, 「北米에 있어서의 苦學 5년간」, 『東光』 6호, 1926.10.
________, 「美國市民의 韓國觀」, 『새벽』, 1955.3.
________, 「教育講座(1~5)」, 『새벽』, 1957.3~8.
________, 「어머니를 그리는 마음」, 『새벽』, 1960.6.
________, 「校門을 獨占하는 것」, 『새벽』, 1960.12.
________, 「나의 스승 南岡 李昇薰先生」, 『仁荷學報』, 1963.11.
________, 「獨立新聞時節」, 『新東亞』, 1967.7.
김영민, 「이광수 연구사 검토」, 『동방학지』 83호, 1994.3.
김우창, 「한국시와 형이상」, 『궁핍한 시대의 시인』, 민음사, 1977.
김원모, 「춘원의 친일과 민족보존론」, 『동포에 고함』, 철학과현실사, 1997.
김윤식, 「이중어 글쓰기 공간에서의 시인 김종한」, 『시와 정신』, 2004년 가을.
______, 「준비론사상과 근대시가」, 『한국 근대문학 사상사』, 한길사, 1984.
김종균, 「염상섭의 「만세전」 - 자전적 성찰의 양상」, 『한국 현대소설 작품론』, 문장사, 1981.
김형철, 「'學之光'의 문학사적 위상」, 『대구어문논총』, 1985.
大村益夫, 『윤동주와 한국문학』, 소명출판, 2001.
________, 「세 시인의 궤적」, 인하대 강연원고, 2007.6.
박경수, 「한국 근대민요시 연구」, 부산대 박사논문, 1989.
박혜숙, 「현대 한국민요시의 전개양상 연구」, 건국대 박사논문, 1987.

三枝壽勝, 『사에구사 교수의 한국문학 연구』, 베틀북, 2000.
______, 「김소운은 무엇을 했는가」, 『한국 근대문학과 일본』, 소명출판, 2003.
신동욱, 「염상섭론」, 『우리 시대의 작가와 모순의 미학』, 개문사, 1982.
심원섭, 「1910년대 일본유학생시인들의 대정기 사상체험」, 『애산학보』, 1998.9.
______, 「명징과 무욕의 이면에 있는 것」, 『1930년대 한국 모더니즘작가 연구』, 평민사, 1999.
______, 「주요한의 동경유학시대」, 『한일문학의 관계론적 연구』, 국학자료원, 2000.
______, 「流暗 金輿濟의 '만만파파식적'과 '世界의 처음'」, 『文學思想』, 2003.7.
______, 「김종한과 김소운의 정지용 시 번역에 대하여」, 『한국문학논총』 41집, 2005.
______, 「김종한의 초기 문학 수업 시대에 대하여」, 『한국문학논총』 46집, 2007.
______, 「김종한의 일본유학 체험과 '순수시'의 시론」, 『한국문학논총』 50집, 2008.
______, 「1910년대 여로구조형 서사와 낭만적 서정시에 나타난 일본유학생 문인들의 대 한일 의식에 대하여」, 『한림일본학연구』 6집, 2001.8.
______, 「이광수의 보살행 서원과 친일의 문제」, 『한림일본학연구』 7집, 2002.12.
양왕용, 「신체시와 근대시 사이에서의 혼돈」, 『한국근대시 연구』, 삼영사, 1982.
오소백, 「특위공판 방청기」, 『반민특위, 발족에서 와해까지』, 가람기획, 1995.
유　정, 「好漢孤獨 金鐘漢」, 『현대문학』, 1963.2.
윤대석, 「국민문학의 신지방주의론」, 『한국 근대문학과 일본』(三枝壽勝외), 소명출판, 2003.
이경훈, 「이광수의 친일문학 연구」, 연세대 박사논문, 1994.12.
이영미, 「일제시대의 대중가요」, 『노래 1』, 실천문학사, 1984.
이철호, 「한국 근대문학의 형성과 종교적 자아담론」, 동국대 박사논문, 2006.
전선아, 「일제강점기 신민요 연구」, 강릉대 석사논문, 1998.
정서은, 「일제강점기신민요의 음악학적 고찰」, 한국예술종합학교 예술전문사논문, 2003.
정우택, 「유암 김여제의 생애와 시 연구」, 『반교어문연구』 5집, 1994.
정종현, 「식민지 후반기 한국문학에 나타난 동양론 연구」, 동국대 박사논문, 2005.
정창석, 「일본 체험의 현실과 허상」, 『고암황성규박사화갑기념논문집』, 1993.6.
조창환, 「「學之光」의 시문학사적 의의」, 『아주대학교 논문집』 8집, 1986.2.
주요한, 「노래를 지으시려는 이에게(1)」, 『조선문단』 1호, 1924.10.
지명관, 「이광수와 일본－하나의 시론」, 제12차 한일・일한합동학술회의 발표자료, 1999.
지명렬, 「낭만주의와 동경의 문제」, 『문예사조』, 문학과지성사, 1977.
최동호, 「산수시의 세계와 은일의 정신」, 『1930년대 민족문학의 인식』, 한길사, 1990.
최동호, 「장수산과 백록담의 세계」, 『현대시의 정신사』, 열음사, 1985.
후지이시 다카요, 「김종한과 국민문학」, 『사이』 창간호, 2006.11.

3. 국외 논저

1) 단행본

久野收・鶴見俊輔, 심원섭 역,『日本近代思想史』, 문학과지성사, 1994.

金子 太,『小林一茶』, 小澤書店, 1987.9.

大村益夫,『朝鮮近代文學と日本』, 綠蔭書房, 2003.10.

大村益夫, 심원섭・정선태 역,『朝鮮의 魂을 찾아서』, 소명출판, 2007.

마르셀 레몽, 金華榮 역,『프랑스 현대시사』, 문학과지성사, 1983.10.

미나미 히로시, 정대성 역,『다이쇼 문화 1905－1927』, 제이엔씨, 2007.

尾澤喜雄,『小林一茶とその周辺』, 岩手大學尾澤喜雄教授退官記念事業協贊會, 1982.6.

사나다 히로코,『최초의 모더니스트, 鄭芝溶』, 역락, 2002.

白川豊,『植民地期朝鮮の作家と日本』, 岡山 : 大學教育出版, 1995.7.

保田與重郎,『佐藤春夫』, 弘文堂書店, 1941.

福田淸人・岡田純也,『佐藤春夫－人と作品』, 淸水書院, 1988.

三枝壽勝, 심원섭 역,『사에구사 교수의 한국문학 연구』, 베틀북, 2000.

任容澤,『金素雲,「朝鮮詩集」の世界』, 中公新書, 2000.10.

小林計一郎,『一茶－その生涯と文學』, 信濃每日新聞社, 2002.10.

荻原井,『新編一茶俳句集』, 岩波書店, 1935.

井村君江,『新潮日本文學アルバム 佐藤春夫』, 新潮社, 1997.

川村湊,『醉いどれ船の靑春』, 講談社, 1986.11.

靑木美智男,『一茶の時代』, 教倉書房, 1988.4.

佐藤正彰篇,『世界文豪讀本ブアレリイ篇』, 第一書房, 1938.6.

增谷文雄, 이원섭 역,『아함경 이야기』, 현암사, 1976.

크리슈나무르티, 이상길 역,『아는 것으로부터의 자유』, 보성, 1983.

平川彰,『現代人のための佛教』, 不一出版社, 1986.

헤에겔, 竹內敏男 역,『美學 1券 上』, 岩波書店, 1975.

호프만스탈, 조두환 역,『지나가는 사람에게』, 혜원출판사, 1992.

D.C.Muecke, 문상득 역,『아이러니』, 서울대 출판부, 1980.

ブエルナフォルケ, 橫山滋 譯,『ホフマンスタール』, 理想社, 1971.

ブルーノタウト, 篠田英雄 譯,『日本美の再發見』, 岩波新書, 1939.6.

ホフマンスタル, 富士川英朗 譯,『ホフマンスタル文芸論集』, 山本書店, 1942.6.

ホフマンスタル, 板倉ともね 譯,『ホフマンスタル詩集』, 思潮社, 1968.

2) 논문

金達洙,「太平洋戰爭下の朝鮮文學」,『文學』, 1961.8.

金文洙,「金鐘漢のこと」,『民主朝鮮』, 1946.4.
大村益夫,「金鐘漢について」,『旗田巍先生古稀記念朝鮮歷史論集下』, 1979.3.
________,「早稻田出身の朝鮮人文學者たち」,『語研フォーラム』14號, 2001.3.
藤石貴代,「金鐘漢論」,『九州大學 東洋史論集』17, 1989.1.
레이몬드 윌리엄스「낭만주의 예술가」,『문예사조』(김용직 외편), 문학과지성사, 1977.
沈元燮,「金興濟の生涯について」,『語研フォーラム』19號, 2003.9.
布袋敏博,「'學之光'小考」,『大谷森繁博士古稀記念朝鮮文學論叢』, 白帝社, 2002.